LÉGENDES DES MERS, DES RIVIÈRES ET DES LACS

LÉGENDES des MERS, des RIVIÈRES et des LACS

RACONTÉES PAR
JAROSLAV KOTOUČ
ILLUSTRÉES PAR
JAN KUDLÁČEK

GRÜND
PARIS

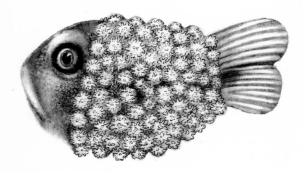

TRADUCTION DE IVANA SEGERS
ARRANGEMENT GRAPHIQUE PAR BOHUSLAV BLAŽEJ
© 1981 BY ARTIA, PRAGUE
ET POUR LA TRADUCTION FRANÇAISE
© 1981 BY GRÜND, PARIS
ISBN 2-7000-1136-8
DEUXIÈME ÉDITION 1983
IMPRIMÉ EN TCHÉCOSLOVAQUIE PAR SVOBODA,
PRAGUE
1/02/09/53-02

Loi n° 49-956 du 16 juillet 1949
sur les publications destinées à la jeunesse

TABLE

9 — Le Géant de Feu, Nuage Blanc et Neige *(Indiens d'Amérique du Nord)*

15 — Le seigneur des sources *(Arménie)*

26 — La fontaine de l'oubli *(Suisse)*

32 — Le crapaud et la belle Annette *(Allemagne)*

41 — Le mauvais esprit des chutes du Niagara *(Indiens d'Amérique du Nord)*

45 — La Jouvencelle du Roseau *(Transcaucasie)*

59 — Comment les habitants de Teterow attrapèrent un brochet *(Allemagne)*

62 — Le pêcheur et l'ondine *(Autriche)*

69 — L'ondin du moulin *(Bohême)*

78 — Ondine et le prince *(Bohême)*

90 — Comment l'hirondelle sauva le monde du déluge *(Afrique)*

94 — Yéléna la Sage et le Tsar du Lac *(Russie)*

115 — Le trésor du pirate Klaus *(Allemagne)*

123 — Le Roi des Mers et la belle Thérèse *(France)*

131 — La nymphe de la mer *(Indiens d'Amérique Centrale)*

135 — Le fils du pêcheur et la reine des mers *(Italie)*

150 — L'île ensorcelée *(Maroc)*

153 — Sadko *(Russie)*

168 — Comment les tempêtes apparurent sur la mer *(Inde)*

174 — Comment le dauphin devint le parrain des enfants du pêcheur *(Espagne)*

186 — Comment un marin vendit son âme au diable *(France)*

195 — La femme-dauphin *(Micronésie)*

200 — Le foulard aux trois nœuds du pêcheur Kaarel *(Pays baltes)*

LE GÉANT DE FEU,
NUAGE BLANC
ET NEIGE

Il y a longtemps, bien longtemps, un puissant Géant de Feu vivait sur terre, et il avait choisi pour logis l'intérieur d'une gigantesque montagne en forme de cône. Sa force était démesurée. Quand l'envie lui en prenait, il s'amusait à secouer la terre, tant et si bien que les rochers se descellaient, les montagnes se fendaient, les arbres se brisaient et les rivières quittaient leurs lits. Et lorsqu'il respirait profondément, son souffle de feu dépassait même le sommet de la montagne, jusqu'à atteindre les hauteurs célestes.

Les habitants des villes et des villages alentour vivaient dans la peur constante de sa colère qui explosait et prenait la forme d'un nuage noir qui se déversait en torrents bouillonnants, le long des pentes de la montagne, brûlant champs, vignes et maisons, transformant en un instant la contrée en un aride désert grisâtre et fumant.

Depuis des temps immémoriaux, le géant vivait tout seul dans sa montagne. Un jour cependant, il ressentit le désir d'avoir à ses côtés une femme qui égayerait sa solitude. Pourquoi donc ce soudain désir? Depuis longtemps, il avait, en effet, remarqué une jeune fille d'une beauté éblouissante qui sans cesse dansait dans l'azur des cieux clairs, bien haut au-dessus de sa tête. Elle s'appelait Nuage Blanc. C'était la compagne préfé-rée du Soleil qui jouait tendrement avec elle dans le ciel, tout en la caressant de ses rayons lumineux : tantôt il l'invitait à monter vers lui, bien haut sous la coupole céleste, puis l'ayant enlacée de ses rayons, il la redescendait doucement jusqu'à la cime des montagnes. C'est elle que le Géant de Feu désirait ardemment prendre pour femme.

Un beau jour, alors que le Soleil et Nuage Blanc étaient réunis sous la voûte céleste, le géant fit éclater sa colère du fond de la montagne, tendit son bras de feu vers le ciel et dès qu'il eut réussi à s'emparer de la belle jeune fille il l'entraîna rapidement dans les profondeurs de sa demeure.

Vainement le Soleil cherchait sa compagne bien-aimée, il ne pouvait pas atteindre de ses rayons l'endroit où elle était emprisonnée. Le géant l'avait cachée dans une sombre caverne, au plus profond de la montagne, où il la gardait enfermée derrière une solide porte de fer. Depuis lors, sa malheureuse épouse Nuage Blanc n'avait plus jamais aperçu la lumière du jour. Le géant n'ouvrait la lourde porte de sa prison qu'au milieu de la nuit, la laissant sortir quelques brefs instants dehors, afin qu'elle pût respirer un peu d'air frais, boire quelques gouttelettes de rosée nocturne et contempler le ciel étoilé.

Au bout d'un certain temps, Nuage Blanc donna le jour à une petite fille. Elle était très belle et son teint était si blanc que sa mère l'appela Neige. Le Géant de Feu aimait passionnément sa petite fille. Penché au-dessus de son berceau, il admirait son teint d'une blancheur exquise, ne pouvant se rassasier de regarder son éclatante beauté. Et au fur et à mesure que sa fille grandissait, le géant se mit à la surveiller plus étroite-ment encore que son épouse Nuage Blanc. Jour et nuit la pauvre Neige restait enfer-mée dans la sombre caverne de sorte qu'elle ne se doutait point qu'à l'extérieur de la montagne où elle vivait, il y avait un autre monde.

Une nuit cependant, toujours occupé à surveiller jalousement sa fille Neige, le Géant de Feu oublia de ramener dans la caverne au fond de la montagne sa femme Nuage Blanc qui était sortie comme d'habitude pour sa promenade nocturne. Le jour commençait déjà à poindre et Nuage Blanc se promenait toujours à l'air libre, sur le flanc de la grande montagne.

Mais le Vent, qui était depuis fort longtemps profondément amoureux de Nuage s'empressa de profiter de l'oubli fatal du géant pour lui ravir sa femme. Il mugit, siffla, serra dans ses bras la jeune femme effarée et l'emporta en toute hâte loin de la montagne. Depuis ce jour, Nuage Blanc accompagna le Vent dans sa folle course

autour de la terre; le Vent courait toujours, sans jamais s'arrêter, de peur que le Soleil
ne s'aperçût de la présence da la jeune femme et n'essayât de la lui reprendre.

Ainsi le Géant de Feu resta seul avec sa ravissante fille Neige. Il redoubla de vigilance, ne quittant plus d'un pas la grotte au fond de la montagne, où elle était emprisonnée.

Sa mère, Nuage Blanc, souffrait profondément d'être séparée de sa fille. Chaque fois que son interminable voyage dans les airs la conduisait à proximité de la montagne du Géant de Feu, elle suppliait le Vent d'interrompre pour un moment sa course. Elle espérait toujours apercevoir un jour, ne fût-ce qu'un petit instant, sa chère fille. Compatissant, le Vent exauçait toujours sa prière mais jamais la malheureuse mère n'aperçut son enfant. Elle fondait alors en larmes et aussitôt une douce pluie fine tombait sur la montagne.

Le bruit de la pluie tirait le Géant de Feu de son sommeil, lui rappelant ainsi le méfait du Vent. En proie à une terrible colère, le géant se déchaînait et secouait la terre : il tendait alors son bras de feu vers le ciel pour reprendre sa femme Nuage Blanc. Mais le Vent l'avait déjà cachée dans ses bras et reprenait en toute hâte sa course impétueuse à travers les cieux, laissant loin derrière lui le géant courroucé.

Mais les explosions de colère du géant finirent par ébranler le rocher où était emprisonnée sa fille Neige; bientôt une large fissure apparut dans la paroi livrant ainsi un passage vers le monde extérieur. La jeune fille ne put résister à l'envie de jeter un coup d'œil au-dehors. Elle se glissa hors de la caverne et pour la première fois de sa vie elle aperçut la lumière du jour. Du haut du ciel clair se répandait la lueur éclatante du Soleil et la jeune fille se sentait de plus en plus attirée par sa clarté éblouissante. Elle se mit alors à escalader le flanc de la montagne et atteignit son sommet. Regardant en bas, elle resta figée de stupeur à la vue de toute cette beauté qui s'étendait sous elle, à perte de vue. Tout là-bas, au milieu des plaines verdoyantes serpentaient les rubans argentés des rivières, un peu plus loin se dressait une chaîne de magnifiques montagnes dont les sommets bleutés se perdaient dans les nuages et au loin, à l'horizon scintillait le gigantesque miroir de la mer. Neige s'allongea au sommet de la montagne; émerveillée, elle se mit à contempler ce spectacle magnifique.

Le Soleil ne tarda pas à reconnaître la fille de Nuage Blanc à sa blancheur éclatante. Il descendit jusqu'à elle et tout en l'étreignant, il l'embrassa. Mais Neige ne supporta pas ses baisers ardents. Sous l'effet de leur chaleur intense, elle se transforma en une eau cristalline qui se mit à ruisseler, en minces filets, le long de la montagne. Les petits ruisseaux formèrent bientôt un torrent impétueux qui se jeta du haut des rochers en une magnifique cascade écumante au fond de la vallée : celle-ci devint rapidement un grand lac silencieux à l'eau transparente. A l'endroit où la chute d'eau touchait la surface du lac, apparut un splendide arc-en-ciel multicolore qui enjamba la montagne tel un gigantesque pont et monta très haut dans le ciel, là, où brille le soleil et souffle le vent. De son arc-en-ciel, la fille de Nuage Blanc réconcilia enfin le Soleil et le Vent et apaisa le courroux du Géant de Feu. Ainsi leur éternel combat prit fin et depuis ils vécurent tous en bonne entente.

Tous les ans, à la fin de l'automne, Neige vient rendre visite à son père — le géant. Elle se dépose doucement sur le sommet de la montagne et elle ceint le front de son père d'un étincelant diadème blanc.

Au printemps le Soleil vient chercher Neige et dès qu'il la serre dans ses bras ardents, elle fond silencieusement et de petits ruisseaux d'eau cristalline s'écoulent à nouveau le long du front du Géant de Feu. Bientôt l'impétueux torrent se transforme en une belle cascade et Neige peut enfin regagner par l'arc-en-ciel les hauteurs célestes pour rejoindre sa mère Nuage Blanc.

Mais déjà apparaît le Vent qui les prend aussitôt dans ses bras et tout en tournoyant avec elles, il les emporte tout en haut, sous la voûte céleste, auprès du Soleil. Dès que le Soleil les caresse de ses rayons, tout réjoui de leurs retrouvailles, Nuage Blanc se met à verser des larmes de bonheur. Ses chaudes larmes retombent sur terre en tiède ondée d'été et elles gonflent les sources, les ruisseaux, les rivières et s'écoulent ensuite avec eux pour rejoindre la mer lointaine.

Au-dessus des immenses plaines marines, le Soleil ressuscite ensuite sa femme bien-aimée, Nuage Blanc, et ainsi se renouvelle cet éternel mouvement de l'eau bienfaisante, depuis que le monde existe, car sans elle, il n'y aurait pas de vie sur terre.

Seules les sottes gens ne respectent pas l'eau.

Les sages, eux, aiment et respectent l'eau sous tous ses aspects. Ils aiment les sources et les fontaines auprès desquelles ils viennent se rafraîchir, les rivières qui irriguent leurs champs, les lacs, qui, tels des beaux bijoux, rehaussent la beauté de la terre. Ils aiment les mers qui baignent les côtes des continents et sur lesquelles l'homme entreprend de longs voyages à la découverte du monde. Voilà pourquoi les hommes aiment entendre des contes et des légendes qui parlent de l'eau.

LE SEIGNEUR
DES SOURCES

Dans un petit village arménien, tapi au pied des majestueuses montagnes caucasiennes, vivait une fois une mère avec son fils unique. Le père avait quitté ce monde peu après la naissance de son fils, qui à présent avait déjà seize ans. Ils vivaient tout seuls dans leur petite maisonnette de pierre, située à l'écart du village, sans jamais voir personne; seules la misère et la pauvreté leur rendaient constamment visite, sans même y être invitées. Du matin au soir la mère s'exténuait sur leur misérable lopin de terre pierreuse; malgré cela il leur arrivait plus d'une fois d'aller se coucher le ventre creux.

Le garçon essayait toujours d'aider sa mère autant qu'il pouvait mais c'était en vain qu'ils s'usaient à la tâche : la misère ne quittait pas pour autant leur chaumière. Un jour, revenant du champ, le garçon dit à sa mère :

«Vois-tu, ma petite maman, cela ne peut plus durer ainsi. Je suis jeune, en bonne santé et fort, et personne n'osera dire que je boude la besogne. Aussi ai-je décidé de m'en aller de par le monde à la recherche d'un travail. Je saurai bien trouver quelque emploi dans ce vaste monde et dès que j'aurai gagné un peu d'argent, je reviendrai pour soulager ta misère. Tu sauras bien te tirer d'affaire pendant mon absence et dis-toi que ça sera toujours une bouche de moins à nourrir.»

A ouïr ces mots, la mère fondit en larmes, ne voulant rien entendre de tel. Qu'allait-elle seulement devenir, toute seule, une fois son fils parti? D'ailleurs, qui sait quel danger ne le guette pas déjà dans ce grand monde? Et de se lamenter de la sorte pendant des heures et des heures.

Lorsqu'elle eut pleuré toutes les larmes de son corps et voyant que son fils persistait toujours dans sa décision, elle finit par acquiescer. D'ailleurs, comment aurait-elle pu faire autrement? Le cœur lourd, elle racla tous les coins de la huche et avec les quelques grammes de farine ainsi recueillis, elle prépara tant bien que mal une seule maigre galette pour son voyage.

Et le lendemain matin, dès que le soleil apparut au-dessus du faîte de la montagne, le garçon, qui s'appelait Mikhaïl, prit la route. Il marcha et marcha, où ses yeux le guidaient et où ses jambes le portaient, le ventre tenaillé par la faim, ayant depuis longtemps avalé son unique galette. Déjà le soleil s'inclinait vers le couchant, prêt à plonger derrière les crêtes des montagnes, mais le garçon n'avait pas encore rencontré âme qui vive ni aperçu une simple habitation et moins encore une ville. Tout autour de lui, aussi loin que le regard se dirigeait, rien que des roches et des montagnes au point que le jeune homme commençait à s'inquiéter. Il s'assit donc dans l'herbe d'un petit pré, pour reprendre quelques forces. C'est alors qu'il aperçut au loin un troupeau de moutons suivi d'un berger, marchant vers lui. Quand ils furent à sa hauteur, le berger vint s'asseoir à côté du garçon pour faire un brin de causette. Et aussitôt de demander ce qu'il était venu chercher, seul, en ces montagnes désolées.

Le garçon lui fit alors récit de ses malheurs. Il lui raconta comment, ne supportant plus la misère qui l'accablait, il était parti de par le monde à la recherche d'un travail bien payé afin de pouvoir apporter quelque argent à sa chère mère en guise de remerciement pour toute sa peine et ses tourments.

«Tu dis être à la recherche d'un bon travail, ici, au cœur des montagnes? s'étonna le berger. Ma foi, tu auras du mal à te faire embaucher par ici. Tu n'as qu'à regarder autour de toi, rien que du roc à perte de vue, et le plus proche village à plusieurs lieues d'ici. Surtout ne va pas t'imaginer que les gens y vivent mieux que chez vous, autant que je sache c'est pareil, autant rester chez soi. Mais j'aurais tout de même un conseil à te donner. Cependant j'ignore s'il est bon, à toi de le vérifier. Là-bas, dans ces montagnes, pas tout près mais pas trop loin non plus, se trouve dans une vallée une fontaine où habite, paraît-il, le seigneur des sources. C'est un bon esprit de toutes les eaux de la terre et j'ai entendu dire qu'il n'hésite pas à venir en aide aux gens dans le besoin. Qui sait, peut-être te prendra-t-il même à son service?»

Les yeux fixés sur le berger, Mikhaïl était tout oreilles et aussitôt de déclarer qu'il allait de ce pas vérifier ce qu'il y avait de vrai dans le récit du berger. Il avait décidé une fois pour toutes d'échapper à la misère, même s'il devait pour cela servir un mauvais esprit. Déjà il sauta sur ses pieds, s'apprêtant à reprendre la route, quand le berger lui dit :

«Pourquoi cette hâte, petit? Regarde un peu, la nuit va bientôt tomber. Viens plutôt avec moi, la bergerie n'est pas loin et tu pourras y passer la nuit, on y trouvera bien un bout de fromage à se mettre sous la dent. Demain matin, je t'indiquerai le chemin de la fontaine.»

Fatigué comme il était, le garçon ne se fit pas prier deux fois et il accepta de bon cœur l'offre du berger. Après avoir partagé son frugal repas, il s'endormit sur une botte de paille. Le lendemain matin, le berger le mena un peu plus haut dans les montagnes jusqu'à un petit ruisseau impétueux qui, paraît-il, prenait sa source à la fontaine même : il le conduirait donc à coup sûr jusqu'à la demeure du seigneur des sources.

Après avoir remercié le gentil berger pour son conseil et pour son hospitalité, le garçon lui fit ses adieux et tout en longeant le petit torrent, il se mit à escalader les montagnes. Tandis qu'il marchait, le ruisseau gazouillait gaiement à ses côtés tant et si bien que Mikhaïl déboucha bientôt dans une charmante vallée. De tous côtés s'étendait un magnifique pré verdoyant tout jonché de fleurs dorées de crocus et de petites grappes odoriférantes de jacinthes. Au milieu de la prairie scintillait d'un éclat argenté une fontaine, à l'eau toute lumineuse à force de réfléchir de blancs nuages cotonneux sur le ciel d'azur et les sommets étincelants de superbes montagnes couvertes de neige éternelle.

Emerveillé, Mikhaïl ne put résister à la tentation de boire cette belle eau transparente. Mais à peine se fut-il agenouillé au bord de la fontaine et incliné au-dessus du miroir d'eau, à peine eut-il bu la première gorgée d'eau cristalline que soudain la surface de l'eau se rida, monta rapidement et se fendit, laissant apparaître une tête barbue.

«Qui me dérange ainsi, quel mortel ose boire l'eau de ma fontaine et la rider?»

Mikhaïl s'effraya au point que son sang se figea dans les veines. D'une voix étranglée, il répondit :

«O, seigneur, pardonne-moi d'avoir osé toucher à l'eau de ta fontaine. Mais j'ai entendu dire que tu es bon et que tu viens en aide aux gens malheureux. Je te supplie, aide-moi aussi!»

Là-dessus, un aimable sourire illumina la tête et elle demanda :

«Dis-moi donc, cher garçon, qui tu es et de quel genre d'aide tu as besoin?»

A la vue de ce gentil sourire, toutes les craintes de Mikhaïl se dissipèrent en un clin d'œil. Il conta au seigneur des sources — car il ne douta pas que c'était bel et bien lui — toute sa misérable existence, il lui parla de l'extrême pauvreté de sa malheureuse mère et pour terminer, il le pria de le prendre à son service.

«Après tout, pourquoi pas, mon cher garçon? Le travail, ce n'est pas ce qui manque, dans mon empire. Il y en a tellement, que je n'arrive même plus à tout faire moi-même, et toi, tu m'as l'air d'être un bon et valeureux jeune homme. Je te prendrai volontiers à mon service si tu t'engages à me servir pendant trois années et un jour et si tu me promets de ne jamais quitter durant toute cette période mon empire et de ne jamais aller voir ta mère. Le promets-tu?»

Mikhaïl promit mais en même temps son cœur se serra d'angoisse à l'idée de sa pauvre mère qui resterait pendant trois longues années sans nouvelles. Qui sait, elle pourrait même s'imaginer que son fils avait péri, quelque part dans ce vaste monde. Mais quelle bonne surprise lui ferait-il ensuite, lorsqu'il reviendrait, au bout de trois années d'absence, riche de trésors souterrains dont le seigneur des sources le récompenserait sans doute pour ses loyaux services!

«A présent, suis-moi», déclara le seigneur des sources et, tout en prenant Mikhaïl par la main, il l'entraîna aussitôt avec lui dans les profondeurs. Effrayé, le garçon crut d'abord, qu'il allait périr noyé, mais sa peur fut de courte durée. Avant même qu'il n'eût pu serrer les paupières, ils avaient déjà traversé comme un éclair toute l'eau de la fontaine et ils se trouvaient à nouveau au milieu d'un merveilleux pré à l'herbe soyeuse, parsemée de fleurs. Tout d'abord Mikhaïl refusa d'en croire ses yeux. Et si ce n'était qu'un beau rêve? S'il était encore assis au milieu des montagnes, en train de bavarder avec le vieux berger, tout en ignorant l'existence même de la fontaine magique? Mais après avoir promené lentement son regard tout autour de lui, il se rendit compte, qu'il n'avait point rêvé. La prairie où il se tenait à présent aux côtés du seigneur des sources, était en réalité la cour d'un splendide château étincelant, bâti en pur cristal, en perles d'un magnifique orient et en pierres aux couleurs d'arc-en-ciel. Derrière le château s'étendait un plaisant verger aux arbres merveilleux. Sur leurs branches étaient perchés de beaux oiseaux aux plumes multicolores qui égayaient l'air de leur chant doux comme le son d'une flûte. Mais la merveille des merveilles dans ce paradis souterrain, c'était l'eau. Il y en avait partout où le regard se posait : elle sourdait et jaillissait de la terre en sources et fontaines, elle ruisselait le long des rochers en petites cascades scintillantes, bruissant et chantant comme un orgue céleste. Par endroits, elle formait de petits lacs, pour s'écouler un peu plus loin, en bondissant par-dessus de petits seuils, sans cesse bouillonnante, tourbillonnante, pétillante, à en avoir le souffle coupé.

«Voilà mon empire, où tu vas me servir, dit le seigneur des sources. Sache que je m'occupe de toute l'eau qui coule sur terre, j'en prends constamment soin, je veille sans cesse à ce que tous les puits, fontaines et sources ne tarissent pas et qu'ils soient toujours propres et limpides afin que la terre et les gens puissent à tout moment en boire à satiété, sans jamais souffrir de la soif.»

Là-dessus, il promena Mikhaïl à travers tout son royaume, tout en lui expliquant ce qu'il aurait à faire : nettoyer les sources, surveiller la circulation des eaux, construire et entretenir les digues et les seuils, ouvrir et fermer les fontaines et les jets d'eau, tout en veillant constamment à ce que l'eau soit propre, fraîche et transparente. Et il ajouta ensuite que Mikhaïl devrait s'initier assez rapidement à son nouveau métier car lui, seigneur des sources, avait aussi à faire partout ailleurs dans le monde. Il lui fallait surtout parcourir régulièrement tous les trajets souterrains des eaux et veiller à ce que la terre et les gens ne manquent jamais d'eau propre. Et pendant son absence, Mikhaïl serait obligé de s'occuper à sa place de toutes les sources dans les alentours du palais de cristal.

Tout en parlant ainsi, ils se retrouvèrent à nouveau au palais de cristal et après être passés par-dessous le portail, ils débouchèrent dans une petite cour bordée de fines colonnes faites de limpides pierres vert pâle. Au beau milieu se dressait une fontaine d'or, et tout près d'elle poussait un pommier d'argent aux fruits de diamant. A sa plus haute branche était suspendue une bride de cuivre. Sur un ton grave, le seigneur des sources déclara :

«Voilà, je t'ai tout montré et tout expliqué, il ne me reste plus qu'une seule chose à te dire : ne touche jamais à cette fontaine, au pommier et à la bride! C'est mon secret. Si je le juge nécessaire, je te le dévoilerai; sinon, je ne te le dirai jamais. Pour le moment, tâche surtout de bien me servir. Si tu travailles bien, je te récompenserai généreusement, de sorte que ni toi ni ta mère, vous ne vivrez plus jamais dans le besoin. Mais si tu me sers mal, me portant préjudice, il t'en cuira!»

Tout à coup une ravissante jeune fille entra dans la cour et à la vue de sa beauté, le cœur du jeune homme cessa de battre. Ses cheveux d'ébène aux reflets bleus qui ornaient son visage pâle d'un ovale parfait lui tombaient jusqu'à la taille et ses grands yeux étaient aussi bleus que les fontaines alentour. Elle adressa un sourire gracieux à Mikhaïl et dit :

«Sois le bienvenu dans notre empire, jeune homme. Je suis la fille du seigneur des sources. Il y a longtemps que je désire avoir auprès de nous quelqu'un de valeureux qui nous aiderait dans notre tâche. A chaque fois que mon père s'en va de par le monde, je dois toute seule m'occuper de tout à sa place. En ta compagnie, tout sera désormais plus facile et plus gai.»

Là-dessus, elle prit le garçon par la main et le conduisit dans le palais. Après lui avoir montré sa chambre, elle lui donna un vêtement neuf bien seyant et lui servit un délicieux dîner.

Ainsi commença le service de Mikhaïl dans le royaume du seigneur des sources. Du matin au soir il s'affairait, ne voyant même plus le temps passer, tirant de grandes joies de son service. Le travail lui plaisait beaucoup mais la fille du seigneur des sources encore davantage. Il ne fallut pas longtemps pour que le garçon s'éprît éperdument de la jeune fille.

Les jours passèrent, les semaines, puis les mois. Au fur et à mesure que son service avançait, Mikhaïl ne perdit plus une seule occasion de passer quelques moments en compagnie de la fille de son maître. Ils prirent ainsi l'habitude de se rencontrer dans le joli verger où ils se promenaient et restaient assis sur un banc dans l'ombre des arbres en fleurs, tout en conversant gaiement. Avant qu'une année ne se fût écoulée, il devint clair que la jeune fille, à son tour, s'était éprise du garçon. Un grand amour pour Mikhaïl était né au fond du cœur de la fille du seigneur des sources.

Mais comme il arrive souvent en ce monde, leur bonheur ne resta pas longtemps sans nuage.

Un soir, alors qu'ils étaient à leur habitude assis sous un arbre couvert de fleurs et que Mikhaïl dressait déjà des plans pour leur avenir commun, tout en serrant dans ses mains celles de sa bien-aimée, il vit soudain une larme perler sur le beau visage de la jeune fille. Tout inquiet, il demanda aussitôt à la jeune fille :

«Qu'as-tu, mon aimée, que se passe-t-il, pourquoi sembles-tu soudain si abattue?»

D'une voix triste la jeune fille lui répondit :

«Mon doux ami, jusqu'à présent tu ignorais tout de mes tourments. Mais je ne puis plus me taire, maintenant il faut que je t'en parle. Hier, mon père m'a annoncé que tu venais d'entamer la troisième année de ton service et qu'il avait l'intention de t'emmener avec lui dans le lointain monde quand il partirait inspecter les puits et les sources. Il veut te transmettre tout son savoir car il a remarqué que nous nous aimons et il espère que tu ne nous quitteras plus, que tu resteras avec moi et que tu pourras ainsi, le moment venu, devenir à ton tour le seigneur des sources.»

«Voyons, ma toute belle, que crains-tu donc? Tu sais très bien que je serai vite de retour pour ne plus jamais te quitter. Je t'aime par-dessus tout, je ne pourrais plus vivre sans toi.»

«Ce que je crains par-dessus tout, c'est de rester toute seule ici. J'ai peur du seigneur du désert.»

«Le seigneur du désert, dis-tu? Depuis que je vis auprès de vous, je n'ai encore jamais entendu prononcer ce nom. Qui est-ce? Et pourquoi donc le crains-tu à ce point»

«Le seigneur du désert est cruel et méchant, c'est le pire ennemi de mon père. Jadis, il y a très longtemps de cela, il essaya de ravir à mon père son empire. Un combat terrible s'engagea entre lui et mon père, une bataille impitoyable, à l'issue de laquelle le seigneur du désert tenta de s'emparer de toutes les eaux, de toutes les sources et de toutes les fontaines afin de les détruire. Mais mon père sortit victorieux de ce combat et il chassa le seigneur du désert très loin d'ici, vers l'est. Par malheur, avant de prendre la fuite, celui-ci s'aperçut de ma présence et il tenta de m'enlever, sans toutefois y réussir. Tout en s'enfuyant, il nous avertit qu'un jour il serait de retour pour m'emporter dans son royaume où il n'y a rien que de la pierraille, du sable et de l'aride terre rouge.»

Tel était donc le danger qui menaçait l'amour du jeune couple. De plus en plus inquiet, Mikhaïl finit par en parler un jour au seigneur des sources. Ce dernier s'empressa aussitôt de le rassurer :

«Il est vrai que je n'ignore point les craintes de ma fille, cher garçon. Je suis cependant persuadé qu'elle n'a aucune raison de s'inquiéter de la sorte. Le seigneur du désert est bien évidemment un adversaire redoutable qui voue une haine implacable à moi et à mon royaume des sources. Mais, lors de notre dernier combat, il a essuyé une si cuisante défaite qu'il n'osera plus jamais s'approcher des frontières de mon empire. Calme-toi donc, et tâche aussi d'apaiser les craintes de ma fille. Tu peux partir avec moi en toute quiétude. Il ne lui arrivera rien, tu peux en être certain. Quant à moi, il me faut dès à présent t'initier à tous les secrets de mon pouvoir sur les eaux afin que j'aie un vrai assistant et non un simple serviteur qui pourra un jour veiller à ce que la terre et les gens ne manquent jamais d'eau.»

Rassuré, Mikhaïl s'en fut consoler sa bien-aimée. Et quelques jours plus tard, alors qu'il était déjà presque au bout de son terme de trois ans, il partit avec son maître faire un long voyage afin de visiter toutes les sources et fontaines dans le monde.

Ils voyagèrent ainsi durant de nombreux jours et de nombreuses nuits et il est impossible de décrire tout ce que Mikhaïl vit lors de ce voyage. Il pénétra le mystère des trajets souterrains de l'eau, comprit comment elle se fraie un chemin pour apparaître à la surface de la terre, apprit à comprendre ses lois et à la gouverner.

Quand Mikhaïl eut appris tout ce qu'il lui fallait connaître, ils reprirent la route du royaume des sources. Arrivés enfin au pied du palais de cristal, ils se figèrent soudain d'effroi : personne n'attendait devant la porte, personne ne sortit pour courir joyeusement à leur rencontre, personne ne vint les embrasser sur les deux joues. Ils se précipitèrent alors à l'intérieur, mais dans le palais, pas de trace de la jeune fille; tout était plongé dans un profond silence, même les oiseaux dans les arbres du verger se taisaient.

«Oh, quelle horreur! s'écria le seigneur des sources. Ma fille avait donc raison de s'inquiéter. Profitant de mon absence, le seigneur du désert a osé venir jusqu'ici et il l'a emportée en son royaume! Mikhaïl, mon cher fils, tu es mon dernier espoir et salut. Je suis déjà vieux et je n'ai plus ma force d'antan, je crains de ne plus pouvoir me rendre jusqu'à l'empire lointain du seigneur du désert. Et si toutefois j'y réussis, je doute fort que je puisse encore le vaincre. Mikhaïl, il te faut à tout prix sauver ma fille, désormais ta fiancée! N'aie pas peur, tu es jeune et fort, tu réussiras sûrement à le battre. Viens, je vais te donner à présent quelque chose qui t'aidera lorsque tu seras dans la détresse.»

A ces mots il conduisit Mikhaïl dans la petite cour bordée de fines colonnes transparentes où ils s'étaient déjà rendus trois années auparavant. Le seigneur des sources le mena jusqu'à la fontaine d'or et il déclara :

«Avant d'entreprendre ton périlleux voyage, Mikhaïl, je vais enfin te dévoiler le secret dont je t'ai déjà parlé au commencement de ton service. Bois vite quelques gorgées d'eau de cette fontaine d'or, tes forces seront multipliées par mille. Cueille une pomme de diamant du pommier d'argent : chaque fois que tu la laisseras choir par terre, une source jaillira aussitôt à cet endroit. Sans cette pomme tu ne parviendrais jamais à atteindre vivant le but de ton voyage. Tiens, prends enfin cette bride de cuivre. Le seigneur du désert a le terrible pouvoir de se transformer lors d'un combat en n'importe quel animal, sa métamorphose la plus terrifiante étant un cheval de sable aussi impétueux qu'une tempête. Dès qu'il aura pris cette apparence, dépêche-toi de lui fixer sur la tête cette bride de cuivre, c'est le seul moyen de le dompter et de le vaincre. A présent, mets-toi en route, mon fils. Tâche de revenir sain et sauf et de me ramener ma fille. Si tu reviens, je te la donnerai pour femme et je te remettrai mon empire!»

Mikhaïl fit comme le seigneur des sources avait dit et, sans plus tarder, il se mit en route. Il marcha longtemps, bien longtemps, durant trois années entières, avant d'aboutir enfin dans les régions situées du côté du levant. Il vit s'étaler devant lui, aride et désolé, l'immense empire du seigneur du désert. Hardiment, il entreprit alors la pénible traversée de ce pays désertique. Tout rompu et les vêtements en lambeaux, il allait toujours de l'avant, à travers pierraille et dunes de sable, désespérant par moments de pouvoir jamais atteindre le but de son voyage. Mais fort de son amour pour la ravissante fille du seigneur des sources, il retrouvait toujours le courage nécessaire pour continuer le chemin. Et lorsqu'il pensait succomber à la fatigue, il laissait choir dans le sable la pomme de diamant et aussitôt une source d'eau fraîche et limpide jaillissait à l'endroit même où elle était tombée. Dès que Mikhaïl en buvait quelques gorgées, il recouvrait immédiatement ses forces et reprenait sa marche.

C'est ainsi qu'il atteignit un jour le centre même de l'immense désert. Devant lui se dressait une muraille circulaire de rochers d'un rouge ardent qui réverbéraient le soleil dans un éclat aveuglant. C'était à n'en plus douter la demeure du seigneur du désert, où dépérissait sa malheureuse bien-aimée. Une dernière fois Mikhaïl jeta la pomme de diamant à terre et dès qu'il eut bu de longues gorgées d'eau bienfaisante, il avança courageusement dans la direction de la muraille.

Mais déjà le cruel seigneur du désert se rue au milieu d'un tourbillon de sable à sa rencontre, déjà il se met à tournoyer autour de lui dans une danse infernale, prêt à se jeter sur sa proie pour l'étouffer dans ses bras brûlants. Ne reculant pas d'un pouce, Mikhaïl se bat comme un millier d'hommes, il lutte pour sa survie et pour son amour, au nom du seigneur des sources qui donne la vie à la terre, pour tous les gens qui privés d'eau, finiraient par mourir, pour les arbres et l'herbe de la prairie, pour les oiseaux qui viennent boire l'eau des fontaines et égaient ensuite de leur chant la terre entière.

Ce fut un terrible combat : ils luttèrent ainsi du matin jusqu'au crépuscule, sans merci, tandis que l'air du désert soulevait autour d'eux de vraies colonnes de sable aussi ardent que les flammes d'un feu. Et au fur et à mesure que le soleil s'inclinait vers l'horizon, le seigneur du désert s'affaiblissait graduellement. Déjà Mikhaïl était sur le point de remporter la victoire. Ce fut alors que dans un dernier effort désespéré le seigneur du désert se transforma en un effroyable cheval de sable. En frappant le sol de ses sabots flamboyants, celui-ci souleva une terrifiante tempête qui de son souffle ardent brûlait tout sur son passage et contre laquelle Mikhaïl ne put rien. A ce moment précis le garçon se rappela le dernier cadeau du seigneur des sources. La bride de cuivre siffla dans l'air et dès qu'elle eut effleuré la tête du cheval de sable — ô, miracle! — celui-ci se montra aussitôt doux comme un agneau, la tempête s'apaisa sur-le-champ et les nuages de poussière vinrent se poser doucement aux pieds de Mikhaïl.

Le jeune homme poussa un cri de joie et en quelques bonds il pénétra à l'intérieur de la muraille rocheuse. Là, il ne fut pas long à découvrir l'entrée d'une grotte ardente, au fond de laquelle il trouva enfin sa bien-aimée, ligotée par de grosses chaînes de fer.

De ses mains nues il s'empressa de briser les chaînes qui emprisonnaient la belle captive, puis il la souleva doucement du sol. Encore toute tremblante, celle-ci se blottit dans ses bras et des larmes de joie se mirent à couler sur son visage.

Ensuite Mikhaïl installa sa fiancée sur le cheval de sable dompté, il s'assit derrière elle et tout en la serrant dans ses bras, il talonna le cheval qui s'envola aussitôt vers le ciel. Ils volèrent ainsi à travers la nuit noire sans jamais s'arrêter et, alors que pointait déjà l'aurore, ils atteignirent enfin l'empire du seigneur des sources.

Ainsi le bonheur revint au royaume des sources. Son seigneur tint sa parole et il donna à Mikhaïl sa fille pour épouse.

Mais avant de célébrer le mariage, le jeune homme retourna dans son village natal pour aller chercher sa mère. Celle-ci, ayant perdu tout espoir de revoir encore son fils vivant, le pleurait déjà comme s'il était mort. Les mots ne suffisent pas pour décrire sa joie lors de leurs heureuses retrouvailles. Son fils ne lui rapportait du vaste monde ni argent ni diamants. Mais il y avait appris quelque chose que personne d'autre sur terre ne savait faire. Il avait appris à donner à la terre la vie : la claire eau cristalline.

Et s'ils ne sont pas morts, ils vivent encore de nos jours dans leur beau royaume des sources.

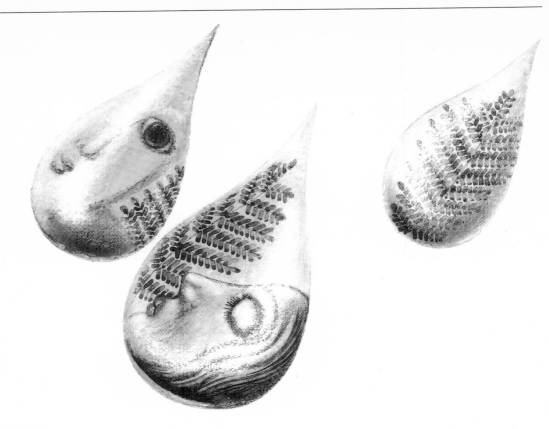

LA FONTAINE
DE L'OUBLI

Au fond d'une vallée perdue, nichée très haut dans les Alpes, existait jadis une petite fontaine. D'une petite fente dans un roc sombre, poli par le temps, jaillissait une eau limpide, recueillie, un peu plus bas, dans un creux de la roche. La surface de cette fontaine avait l'éclat d'un miroir de cristal et son fond scintillait comme s'il avait été parsemé de diamants. Le mince filet d'eau glissait sur le seuil de pierre et allait s'écraser, en cascade, sur le sol, en projetant de petites gerbes de gouttelettes brillantes comme des perles. L'eau de la fontaine avait la fraîcheur de la glace et son goût était plus exquis que le plus capiteux des vins. Et pourtant personne n'osait s'aventurer près de la fontaine car on lui attribuait un pouvoir maléfique. Ceux, disait-on, qui avaient bu l'eau de la fontaine, oubliaient sur-le-champ qui ils étaient, d'où ils venaient et où ils allaient, et, amnésiques, ils erraient à travers les forêts et les rochers alentour jusqu'à : 27 ce qu'ils y périssent misérablement. Seul le gibier et les oiseaux venaient boire à cette fontaine.

La légende raconte que jadis, il y a de cela fort longtemps, une fée des eaux habitait cette fontaine. Toute jeune, elle était tombée amoureuse d'un chasseur qui s'était égaré en traquant un animal dans les forêts environnantes et avait débouché en ces lieux. Un fils naquit de leur amour. Mais le chasseur ne tarda pas à quitter la fée et l'abandonna seule avec son enfant. Depuis ce jour, la fée voua une haine implacable à tous les humains.

Son fils était beau comme un astre et la fée l'adorait et le choyait, en veillant sur lui comme sur la prunelle de ses yeux. Elle voulait surtout le tenir à l'écart de toute rencontre avec les humains car elle craignait, qu'à son tour, les hommes ne lui portent malheur. Mais par-dessus tout, elle appréhendait avec horreur que son fils rencontre une femme du monde des humains, s'éprenne d'elle et parte à jamais dans cet univers de querelle, d'envie, de perfidie et de haine. Aussi ne le quittait-elle pas d'un pouce et l'élevait-elle dans l'isolement complet. L'enfant grandissait dans la solitude des montagnes, sans jamais apercevoir un être humain.

Les années passèrent et le petit garçon devint un vigoureux jeune homme. Or un jour la fée reçut une invitation de la Reine des Fées et elle dut partir sur-le-champ pour le long voyage qui la mènerait au château royal. Elle partit, le cœur gros, car elle craignait profondément qu'un malheur n'arrive à son fils pendant son absence.

Or, à cette époque un puissant prince régnait sur la contrée. Tel un nid d'aigle, son solide château fort était perché au sommet d'un grand rocher escarpé. Ce prince avait une fille unique dont la beauté était légendaire. Rien d'étonnant donc à ce que le château fût constamment envahi par force prétendants qui venaient la demander en mariage. Et il y avait parmi eux de grands et riches seigneurs dont la puissance surpassait de loin celle du prince. Mais autant la jeune fille était belle, autant elle était fière et orgueilleuse. L'un après l'autre, elle les repoussait tous obstinément et même plusieurs puissants princes venus d'outre-mer. Et par-dessus tout, quand ils repartaient la tête basse, elle se moquait d'eux.

Souvent la jeune fille trouvait le temps fort long et ennuyeux au château paternel. Ne supportant plus tous ces seigneurs en tenue d'apparat, et encore moins leurs courbettes et propos mielleux, elle enfourchait son cheval et s'en allait se promener pendant de longues heures dans les forêts et montagnes alentour.

Un jour, après une longue course, elle déboucha dans la vallée perdue où se trouvait la fontaine. Fatiguée, elle sauta à terre, pour boire quelques gorgées d'eau et pour se reposer. Alors qu'elle était assise au bord de la fontaine, en train de s'admirer dans le miroir d'eau, le fils de la fée s'aperçut de sa présence. C'était sa première rencontre avec un être humain et de surcroît avec une jeune femme très belle. Comme pétrifié, il ne parvenait pas à détacher son regard de la belle jeune fille et un mal étrange envahit tout à coup son cœur. C'était bel et bien de l'amour.

Il hésita longtemps, se rappelant les avertissements de sa mère, mais cette sensation soudaine qui venait de naître en son cœur, finit par avoir le dessus sur les recommandations pressantes de sa mère. Surmontant son émoi, il adressa la parole à cette belle créature.

A la vue du jeune homme qui se dressa soudain devant elle, comme s'il avait surgi de la fontaine, la jeune fille fut d'abord saisie de panique. Mais quand elle eut remarqué la beauté du jeune homme et son regard plein d'admiration, elle recouvra vite son assurance.

Et quelques instants plus tard, les deux jeunes gens conversaient déjà gaiement, comme s'ils se connaissaient depuis toujours. Bientôt le garçon finit par déclarer son amour à la belle jeune fille. A son tour, le cœur de la fille du prince ne resta pas insensible au charme et à la beauté du jeune homme. Cependant, son orgueil fut plus fort que ses sentiments. Elle lui tint alors ces propos :

«J'ai pris un certain plaisir à t'entendre dire que tu m'aimais et que tu ne pouvais plus vivre sans moi. Cependant, je ne te connais pas, j'ignore qui tu es, d'où tu viens et ce que tu pourrais m'offrir. Sache, que moi, je suis la fille d'un puissant prince, maître de ce pays et que je suis habituée à vivre dans le luxe. De nombreux grands seigneurs, déjà, m'ont offert leur main et avec elle toutes leurs immenses richesses. Jusqu'à lors, je les ai tous éconduits. Mais toi, je te trouve avenant et beau et je ne veux pas te traiter de la sorte. Si tu parviens à me prouver que tu es plus riche et plus puissant que tous ceux que j'ai chassés, je te donnerai ma main et mon cœur. Je t'épouserai, mais seulement à condition que tu satisfasses le souhait que voici : vois-tu cette pauvre fontaine abandonnée qui sourd du rocher noir? Fais en sorte qu'avant demain se dresse autour de cette fontaine un magnifique pavillon fait d'or et d'argent, de perles et de diamants plus limpides encore et plus étincelants que cette eau cristalline. Si tu y parviens, je deviendrai ton épouse. Demain, je reviendrai pour savoir si tu m'aimes vraiment!»

A ces mots, elle sauta en selle, éperonna son cheval et disparut bientôt de la vue du jeune homme. Il resta là, prostré, le cœur gros et les yeux baignés de larmes. Ce fut ainsi que le trouva sa mère, à la tombée de la nuit, quand elle fut de retour du château de la Reine des Fées. Elle s'enquit aussitôt de la raison de son chagrin et le jeune homme lui confia ce qui lui était arrivé.

Le récit de son fils avait profondément peiné la fée. Ce qu'elle avait craint le plus au monde, était arrivé. Une femme du monde des humains, et du surcroît une femme au cœur dur et orgueilleux, avait conquis son fils chéri. Elle tenta de persuader le jeune homme de chasser de son cœur le sentiment auquel il avait succombé, mais toutes ses supplications furent vaines. Alors, incapable de supporter plus longtemps le chagrin de son fils, la fée finit par lui promettre de l'aider.

Lorsque le lendemain la fille du prince fut de retour, c'est à peine si elle en crut ses yeux. A l'endroit même, où la veille encore jaillissait une source d'un vieux roc, se dressait à présent un magnifique pavillon. Des colonnes de cristal magnifiquement taillées soutenaient une voûte en or dont la fine sculpture rappelait la délicatesse d'une dentelle. Au milieu du sol jonché de perles scintillait la surface de l'eau de la fontaine. Cette dernière était entourée d'une margelle composée d'énormes rubis. Le fond même de la fontaine était couvert de gros diamants qui rivalisaient d'éclat avec les gouttelettes limpides d'eau.

La princesse sauta à bas de sa monture et entra dans le pavillon où le fils de la fée l'attendait déjà. Bien qu'émerveillée par le miracle qui s'était produit, toujours drapée de son orgueil, elle ne laissa rien paraître de sa surprise. Et quand le jeune homme, tout ému, lui rappela sa promesse de la veille, elle se contenta de rétorquer, avec un sourire hautain :

«Oui, certes, tu as accompli le souhait que j'ai exprimé hier. Mais tu ne supposes tout de même pas que je vais considérer cette bagatelle que tu viens de faire pour moi comme la preuve de ton véritable amour. Je suis la fille du puissant prince qui gouverne cette région et la renommée de ma beauté s'est même répandue au-delà de l'océan. Un grand nombre de mes prétendants sont venus de ces contrées lointaines.

Tous promettaient de me faire devenir reine de ces lointains pays du Sud, où poussent sur les arbres verts des oranges dorées dont la peau flamboie comme le feu et dont la pulpe est plus douce que le miel.

Mais toi, tu es un gentil et beau garçon et mon cœur te reste toujours ouvert. Si tu accomplis encore ce souhait, je deviendrai volontiers ta femme. Regarde un peu autour de toi. Vois-tu cette sombre et sinistre forêt qui s'étend alentour à perte de vue? Fais en sorte qu'avant demain s'étende à sa place un magnifique parc et que le pavillon doré soit entouré d'un jardin où pousseront des orangers et des grenadiers afin que je puisse savourer leurs fruits et boire l'eau fraîche de la fontaine. Si tu y parviens, je te prendrai pour époux. Demain, je serai de retour et je saurai si tu m'aimes réellement!»

Sans plus attendre, la jeune fille sauta sur son cheval, le talonna et disparut de la vue du jeune homme. Il resta là, encore plus affligé que la veille, car celle qu'il aimait de tout son cœur endolori, ne faisait que narguer son amour. Il s'adressa à sa mère, la suppliant de venir une fois encore à son aide. Celle-ci avait tout entendu et son cœur faillit éclater de douleur. En proie à un grand désespoir, elle se mit à raisonner son fils pour le convaincre que la jeune fille n'était pas digne de son amour. — Quand bien même son désir serait comblé, affirmait la mère, et qu'il la prendrait pour femme, la belle orgueilleuse finirait par lui briser le cœur et le faire périr de chagrin.

Mais son fils n'avait de pensées que pour la trop belle fille du prince. La mère finit alors par céder et lui promit de l'aider encore une fois. Cependant, elle avertit son fils que ce serait la dernière. Si l'orgueilleuse princesse s'avisait d'exprimer un troisième souhait, elle n'échapperait pas à une juste punition.

Le jour suivant, quand la fille du prince revint, elle fut en peine de reconnaître les lieux. Au fond de la vallée, un splendide parc s'étalait à perte de vue et tout autour du pavillon abritant la fontaine verdoyait un merveilleux jardin. Les branches des arbres y ployaient jusqu'au sol sous le poids de magnifiques oranges couleur de feu qui embaumaient l'air alentour.

La jeune fille, émerveillée, s'apprêtait déjà à prononcer les mots que le fils de la fée attendait tant. Mais, au dernier moment, son orgueil l'emporta encore. Elle déclara :

«Bien sûr, tu as accompli mon vœu. Mais une telle bagatelle ne saurait me convaincre que tu m'aimes d'amour. Je suis la fille du grand seigneur auquel appartient tout ce pays. J'accepterai de te prendre pour époux à condition, qu'en t'épousant, je devienne plus puissante et plus riche que mon père. Tu sais bien que parmi tous ces prétendants que j'ai repoussés, il y avait même des princes de sang royal. Tous n'aspiraient qu'à une seule chose : me ramener dans leurs grands pays et me faire reine. Fais donc en sorte qu'avant demain, un somptueux château se dresse au sommet de la plus haute montagne des Alpes. De là, je pourrais contempler mon parc, mon jardin et mon pavillon doré et même le monde entier. Et de ce monde, je désire devenir reine. Si tu y parviens, je serai ta femme. Demain je reviendrai me convaincre que tu m'aimes autant que tu le dis!»

A ce moment-là, la fée, hors d'elle, donna libre cours à son courroux. Soudain tout s'obscurcit, de lourds nuages s'amoncelèrent au-dessus des cimes des montagnes; l'un après l'autre, des éclairs se mirent à déchirer le ciel et le tonnerre gronda au point que les roches en tremblaient.

A l'instant même, tout ce que la fée, par amour pour son fils, avait fait apparaître autour de la fontaine, disparut de la surface de la terre : plus de traces de parc et de jardin, de pavillon doré, ni même de perles et de pierres précieuses. Et lorsque les nuages se furent dissipés et que revint la clarté, la petite fontaine continuait à sourdre, comme auparavant, au pied du sombre roc usé par le temps. Devant la fontaine se tenait la fée en personne. Elle s'écria à l'adresse de la fille du prince :

«Sois maudite, fille de l'homme! Et maudits soient aussi ton orgueil et ta beauté, ainsi que ta vie future! Tu as blessé mon fils, tu as meurtri son cœur, tu t'es moqué de son amour. Qu'une malédiction s'abatte sur ta tête! Que tu oublies sur-le-champ qui tu es, d'où tu es venue et où tu voulais aller. Que tu erres dès cet instant à travers forêts et rochers, amnésique, jusqu'à la fin de tes jours. Et qu'après toi, tout homme qui boira l'eau de cette fontaine subisse le même sort!»

Ainsi fut fait. A partir de ce jour, la fille du prince ne cessa d'errer dans ces montagnes désolées jusqu'à ce qu'elle trouvât une mort misérable au milieu des rochers.

La fée et son fils quittèrent ces lieux et s'en furent pour un endroit connu d'eux seuls. Pourtant, nombreux furent ceux qui se trouvèrent par hasard dans cette vallée et burent l'eau de la fontaine. Et à leur tour, ils se mirent à errer dans les montagnes, perdus à jamais.

Bien des années plus tard, un orage terrible éclata au-dessus des cimes des montagnes et la foudre frappa un sommet. Un énorme bloc de pierre se détacha et se mit aussitôt à dévaler la pente, entraînant derrière lui une avalanche de pierres. Ensevelie sous un amas rocheux, la fontaine disparut ainsi à jamais et nul ne se souvient plus à quel endroit elle se trouvait. Seul ce conte nous rappelle encore son étrange histoire.

LE CRAPAUD
ET LA BELLE
ANNETTE

Il était une fois une veuve qui vivait avec sa fille unique, Annette. Elles étaient bien pauvres. Leur seul bien au monde était une misérable chaumière à moitié effondrée, située un peu en retrait d'un village. Les murs vides de la maisonnette n'abritaient qu'une modeste couche, un foyer où elles se préparaient leurs repas et une table en bois. Il n'y avait qu'un seul objet de quelque valeur sous leur toit : une magnifique cruche blanche joliment décorée. Chaque matin Annette allait chercher de l'eau avec cette cruche à la fontaine voisine. C'était une petite fête pour elle, d'avancer sur le sentier, une chanson gaie aux lèvres, en admirant la cruche qui était belle comme une prairie d'été toute fleurie. Elle y allait ainsi tous les matins, jusqu'au jour où sa mère lui dit :

«Ma chère Annette, nous n'avons plus rien à manger, il ne nous reste plus qu'à vendre notre belle cruche peinte pour assurer notre maigre pitance.»

Annette fondit en larmes. Elle ne voulait pas se séparer de leur belle cruche pour rien au monde. Mais il fallait bien manger et il n'y avait plus un sou vaillant dans la chaumière. Le lendemain donc, bon gré mal gré, Annette s'en fut à la ville, pour y vendre la cruche au marché.

Empruntant le même sentier qu'elle suivait tous les matins pour aller chercher de l'eau, elle traversa d'abord un petit bois de bouleaux, puis un pré verdoyant, parsemé de fleurs multicolores. Au-dessus de sa tête, les oiseaux gazouillaient gaiement et sur les brins d'herbe les gouttelettes de rosée étincelaient comme des diamants. Chemin faisant, Annette arriva jusqu'au grand tilleul en fleurs au pied duquel se trouvait la fontaine. La jeune fille s'arrêta là. Elle voulait une dernière fois plonger la cruche dans la fontaine et se rafraîchir de son eau claire.

Elle s'agenouilla sur une pierre, se pencha, s'apprêtant déjà à puiser de l'eau avec la cruche. Mais que se passa-t-il, tout à coup? L'eau disparut rapidement de la fontaine, laissant bientôt apparaître le fond de pierre, au milieu duquel trônait un hideux crapaud.

Effrayée, Annette poussa un cri et laissa choir la cruche qui se brisa aussitôt en mille morceaux sur les pierres. Annette se mit à pleurer toutes les larmes de son corps.

«Pourquoi pleures-tu, belle Annette?» demanda le crapaud d'une voix humaine.

Dans son chagrin, Annette ne s'étonna même pas d'entendre un crapaud s'exprimer comme un homme et elle répondit :

«Comment ne pas pleurer, alors que tu m'as tant effrayée que j'ai cassé ma belle cruche? Comment ne pas pleurer, alors que nous sommes si pauvres, ma mère et moi, que j'avais dû partir vendre notre cruche au marché, pour que nous puissions manger?»

«Cesse de pleurer, belle Annette, dit le crapaud. Si tu me promets de me prendre pour époux, le moment venu, je te donnerai une cruche magique, bien plus jolie que la tienne. Elle exaucera trois vœux. Il te suffira de l'effleurer de ta main, de prononcer ces mots : Crapaud, mon époux bienveillant, pense à moi, à présent! puis de former ton vœu et la cruche l'accomplira aussitôt.»

Annette promit au crapaud de l'épouser. Puis, sans plus attendre, elle saisit la cruche de cristal que le crapaud lui avait tendue et courut à toutes jambes chez elle, pour la montrer à sa mère. Comme elle s'éloignait, elle entendit encore le crapaud crier :

«Attends-moi, Annette, je viendrai bientôt te chercher!»

Une fois à la maison, elle raconta à sa mère son étrange aventure survenue à la fontaine. Sa mère avait du mal à croire que la cruche apportée par sa fille Annette fût réellement magique. Alors Annette sortit la cruche devant la chaumière, et après l'avoir posée sur une pierre, elle la caressa tout en disant :

«Crapaud, mon époux bienveillant,
Pense à moi, à présent!
Avant que le soleil ne soit levé,
Je désire voir mon vœu exaucé :
Que cette pierraille désolée,
En pépite d'or soit transformée!»

Annette finit d'exprimer son souhait. Mais la pierre sur laquelle reposait la cruche n'avait en rien changé d'aspect, comme auparavant, ce n'était qu'une pierre grise.

«Alors, tu vois, Annette, le miracle ne s'est pas produit. La pierre reste telle qu'elle était tout à l'heure et ces promesses du crapaud ne sont sûrement que des balivernes!»

«Voyons, mère, je n'ai pourtant rien inventé. D'ailleurs, je ne m'attendais pas à ce que mon souhait soit exaucé immédiatement. Viens, nous allons nous coucher, nous verrons demain matin.»

Impatiente, la mère ne dormit que d'un œil et dès que le jour commença à poindre, elle se précipita dehors. A peine fut-elle sur le seuil de la chaumière qu'elle n'en put croire ses yeux : la cruche étincelait dans les premiers rayons du soleil levant et au-dessous d'elle, une pépite d'or jetait mille feux aveuglants. Le vœu que la jeune fille avait formé, la veille, était exaucé. Mais déjà Annette, à son tour, se penchait au-dessus de la cruche, poussant des cris de joie :

«Alors, tu vois, mère, le crapaud n'a pas menti. Nous serons riches, toutes les deux, à présent. Et pour cette raison, nous n'allons tout de même pas continuer à vivre dans cette chaumière.»

Toute la journée, Annette se demanda sans cesse quel souhait elle ferait le soir devant la cruche. Quand le soleil se fut enfin couché, elle caressa la cruche et prononça ces paroles :

«Crapaud, mon époux bienveillant,
Pense à moi, à présent!
Avant que le soleil ne soit levé,
Je désire voir mon vœu exaucé :
Que notre maisonnette délabrée,
En une belle ferme soit transformée!»

Et lorsque, le lendemain matin, Annette et sa mère se réveillèrent, elles ne purent en croire leurs yeux. Leur modeste couche s'était transformée en un magnifique lit recouvert de duvets moelleux et quand elles sautèrent du lit et se penchèrent à la fenêtre, une belle et vaste cour s'étendait devant leur regard étonné. Dans les écuries piaffaient de vigoureux chevaux, les étables étaient remplies de beau bétail et dans la

cour voletait une nuée de volailles bien dodues. Bref, les deux femmes étaient bel et
bien devenues de riches fermières.

Pendant quelque temps, elles vécurent ainsi dans le bonheur et la tranquillité, ne
manquant de rien. Pourtant, l'idée de former encore un vœu commença peu à peu à
tourmenter Annette. Sa mère avait beau essayer de la dissuader de son intention, lui
rappelant sans cesse, qu'elles étaient pourvues de tout jusqu'à la fin de leurs jours,
Annette ne l'écoutait pas. Résolue de devenir encore plus riche, elle n'y tint plus, et,
un beau soir, elle s'installa à nouveau devant la cruche. Après l'avoir caressée, elle
reprit son incantation :

«Crapaud, mon époux bienveillant,
Pense à moi, à présent !
Avant que le soleil ne soit levé,
Je désire voir mon vœu exaucé :
Qu'un château à la place de la ferme se dresse,
Où je régnerai en grande princesse,
Et de toute la région serai la maîtresse!»

La cruche était réellement magique. Lorsque Annette et sa mère s'éveillèrent, le
matin suivant, elles n'étaient plus couchées dans un lit de ferme, mais dans un splendide lit tendu de satin magnifique et richement sculpté, tout enveloppé dans de fins
rideaux. A peine avaient-elles ouvert les yeux qu'une camériste était accourue et après
avoir écarté les rideaux et exécuté une profonde révérence, elle souhaita bonjour à
Annette, en l'appelant princesse.

Après avoir lancé un regard circulaire sur la somptueuse pièce, Annette fut stupéfai-
te. Elle le fut encore plus, lorsqu'elle s'approcha de la fenêtre et se pencha au-dehors.
Sur la colline, dominant tout le paysage, se dressait un merveilleux château aux innombrables tourelles. La cour grouillait de domestiques qui s'inclinèrent tous bien bas
devant leur maîtresse, la princesse Annette.

A la vue de toute cette splendeur, la mère eut le cœur serré d'angoisse. Tous ces
miracles, toutes ces richesses ne lui disaient rien qui vaille. Elle essaya d'avertir Annette et lui dit que tout cela finirait mal, mais celle-ci ne fit aucun cas des avertissements
de sa mère. Elle se sentait comme un poisson dans l'eau au milieu de tout ce luxe, on
eût dit qu'elle était de sang noble. Elle se comportait désormais comme une véritable
princesse. Bientôt elle se mit à inviter des hôtes au château, à organiser des bals et des
festivités, oubliant complètement celui auquel elle devait toute sa richesse.

Un soir un grand bal fut donné au château d'Annette. Aux lustres de la grande salle,
d'innombrables bougies en cire brûlaient de tous leurs feux, le parquet ciré et les yeux
brillants des couples qui tournoyaient en renvoyaient la lueur en mille éclats. La danse

terminée, toute l'assistance fut invitée à prendre part à un somptueux banquet. A peine les invités s'étaient-ils installés autour d'une longue table, que quelqu'un se mit à cogner à la grande porte, puis derrière elle, une voix étrange coassa :

«Annette, ma toute belle,
Ta promesse, tu te rappelles?
Tu as promis de m'attendre,
Et pour époux me prendre.»

A entendre ces mots, Annette devint blême, le sang se figea dans ses veines. Voilà que son «fiancé» venait lui-même se rappeler à sa mémoire, ce vilain crapaud, tout glacé et visqueux. Rien qu'à l'idée de son aspect repoussant, Annette sentit ses jambes se dérober sous elle. Elle se précipita vers sa mère en affirmant que pour rien au monde elle n'ouvrirait la porte au crapaud. Cependant la mère répliqua :

«Annette, ma fille, tu ne peux pas repousser celui dont tu as tant abusé de la générosité. Il te faut, à présent, tenir ta promesse.»

Alors Annette s'approcha de la porte et l'ouvrit. Par la porte, un vilain crapaud bondit dans la grande salle. Stupéfaits, les invités se turent sur-le-champ, et dans la vaste salle devenue silencieuse, ne retentit plus que le léger claquement des sauts du crapaud. Il se dirigea vers la place d'honneur, où se tenait Annette et lorsqu'il fut à sa hauteur, de sa voix coassante, il déclara :

«Annette, ma toute belle,
Ta promesse tu te rappelles?
Tu as promis de m'attendre,
Et pour époux me prendre.
Des hôtes pour la noce tu as invité,
Un grand festin tu as fait préparer,
Je suis affamé, sers-moi à manger!»

Ensuite, le crapaud s'installa devant l'assiette de la jeune fille. A sa vue, Annette eut un frisson de dégoût. A nouveau, sa mère lui rappela :

«Annette, as-tu donc oublié à qui tu dois toutes ces richesses dont tu es entourée? Maintenant, il te faut tenir ta promesse.»

Alors la jeune fille prit sa propre cuillère et dans sa propre assiette, elle donna à manger au crapaud. Quand celui-ci eut mangé à satiété, il reprit de sa voix coassante :

«Annette, ma toute belle,
Ta promesse tu te rappelles?

Tu as promis de m'attendre,
Et pour époux me prendre.
Dans ta chambre tu vas me porter,
Et dans ton lit me déposer,
Je suis las, allons nous coucher.»

A l'idée de partager le même lit que le crapaud, Annette en eut la chair de poule. Elle jura ses grands dieux que rien au monde ne l'obligerait à faire ce que le crapaud avait demandé. Une fois encore, sa mère se mit alors à la raisonner :

«Rappelle-toi seulement, ma fille : qui t'a donné la pépite d'or, qui t'a offert une belle ferme et qui t'a promue maîtresse de ce magnifique château? Le crapaud, lui, a tenu sa promesse, à toi maintenant de tenir la tienne!»

Avec un rictus de dégoût, Annette prit le crapaud dans ses mains, et elle le porta dans sa chambre, où elle le déposa dans son lit. Mais quand elle fut sur le point de s'allonger à ses côtés, sa répugnance céda la place à une grande colère. Elle reprit le crapaud dans ses mains, se précipita vers la fenêtre et, après l'avoir ouverte, elle jeta l'animal dehors.

A l'instant même, tout fut plongé dans une profonde obscurité, puis un éclair déchira le ciel, la foudre se mit à gronder et un vent violent se leva au point qu'Annette dut fermer les yeux. Quand elle les rouvrit, quelques instants plus tard, elle s'aperçut qu'elle se trouvait à nouveau dans leur misérable chaumière à moitié effondrée, entre ces mêmes murs vides qui n'abritaient qu'une pauvre couche et une table en bois. Seule la magnifique cruche en cristal se dressait encore sur la modeste table. S'il n'y avait pas eu cette cruche, Annette aurait cru que tout n'avait été qu'un rêve. Mais quand elle se rendit compte que tout avait bel et bien existé, elle fondit en larmes. Sa mère se mit à la consoler :

«Cesse de pleurer, ma fille, de toute façon, cela ne sert à rien de pleurer de la sorte. Tout cela est bien fini. Rien ne sera plus comme auparavant. Tu ne dois t'en prendre qu'à toi-même. Aveuglée par ton orgueil, tu ne te souciais plus de tenir ta parole. Et comme chacun le sait, la fierté précède la chute. Le crapaud a tenu sa promesse, mais toi, tu as manqué à ton engagement. Allons, ne pleure plus, Annette. Nous arriverons bien à vivre. Nous étions pauvres, nous le resterons!»

Ainsi la vie des deux femmes reprit son cours monotone, comme par le passé. Mais le garde-manger était désespérément vide et la faim commença à nouveau à tenailler leur ventre. Un beau jour, la mère dit à Annette :

«Ecoute, Annette, cette cruche que le crapaud t'a donnée est belle, bien plus jolie que la première. Prends-la et va la vendre au marché de la ville. Des acheteurs t'en donneront sûrement un bon prix.»

Annette prit donc la cruche et se mit en route. Elle traversa d'abord un petit bois de

LE CRAPAUD ET LA BELLE ANNETTE

bouleaux blancs, puis elle déboucha sur une prairie jonchée de fleurs. Au-dessus de sa tête chantaient des oiseaux et sur les fleurs, tels des diamants, scintillaient les gouttes de rosée. Le chemin la mena jusqu'au grand tilleul au pied duquel brillait le miroir d'eau de la petite fontaine bordée de pierres. La jeune fille décida d'y faire halte, pour se reposer un peu et pour se rafraîchir avec quelques gorgées d'eau fraîche. Ayant déposé la cruche dans l'herbe, elle s'agenouilla sur une pierre et de ses yeux tristes, elle se mit à contempler la fontaine.

«O, ma chère eau limpide et fraîche, si tu savais combien je suis malheureuse. Par orgueil j'ai fauté et j'ai brisé à jamais mon bonheur. Quel mal m'a-t-il donc fait, ton petit crapaud, pour que je le maltraite de la sorte? C'était sûrement par amour pour moi qu'il m'avait comblée de tant de richesses. Et moi, ingrate, je n'ai même pas tenu ma parole et je l'ai chassé. Dis-moi, fontaine, que vais-je devenir? A présent, j'aimerais ce petit crapaud, je le prendrais pour époux et je saurais le couvrir de caresses et de baisers.»

Et quand elle se pencha au-dessus de la fontaine, la cruche entre les mains, pour y puiser de l'eau, elle éclata à nouveau en sanglots amers. De ses yeux rougis glissèrent deux grosses larmes qui tombèrent sur la surface de l'eau.

A ce moment précis le miroir d'eau se rida, l'eau se troubla et elle se mit rapidement à descendre dans les profondeurs de la terre, jusqu'à disparaître complètement. C'est alors qu'un jeune et beau prince bondit hors de la fontaine. Fixant Annette de ses yeux d'un bleu profond, il tendit ses bras vers elle. Effrayée, la jeune fille poussa un cri et fit tomber la cruche sur des pierres; elle se brisa aussitôt en mille morceaux. D'un bond elle se redressa, et s'apprêtait déjà à fuir quand le prince charmant lui adressa la parole :

«Ne crains rien, ma belle Annette. Ne t'enfuis pas, reste un peu : j'ai quelque chose à te dire. Ce vilain crapaud que tu avais jadis promis de prendre pour époux, ce n'est autre que moi. Il y a très longtemps, un méchant sorcier m'avait changé en crapaud et seul l'amour d'une jeune fille pouvait me libérer de cet enchantement. Je suis tombé amoureux de toi, quand tu venais chaque jour chercher de l'eau à ma fontaine. J'ai alors décidé de me montrer pour te demander de m'épouser. Il est vrai que pendant longtemps, la richesse t'a fait tourner la tête et l'orgueil t'a aveuglée mais, aujourd'hui, tu m'as témoigné un véritable amour, me délivrant ainsi à jamais de l'enchantement. Acceptes-tu maintenant de me prendre pour époux?»

Comment décrire la joie d'Annette! Sans hésiter, elle tendit la main au prince et l'emmena à la chaumière pour le présenter à sa mère. Le prince conduisit ensuite les deux femmes en son royaume, qui s'étendait au-delà de sept monts et de sept rivières. Dès leur arrivée au château royal, des noces splendides furent célébrées et ensuite, ils vécurent tous dans le bonheur, jusqu'à la fin de leurs jours.

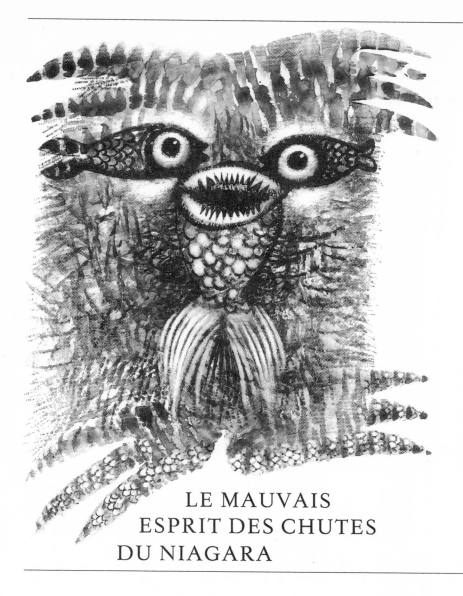

LE MAUVAIS
ESPRIT DES CHUTES
DU NIAGARA

En ces temps lointains où le pied de l'homme blanc n'avait pas encore foulé le sol de ce continent immense qui porte aujourd'hui le nom d'Amérique, vivait dans la région qui s'étend entre les lacs Erié et Ontario la tribu des Indiens Iroquois. Guidé par les sages lois de leurs chefs et protégé par les bons esprits, le peuple iroquois vivait dans le bonheur et la quiétude. La terre fertile donnait suffisamment de maïs, le tronc des érables laissait s'écouler la sève sucrée, des marais salants prodiguaient le sel. Dans les forêts alentour abondait le gibier et d'innombrables bancs de poissons peuplaient les eaux des deux lacs. Chaque année, à l'occasion des fêtes du nouvel an, les jeunes gens et les jeunes filles de la tribu dansaient dans la maison du conseil au son des crécelles et des tambours la joyeuse danse de remerciement en l'honneur du Grand Manitou

42 :   Owanyio, créateur de la terre et par la volonté duquel poussent les arbres et les fruits et vivent les animaux et les gens.

Pendant une de ces fêtes, dans un village iroquois proche des chutes du Niagara, deux jeunes gens s'éprirent l'un de l'autre : un jeune homme du nom de Petit Ours, le plus vaillant guerrier de la tribu, et une jeune fille nommée Soleil Gracieux qui surpassait en beauté toutes les jeunes filles de la région. Depuis ce jour, ils ne se quittèrent plus et dès que l'hiver fut passé et que les arbres eurent revêtu leur habit vert, tous les jours ils s'embarquèrent dans un léger canoë sur la rivière et se laissèrent emporter par le courant, tissant de beaux rêves pour leur avenir.

Cependant leur bonheur exaspéra un mauvais esprit des chutes du Niagara. Depuis longtemps il épiait la ravissante jeune fille, car sa beauté l'avait touché au point qu'il décida de l'enlever pour l'épouser. Et il n'attendait plus que le moment opportun pour réaliser son noir dessein.

Un jour, comme à l'accoutumée, les jeunes amoureux allaient se promener sur la rivière. La jeune fille venait d'embarquer et Petit Ours s'apprêtait déjà à sauter dans le canoë, quand, tout à coup, le mauvais esprit surgit des flots et écarta violemment le frêle esquif du rivage, pour le lancer tout droit dans le grand courant. Le flot féroce s'empara aussitôt du bateau, l'entraîna au milieu de la rivière et à une vitesse infernale, l'emporta vers l'endroit où, dans un grondement assourdissant, les eaux déchaînées se jetaient du haut du seuil de pierre dans le profond précipice.

A la vue de l'affreux spectacle, Petit Ours fut pétrifié d'horreur. Puis, reprenant ses esprits, il se mit à courir de toutes ses forces le long du rivage, en criant le nom de sa bien-aimée. Au bout de quelques instants, cependant, comprenant qu'il ne pouvait lui être d'aucun secours, il s'arrêta sur un rocher qui surplombait les flots impétueux de la rivière, et impuissant, il suivit des yeux le canot qui courait inexorablement à sa perte. Mais au moment où le canoë se cabra sur la crête de la gigantesque cataracte, avant de basculer dans les profondeurs voilées d'embruns, la hideuse apparition de l'esprit des chutes du Niagara resurgit au-dessus de l'écume des eaux. Ses pattes noires se tendirent vers la malheureuse jeune fille qui gisait, inconsciente, au fond du canot et, l'instant après, il disparut avec elle dans les chutes mugissantes.

Lorsque la jeune fille revint à elle, elle se trouvait dans une vaste caverne, dont les murs et la voûte étincelaient comme le plus pur cristal : c'était la demeure de l'esprit des chutes du Niagara. Partout sur les murs, la voûte et le sol, perlaient d'innombrables ruisselets, recueillis au milieu de la vaste salle dans un petit lac limpide. Un souffle glacial parcourait l'espace, et l'air était saturé par la poussière givrante de minuscules gouttelettes d'eau. Pas un seul rayon de soleil, aussi mince soit-il, ne pénétrait à l'intérieur et tout baignait dans un clair-obscur verdâtre.

Ce fut alors que son regard tomba sur la terrifiante silhouette qui se dressait devant elle. C'était l'esprit des chutes du Niagara. Son corps gigantesque était vêtu d'un long habit flottant, parsemé d'écailles argentées de poisson, et dans son visage vert ruissellant d'eau et encadré d'une barbe hirsute d'algues et de plantes aquatiques, béaient, immobiles et glacials, d'immenses yeux globuleux de poisson.

«Je t'ai choisie pour femme, ma toute belle, dit-il d'une voix qui résonnait à travers la caverne. Tu m'as plu entre toutes et je veux que tu partages désormais ma vie ici, dans mon empire aquatique. Si tu acceptes, tous les trésors que j'ai accumulés, or, argent et pierres précieuses, t'appartiendront. Mais malheur à toi si tu refuses! Plus jamais tu n'apercevras la terre ensoleillée. Tu périras d'une mort terrible et je livrerai ensuite ton corps aux flots tumultueux. Je t'accorde une journée pour réfléchir. Demain, je viendrai chercher ta réponse!»

A ces mots l'esprit s'en fut, abandonnant la malheureuse jeune fille dans la sombre caverne.

La nuit passa, les astres se mirent à pâlir et les premières lueurs du soleil levant éclairèrent le rocher qui surplombait les flots mugissants du Niagara. En haut du rocher gisait toujours Petit Ours, ses yeux encore fixés sur le précipice bouillonnant. Un chagrin désespéré paralysait ses sens. Sa bien-aimée disparue, il décida alors de mettre fin à ses jours. Il se releva et se penchait déjà au-dessus du rocher pour se précipiter dans les profondeurs, quand, soudain, un oiseau aux ailes resplendissant de toutes les couleurs de l'arc-en-ciel descendit du haut du firmament bleu et vint se poser sur la tête du jeune homme. Etonné, Petit Ours redressa la tête et comprit les paroles de l'oiseau :

«Ne désespère pas, ne baisse pas la tête, ta bien-aimée reviendra! Je suis le messager du Grand Esprit Owanyio qui m'a chargé de t'apporter la bonne nouvelle. A présent, suis-moi. Si ton cœur est brave, tu réussiras à sauver ta fiancée.»

Sans hésiter, Petit Ours se mit à suivre l'oiseau aux ailes couleur d'arc-en-ciel. Désormais, il ferait tout pour sauver sa bien-aimée. Au pied du rocher, l'oiseau passa à travers l'écran des eaux écumantes et Petit Ours l'imita. Et, ô miracle, devant lui, dans le mur rocheux béait une large fissure qui donnait accès à une galerie sombre creusée dans la roche. Ne quittant pas l'oiseau des yeux, Petit Ours y pénétra hardiment et bientôt ils débouchèrent dans la vaste caverne : demeure de l'esprit des chutes du Niagara. Le jeune homme avança courageusement à l'intérieur et y trouva sa bien-aimée pleurant et tremblant d'horreur. Mais déjà l'oiseau lui criait :

«Vite, dépêche-toi, prends Soleil Gracieux et va-t'en rapidement d'ici, avant que l'esprit ne revienne. S'il t'attrape, il vous tuera, toi et ta fiancée!»

Sans perdre une seconde, Petit Ours saisit la jeune fille dans ses bras, s'engagea à nouveau dans la galerie et laissant derrière lui le domaine souterrain, froid et humide, il courut au-dehors, là, où brille l'astre du jour. Mais le jeune Indien entendait déjà le démon courroucé s'élancer à leur poursuite, déjà il sentait son souffle glacé sur sa nuque. Mais l'amour décupla les forces de Petit Ours. Serrant toujours sa fiancée dans ses bras, d'un bond puissant il franchit l'écran liquide et atterrit sur la berge herbeuse qui bordait les flots déchaînés.

Aveuglé par sa rage et assoiffé de vengeance, l'esprit des chutes du Niagara poursuivit les fugitifs jusqu'au monde du soleil. Mais dès que son pied eut touché le sol sec, son pouvoir s'évanouit et la force prodigieuse qui le rendait invincible dans son empire aquatique, abandonna aussitôt son corps monstrueux.

Petit Ours déposa la jeune fille sur le tapis d'herbe et, dans une lutte sans merci, il affronta le démon des chutes du Niagara. Cependant, l'issue du combat restait toujours incertaine. C'est alors que l'oiseau aux ailes couleur d'arc-en-ciel vint à nouveau en aide à Petit Ours. De ses ailes, il se mit à frapper le visage de l'horrible démon au point de l'aveugler, et Petit Ours, armé de son tomahawk, put enfin le vaincre à tout jamais.

Le jeune couple retourna ensuite au village de la tribu, où ils vécurent désormais dans le bonheur et l'amour réciproque jusqu'à un âge très avancé.

De nos jours encore, les chutes du Niagara se jettent du haut du seuil de pierre dans le profond précipice, tout en murmurant une chanson qui rappelle cette vieille légende.

LA JOUVENCELLE
DU ROSEAU

Au-delà des sept montagnes et des sept rivières, au-delà de la neuvième mer, s'étendait jadis un royaume gouverné par un puissant roi. Celui-ci n'avait qu'un seul fils, un beau et jeune prince qui n'était pas encore marié. Or le roi se faisait déjà vieux et il sentait ses forces l'abandonner tout doucement. Il décida donc de marier au plus vite son fils, afin de lui transmettre le pouvoir et jouir en toute quiétude de ses vieux jours, tout en berçant sur ses genoux ses petits-enfants.

Dès que le roi fit proclamer son intention, de tous les coins du monde se mirent à affluer en son royaume les messagers de princesses et de comtesses, belles ou moins belles, riches ou moins riches, qui toutes désiraient épouser le jeune prince et ainsi devenir reine. Les envoyés apportaient les portraits de toutes ces jeunes filles mais le prince jetait un regard distrait sur les images et retournait aussitôt à ses occupations. Ce fut en vain que le malheureux roi essayait de raisonner son fils; celui-ci ne manifestait pas la moindre envie de se marier. Dans ses rêves il avait imaginé une jeune fille si ravissante qu'aucune autre ne pouvait l'éclipser par sa beauté. C'est avec elle seule qu'il voulait se marier et nulle autre ne pouvait gagner son cœur.

Dès qu'il le pouvait, il quittait le château et s'en allait se promener pendant de longues heures au bord de la rivière qui traversait la capitale royale. Souvent il s'asseyait sur la berge et, plongé dans ses rêveries, il contemplait les flots tout en songeant à sa belle. Un jour, alors qu'il était assis à son habitude sur la rive couverte de roseaux, l'idée lui vint de tailler un pipeau dans un roseau et d'en jouer pour égayer sa solitude.

Il se mit aussitôt à l'œuvre. Avec un couteau il coupa une jolie tige de roseau et en un rien de temps il fabriqua un petit pipeau. Mais qu'advint-il? Avant même de porter l'instrument à ses lèvres, avant même de jouer une note, le pipeau se mit à chanter tout seul. D'une douce voix de jeune fille, il modula une belle chanson : une chanson sur la Jouvencelle du Roseau :

«Là, où la rivière se jette dans un grand lac, aux confins du royaume, se trouve une petite île toute couverte de roseaux. Au milieu de ce tapis vert pousse une tige d'or, dans laquelle est emprisonnée la Jouvencelle du Roseau qui régnait jadis sur l'île. On dit que la Jouvencelle du Roseau est la plus belle jeune fille du monde mais qu'une méchante sorcière l'a transformée en tige de roseau d'or pour devenir reine à sa place. Celui qui trouvera la tige de roseau d'or et qui la coupera avec un couteau bien aiguisé, pour la porter à ses lèvres et l'embrasser, celui-là délivrera la Jouvencelle du Roseau de son enchantement.»

Dès que le prince eut entendu les derniers mots de la chanson, il bondit et retourna en courant au château. Il se présenta aussitôt devant le vieux roi et après lui avoir tout raconté, il déclara sans détour qu'il n'épouserait jamais que cette Jouvencelle du Roseau car c'était sans doute elle qui lui apparaissait toutes les nuits dans ses rêves. Et il décida de partir sur-le-champ à sa recherche.

Le vieux roi eut du mal à imaginer qu'un petit pipeau taillé dans un roseau puisse chanter une telle chanson et il essaya de convaincre le prince de revenir sur sa décision, mais voyant que celui-ci n'en démordait pas, le roi finit par lui donner son accord. En échange, le prince dut lui promettre de ne plus refuser de fiancée et d'épouser celle que le roi lui choisirait s'il ne trouvait pas la Jouvencelle du Roseau.

Sans plus tarder, le prince ordonna à son palefrenier de seller le plus rapide coursier des écuries royales et dès que le cheval fut prêt, il l'enfourcha et s'élança au galop le long de la rivière, luttant de vitesse avec le vent. Alors qu'il chevauchait ainsi depuis presque une journée et que son cheval, à bout de forces, ne faisait plus que trébucher, il aperçut soudain devant lui l'embouchure de la rivière qui se jetait dans le vaste lac. Bientôt une belle île verte, toute couverte de roseaux, lui apparut. Le prince sauta de cheval et oubliant sa fatigue, il se jeta à l'eau. Après avoir traversé à la nage un bras de la rivière, il atteignit l'île et se mit aussitôt à chercher le roseau d'or. Mais toutes ses recherches furent vaines. Le soleil était déjà bien bas à l'horizon, l'obscurité tombait et il ne lui resta plus qu'à passer la nuit sur l'île. Mais dès que le ciel se mit à blanchir du côté de l'orient et que les premiers rayons du soleil éclairèrent le sol, le prince fut debout pour poursuivre ses recherches. Il avait ainsi fouillé presque toute l'île quand, à l'endroit où les roseaux formaient un bosquet quasi impénétrable, il finit par trouver le roseau d'or. Il le coupa, le porta à ses lèvres et y déposa un tendre baiser. A cet instant la tige glissa entre ses doigts et tomba à terre mais dès qu'elle toucha le sol, une jeune fille d'une beauté indescriptible se dressa devant le prince. Jamais de sa vie il n'avait encore vu une jeune fille aussi belle. Elle était encore plus merveilleuse que dans ses rêves. De ses épaules, d'abondants cheveux noirs retombaient jusqu'à terre, ses yeux, comme deux lacs profonds, verdoyaient sous les sourcils noirs et ses lèvres d'un rouge de grenade laissaient apparaître des dents nacrées. Elle eut un sourire timide à l'adresse du prince, puis elle dit :

«Merci, ô prince, de m'avoir libérée. Je t'attendais, je savais que tu viendrais me chercher. Maintes fois, je t'ai rendu visite dans tes rêves car tu avais été choisi pour être mon mari.

— O, c'est bien toi, ma toute belle tant désirée, que j'avais imaginée dans mes rêves! s'exclama le prince. Viens, dépêchons-nous de retourner chez mon père au château royal, pour y préparer notre mariage. Tu deviendras ma femme et ensemble nous régnerons sur le royaume.»

La Jouvencelle du Roseau fut au comble du bonheur. Cependant, n'ayant pour tout vêtement que sa chevelure qui l'enveloppait jusqu'aux pieds, elle n'oserait pas apparaître ainsi devant le roi et la cour et elle pria donc le prince de lui rapporter rapidement une robe du château. Tout en lui promettant de l'attendre, elle lui demanda encore de ne point s'attarder au château et dès qu'il aurait changé son cheval pour un autre, plus rapide encore, de revenir la chercher.

Tout d'abord le prince ne voulut pas accepter de quitter sa fiancée, à peine trouvée. Mais quand celle-ci l'assura de ne plus disparaître et de l'attendre au même endroit, il finit par consentir. Il regagna à la nage l'autre rive, sauta en selle et repartit au grand galop vers le château.

Cependant, ils ne se doutaient pas, les malheureux, qu'une méchante sorcière, dissimulée dans les roseaux, avait tout vu et tout entendu. A peine le prince fut-il parti, qu'elle se précipita hors de sa cachette et de sa baguette magique fouetta la Jouvencelle du Roseau qui ne se doutait de rien. Cette dernière fut aussitôt changée en un poisson d'or et la vieille la jeta dans la rivière. Puis, enveloppée dans ses longs cheveux noirs, la vilaine sorcière se mit à attendre l'arrivée du prince. En se substituant à la Jouvencelle du Roseau, elle voulait tromper le prince, et, une fois devenue sa femme, lui ravir son royaume.

Entre-temps le prince avait annoncé l'heureuse nouvelle au vieux roi. Déjà il avait donné l'ordre d'apporter une magnifique robe de perles brodée d'or, déjà il avait fait seller le plus rapide cheval afin de pouvoir repartir au plus vite pour aller chercher sa fiancée et la ramener au château. Ce fut alors que le vieux roi lui dit :

«Pourquoi tant se hâter, mon cher fils, nos serviteurs peuvent aussi bien ramener ta fiancée. Et si elle est aussi belle et fragile que tu dis, elle appréciera sûrement mieux de voyager dans un doux carrosse. Toi, tu ferais mieux de rester au château et de m'aider à préparer des noces somptueuses, inviter les hôtes, bref pour que tout se passe comme il se doit pour le souverain d'un royaume aussi puissant que le nôtre!»

Et le prince fit comme le vieux roi lui avait demandé, préférant en effet surveiller en personne tous les préparatifs du mariage et organiser un accueil digne de sa belle fiancée. Il chargea donc son plus fidèle serviteur d'aller chercher à sa place la Jouvencelle du Roseau. Sans tarder, ce dernier se mit aussitôt en route dans le carrosse royal, accompagné de la femme de chambre qui allait aider sa future maîtresse à revêtir sa robe de mariée et se tenir désormais à son entière disposition.

Ils roulèrent aussi vite qu'ils le purent et bientôt ils atteignirent l'estuaire de la rivière. Exactement là où le prince leur avait indiqué, ils trouvèrent en effet une femme tout enveloppée de sa longue chevelure noire. Mais quand la femme de chambre commença à l'habiller et qu'elle écarta les cheveux dissimulant son visage, elle se figea d'effroi. «Alors c'est elle, cette beauté que notre prince a choisie pour épouse? Oh, quelle est laide! Et de surcroît son visage est noir comme la nuit», ne put s'empêcher de dire à haute voix la femme de chambre devant sa nouvelle maîtresse. Celle-ci, l'ayant entendu, répliqua aussitôt :

«C'est le soleil qui m'a brûlé le visage alors que j'attendais le prince. Toute une longue journée il m'a fait attendre seule, sur cette rive désolée, sans même pouvoir m'abriter du soleil. Voile-moi la face avec un épais voile, lorsque j'aurai séjourné pendant quelques jours au château du prince, bien à l'abri du soleil, je recouvrerai ma beauté, mes joues blanchiront et les rides disparaîtront.»

La femme de chambre la crut et, selon son désir, elle lui voila le visage avec un épais voile. Là-dessus, ils montèrent tous dans le carrosse et s'en retournèrent au château royal.

Au château, pendant ce temps-là, tout impatient, le prince faisait les cent pas dans la cour, se précipitant à tout moment devant la grande porte, pour scruter la route et voir enfin le carrosse poindre sur le chemin du château. Dès que le véhicule arriva dans la cour, le prince se hâta d'en ouvrir la porte afin d'aider sa fiancée à descendre. Celle-ci à peine apparue, le prince s'écria, étonné :

«O, ma toute belle, pourquoi te voiler ainsi le visage? Tu ne veux donc pas que je me réjouisse à la vue de ta beauté, que tout le monde puisse admirer ta grâce et m'envier ma fiancée?»

Tout comme la fois précédente avec la femme de chambre, la sorcière prétendit avoir eu le visage brûlé par le soleil lors de son attente et elle se mit aussitôt à lui adresser d'amers reproches.

Troublé, le prince trouva cela bien étrange, d'autant plus qu'il ne reconnaissait pas cette voix croassante. Mais se sentant coupable de n'avoir pas été allé chercher lui-même la Jouvencelle du Roseau, comme il l'avait promis, il se contenta de son explication. Il prit donc la sorcière par la main et l'amena devant le vieux roi, pour la lui présenter comme sa fiancée. Et comme tout était prêt pour les festivités, le mariage eut lieu sur l'heure et le prince, ne se doutant de rien, épousa à la place de la belle Jouvencelle du Roseau une vilaine sorcière.

La cérémonie nuptiale terminée, le prince la conduisit dans ses appartements et lorsqu'il eut ôté l'épais voile, alors seulement il comprit qu'il avait été trompé. Mais il n'y avait plus rien à faire : ils étaient unis par les liens sacrés du mariage. En proie à un grand désespoir, il resta d'abord enfermé, de longues journées durant, dans ses appartements, puis, comme jadis, il se mit à fuir le château en partant se promener longuement dans les alentours. Le plus souvent, ses pas le menaient au bord de la rivière. Il s'asseyait sur la rive et pendant de longues heures il contemplait tristement les flots miroitants.

Entre-temps, le poisson d'or qu'était devenue la Jouvencelle du Roseau, nagea en amont jusqu'à ce qu'elle atteignît l'endroit où, non loin de la rivière, s'élevaient les hautes tours du château royal. Désormais elle resta là, nageant au gré des flots et souvent elle put apercevoir le prince qui se promenait au bord de la rivière. Mais il lui était impossible de faire savoir au jeune homme que c'était elle, la Jouvencelle du Roseau, sa fiancée.

Dans la rivière, juste au pied du château royal, des pêcheurs venaient souvent jeter leurs filets pour pêcher les poissons destinés à la table royale. Un jour le poisson d'or se fit délibérément prendre dans leurs mailles. Lorsque les pêcheurs sortirent les filets de l'eau, ils s'étonnèrent à la vue de leur étrange prise, puis ils la retirèrent du filet et se hâtèrent de regagner le château. Juste à ce moment, le prince sortait par la grande porte et les pêcheurs s'empressèrent de lui montrer leur prise. Le prince s'émerveilla à la vue du beau poisson d'or, et subjugué, il n'arriva pas à détacher son regard des grands yeux verts qui lui rappelaient quelque chose. Sans hésiter, il acheta le poisson aux pêcheurs et l'emporta avec lui au château. Dans le jardin royal, il fit construire aussitôt un bassin de marbre rose et il déposa ensuite doucement le poisson dans l'eau.

Désormais, le prince ne quitta plus le château. Assis au bord du bassin, il passait ses jours et ses nuits à contempler le poisson d'or, tout en réfléchissant à la triste tournure que sa vie avait prise. A la vue du prince rêveur et affligé, tout le monde au château était profondément peiné, seule la sorcière avait du mal à contenir sa rage. Elle avait compris tout de suite qui était le poisson d'or et elle guettait l'occasion de s'en débarrasser. Mais tant que le prince était au château, elle n'osait pas lui faire de mal. Alors elle persuada le vieux roi d'éloigner quelque temps le prince du château. Le roi pouvait voir de ses propres yeux que le prince n'allait pas bien et qu'à force de rester jour et nuit au bord de l'eau à regarder le poisson d'or, il finirait par tomber mortellement malade.

Le vieux roi, en effet, s'inquiétait, lui aussi, de l'étrange comportement de son fils, aussi décida-t-il de le faire partir quelque temps afin qu'il puisse se distraire et s'égayer.

Il fit donc venir le prince et lui ordonna de se rendre immédiatement chez le roi voisin pour lui transmettre un message urgent. Dans la lettre confiée à son fils il priait son royal voisin de bien vouloir retenir le prince quelque temps auprès de lui et de le distraire, d'organiser en son honneur un grand bal ou une belle chasse afin que celui-ci ne s'abandonne plus à sa mélancolie.

Bon gré mal gré, le prince dut obéir à l'ordre du roi et, dès le lendemain, il prit la route.

Le prince à peine parti, la sorcière se rendit chez le vieux roi.

«O roi et père, dit-elle, je t'implore de me venir en aide. Tu as sans doute remarqué que ton fils a cessé, tout à coup, de m'aimer. Aide-moi à retrouver son amour. Je vais te dévoiler, à présent, une bien étrange chose. C'est une méchante sorcière, qui, en me jetant un mauvais sort, a fait fuir l'amour du cœur du prince. Toi-même, tu n'ignores point, que depuis le jour où le poisson d'or est apparu dans le château, l'état du prince ne fait qu'empirer. Et je suis sûre que ce poisson d'or n'est autre que cette méchante sorcière qui veut envoûter le prince pour pouvoir l'épouser et ensuite, après s'être débarrassée de nous deux, s'emparer de ton trône. Mais si tu ordonnes de tuer le poisson et de le faire cuire, et quand ensemble nous en aurons mangé un morceau, tu t'apercevras de son pouvoir magique. Dès que j'en aurai mangé un peu, je redeviendrai belle comme avant et le prince m'aimera de nouveau. Et lorsque toi, tu en auras mangé un morceau, tu rajeuniras et tu recouvreras ta santé.»

Ayant cru les paroles de la sorcière, le roi donna l'ordre de tuer, puis de faire cuire le poisson d'or. Quand le poisson fut cuit, le cuisinier le désossa et jeta ensuite ses arêtes aux ordures. Plus tard dans la journée, un domestique ramassa les ordures avec les arêtes et les enterra aussitôt dans le jardin royal.

Mais, ô miracle! A l'endroit même où le domestique avait enterré les arêtes, un merveilleux rosier avait poussé avant l'aube. Aux premières lueurs de l'aurore, il se mit à bourgeonner et dès que le soleil apparut à l'horizon, il se couvrit de magnifiques fleurs parfumées.

Entre-temps le prince revint au château. Dès son arrivée, il se dirigea tout droit dans le jardin, vers le bassin de marbre. Mais de poisson, point. Comme il levait la tête, un rosier couvert de fleurs attira soudain son regard et un parfum enivrant se répandit alentour. Il se redressa, s'approcha du buisson et quand il se fut assis à son ombre, il lui sembla entendre une douce chanson, comme si la brise chantait dans le feuillage au--dessus de sa tête. Le prince crut reconnaître cette belle chanson que jadis il avait déjà une fois entendue au bord de la rivière. Depuis ce jour, le prince ne quitta plus le château. Il passait le plus clair de son temps dans le jardin, assis au pied de ce rosier qui embaumait et, plongé dans ses tristes pensées, il ne cessait de songer, en soupirant, à la belle Jouvencelle du Roseau. Tout le château s'en était vite aperçu et en fut peiné, à l'exception de la méchante sorcière qui était au comble de la rage. Elle comprit tout de suite que la Jouvencelle du Roseau s'était transformée en rosier et qu'en embaumant et en chantant doucement sa chanson, elle venait se rappeler à la mémoire du prince. Elle décida alors d'aller voir sur-le-champ le vieux roi.

«Tu as sûrement remarqué, ô roi, que le voyage n'a en rien soulagé le prince, il en est revenu tel qu'il était parti. Il ne m'aime toujours pas, il n'adresse la parole à personne, à longueur de journée il reste prostré au pied de ce rosier. Cependant moi, j'en connais la raison. C'est encore cette vilaine sorcière qui nous joue ses tours de magie. En faisant tuer le poisson d'or, nous n'avons pas réussi à l'anéantir. Le rosier qui est né des arêtes, c'est encore elle. Elle veut envoûter le prince pour pouvoir l'épouser, puis, lorsqu'elle se sera débarrassée de nous deux, elle régnera toute seule sur ton royaume. Seulement moi, je connais le moyen de déjouer ses plans. Ordonne de déterrer le

LA JOUVENCELLE DU ROSEAU

rosier et de le faire ensuite brûler dans la cheminée afin que je puisse préparer avec ses cendres une boisson magique. Dès que je l'aurai bue, je retrouverai ma beauté et le prince s'éprendra de moi à nouveau. Et quand tu en auras bu, à ton tour, tu rajeuniras sur l'heure et tu vivras bien vieux.»

Une fois encore le vieux roi se laissa persuader et il acquiesça. La sorcière fit venir un vieux jardinier et elle lui commanda de déterrer le rosier et de le brûler jusqu'au dernier petit rameau, jusqu'à la dernière fleurette. Mais ce dernier eut pitié du beau buisson et il refusa de s'exécuter. La sorcière entra alors dans une colère terrible et elle congédia sur l'heure le serviteur désobéissant.

Là-dessus, elle convoqua ses serviteurs, qui, obéissant à l'ordre de leur maîtresse, déterrèrent le rosier et après l'avoir transporté dans la grande salle du château, le jetèrent dans les flammes de l'immense cheminée. Seulement la méchante sorcière ne s'était pas aperçu qu'avant de quitter le château, le vieux jardinier avait cueilli en guise d'adieu une fleur parfumée du rosier et l'avait emportée avec lui, dans sa maisonnette.

Arrivé chez lui, le jardinier mit la rose dans un vase qu'il posa sur le bord de la fenêtre. La fleur dégageait une odeur si enivrante que le jardinier ne put s'en rassasier. Il aurait aimé rester en sa maison pour pouvoir contempler sans cesse la fleur merveilleuse. Mais renvoyé de son service au château, il lui fallait, bon gré mal gré, partir en quête de quelque ouvrage. Il sortit donc de la maison et partit pour la ville la plus proche.

Mais à peine la porte se fut-elle fermée derrière le jardinier que la rose se transforma à l'instant même en Jouvencelle du Roseau. Pendant que le jardinier était absent, la jeune fille reconnaissante fit le ménage, puis prépara à manger de sorte que, quand le jardinier fut de retour, il n'en put croire ses yeux. Et le lendemain il n'en alla pas autrement.

Le troisième jour cependant, le jardinier, résolu à trouver la clé de cette énigme, rentra à l'improviste à la maison et surprit la Jouvencelle du Roseau en plein travail avant qu'elle ait pu se changer à nouveau en rose. Alors la jeune fille lui dit qui elle était, comment le prince l'avait délivrée et comment la hideuse sorcière l'avait à nouveau envoûtée pour lui enlever son fiancé.

Tout ému, le jardinier proposa aussitôt à la jeune fille de faire tout pour l'aider; elle n'avait qu'à lui indiquer comment s'y prendre.

La jeune fille lui répondit :

«Voilà un ducat d'or, cher jardinier. Prends-le et va acheter au marché de la ville des fils de soie multicolores. J'en tisserai un tapis et une fois mon ouvrage terminé, je t'expliquerai ce qu'il faudra en faire.»

Le jardinier rapporta du marché des beaux fils de soie aux couleurs d'arc-en-ciel et la Jouvencelle du Roseau en tissa un tapis au dessin magnifique. Puis, avec un fil d'or, elle broda dans le décor du tapis une tige de roseau, un poisson d'or et une fleur rose.

«Prends ce tapis», dit-elle alors au jardinier, «et porte-le au marché de la ville. Mais garde-toi de le vendre à qui que ce soit, à moins que le prince en personne vienne te le demander. Cependant à lui non plus, tu ne le vendras pas. Dis-lui seulement qu'il pourra l'avoir s'il consent à venir ce soir dans ta chaumière, en compagnie du vieux roi et de sa femme.»

Le jardinier se hâta de porter le tapis au marché. Dès qu'il l'eut déployé sur le sol, les gens accoururent de toute la ville, saisis d'admiration devant sa beauté. Personne n'avait encore jamais vu une telle merveille. Tous voulaient l'avoir et offraient au jardinier pour son tapis de vraies fortunes. Mais le jardinier ne le vendit à personne.

Le jour même, la nouvelle de cette merveille parvint jusqu'aux oreilles du prince, au château royal. Le plus fidèle serviteur du prince — celui-là même qui était allé chercher la Jouvencelle du Roseau dans le carrosse et qui connaissait la triste histoire d'amour de son maître — accourut chez le prince pour lui annoncer cet événement et pour lui parler du décor d'or qui était brodé sur le tapis.

Sans tarder, le prince se précipita au marché. Quand il eut aperçu le tapis, il chancela presque. A tout prix il voulut l'avoir et il offrit au jardinier tout l'argent, tous les trésors et pierres précieuses que les coffres du royaume comptaient. Il demanda aussi au jardinier qui avait tissé ce beau tapis.

«Cela, mon seigneur, je ne puis vous le dévoiler», répondit le prétendu marchand, «mais vous pourriez cependant avoir ce tapis, à une condition. Celle qui l'a tissé m'a dit qu'il serait à vous si vous consentiez à venir le chercher ce soir dans ma chaumière, en compagnie de votre épouse et de votre père.»

Le prince se mit à attendre impatiemment le soir. Dès que le jour s'assombrit, il partit en compagnie de son père et de sa femme vers la chaumière du jardinier. A son arrivée, l'obscurité était complète au-dehors mais dans la chaumière il faisait clair comme le jour, et pourtant il n'y avait pas de lampes allumées. Le tapis étalé sur la table au milieu de la pièce répandait une clarté telle que la pièce en était tout inondée.

A peine furent-ils entrés à l'intérieur qu'une claire voix de jeune fille se fit entendre, mais on ne voyait âme qui vive dans la chaumière.

«Soyez les bienvenus, chers invités, asseyez-vous et écoutez une histoire qui s'est passée, il y a peu de temps», dit la voix de jeune fille qui semblait sortir du tapis.

«Il y avait une fois une île où vivait une fée appelée la Jouvencelle du Roseau. Cependant, une méchante sorcière se mit à la haïr et un jour elle transforma la fée en une tige de roseau.»

Pendant que la voix se faisait entendre, les murs de la maisonnette semblèrent tout à coup s'écarter et le tapis, se déployant complètement s'anima, se transforma en fourré de roseaux au milieu desquels se dressait une tige d'or, ondulant au gré du vent.

La voix continua :

«La fée ne pouvait être libérée de son ensorcellement que par un beau prince qui trouverait la tige d'or et l'embrasserait. Et, en effet, le prince vint et il la délivra. Mais la vilaine sorcière changea à nouveau la fée en poisson d'or et, en se substituant à la jeune fille, elle prit sa place auprès du prince.»

A ces mots, les vaguelettes bleues se mirent à onduler sur le tapis et au milieu frétillait le poisson d'or qui semblait être animé de vie.

«La sorcière tua le poisson mais un rosier naquit de ses arêtes.»

Aussitôt le rosier brodé sur le tapis se couvrit de fleurs et son parfum capiteux se répandit dans la pièce.

«Puis la sorcière fit brûler ce buisson mais le jardinier en conserva une fleur qu'il rapporta chez lui, dans cette maisonnette. La fleur se transforma en Jouvencelle du Roseau : celle-là même, qui vous a fait inviter pour entendre ce récit.»

Soudain surgit du tapis la belle Jouvencelle du Roseau. Stupéfait, le prince ne put articuler un seul mot. Il se contenta de prendre la jeune fille dans ses bras et la serra contre son cœur.

«Oui, mon bien-aimé, c'est bien moi et voilà la méchante sorcière qui m'a ensorcelée, puis qui en se substituant à moi, a voulu te tromper.»

Le vieux roi fit venir sur-le-champ des gardes qui s'emparèrent de la sorcière et l'enfermèrent dans une sombre prison au fond du donjon.

Quelques jours plus tard, de nouvelles noces furent célébrées au château, encore plus somptueuses que les précédentes, et alors seulement le prince épousa celle qu'il avait choisie dans ses rêves — la belle Jouvencelle du Roseau. Le roi, qui se faisait déjà bien vieux, ne tarda pas à remettre entre les mains de son fils le sceptre et la couronne. Et s'ils ne sont pas morts, le prince et la Jouvencelle du Roseau continuent à vivre et à régner sur leur royaume encore de nos jours.

COMMENT LES HABITANTS DE TETEROW ATTRAPÈRENT UN BROCHET

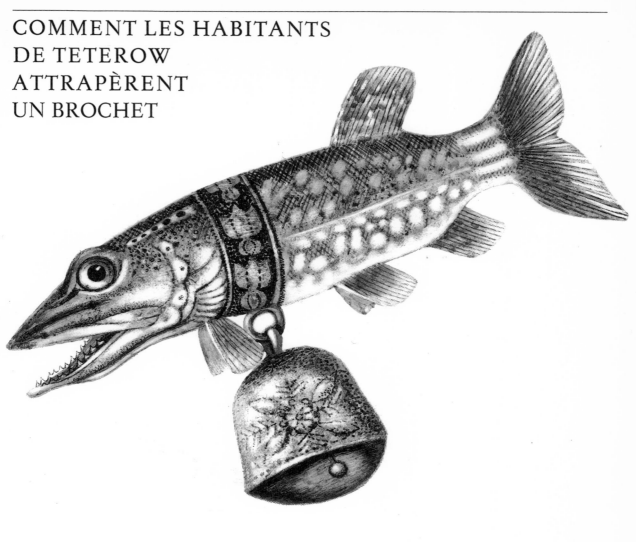

Chaque pays sur cette terre, a, dit-on, sa Ville des Sots, et même nombreux sont ceux, où il y en a deux ou plus. D'ailleurs, dans chacun de ses petits bourgs que ce monde compte, on se ferait un plaisir de vous raconter quelques histoires dignes de la Ville des Sots. Tenez, en voilà une bien savoureuse qui court à Teterow, dans la région du Mecklembourg.

Un beau jour les pêcheurs de Teterow se mirent à draguer leur unique étang. Pour ne rien vous cacher, leur pêche n'était pas bien fameuse, il s'en fallait de beaucoup. Dans le filet ne frétillait çà et là qu'un petit poisson maigrelet et il fallut donc se résigner à renouveler l'opération. Et, figurez-vous que la seconde fois un poisson gros comme une poutre se débattait dans le filet. Un brochet à faire trembler de peur, avec des dents de requin, qui lorsque les pêcheurs voulurent le peser, brisa leur balance. Bref, c'était une prise colossale, dont on n'avait jamais vu la pareille de mémoire des plus vieux pêcheurs de Teterow qui pourtant se souvenaient même de ce qui n'était jamais arrivé.

Mais que faire de cette aubaine?

«Vendre», déclara un des pêcheurs sur un ton résolu. «Vendre, vous dis-je! Personne au monde n'a encore jamais vu un tel brochet, aussi serons-nous payés en conséquence. Et ensuite nous partagerons équitablement l'argent gagné.»

Tout d'abord l'idée plut à tout le monde; mais plus ils y réfléchissaient, moins elle leur convenait. Même s'ils tiraient de la vente plus qu'ils ne pouvaient imaginer, lorsqu'ils eurent compté combien ils étaient en tout, ils s'aperçurent vite qu'ils ne toucheraient pas grand-chose, une fois le partage fait.

«J'ai une meilleure idée», dit alors le second, «le mieux c'est de manger le brochet. Nous allons organiser un grand festin et nous nous régalerons.»

Son idée séduisit tout le monde. Et tous tombèrent vite d'accord pour tuer le brochet et le manger à la prochaine kermesse.

«Tout cela est bien beau», fit alors remarquer le troisième, «mais notre kermesse est encore loin et nous ne pourrons jamais garder le brochet jusque là. Comment allons-nous nous y prendre pour le garder bien frais?»

Une énigme bien difficile à résoudre, ma foi!

COMMENT LES HABITANTS DE TETEROW ATTRAPÈRENT UN BROCHET

Mais le plus sage d'entre eux, Monsieur le Maire en personne, finit par trouver une solution.

«Allons, c'est simple comme tout! Nous allons rejeter le brochet à l'eau et, pour éviter de le perdre, nous attacherons une cloche à son cou. Mais pour nous rappeler sans erreur de l'endroit où nous l'avons lâché dans l'eau, avec un couteau nous ferons dans une planche de la barque une marque. Plus tard, grâce à cette entaille, nous saurons facilement où se trouve le brochet.»

Tous en chœur approuvèrent avec enthousiasme les sages propos de leur maire et ils s'empressèrent d'envoyer un des leurs au village pour en rapporter une cloche de vache avec un collier. Après l'avoir attachée derrière la tête du brochet, ils le rejetèrent à l'eau tandis que Monsieur le Maire s'empressait de faire à cet endroit précis une belle entaille sur le bord de la barque, pour ne pas se tromper quand ils reviendraient chercher leur brochet.

Et, quelque temps plus tard, à la veille de la kermesse, les voilà partis à la recherche du brochet. Ils cherchèrent et cherchèrent, tout en scrutant l'entaille sur la barque, à maintes reprises ils tendirent l'oreille vers l'eau, pour entendre tinter la cloche, mais rien : le brochet avait bel et bien disparu, sans laisser de traces.

Alors les pêcheurs commencèrent à se creuser la cervelle pour trouver une explication à ce mystère et, finalement, ils se dirent que le jour où ils avaient attrapé le brochet, quelqu'un avait dû les épier et qu'ensuite il le leur avait tout bonnement subtilisé.

Comment aurait-il pu disparaître autrement, voyons!

Et vous, qu'en pensez-vous?

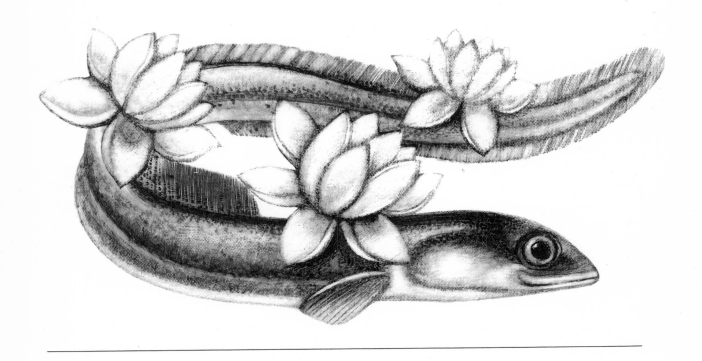

Je vais vous raconter maintenant une bien vieille histoire. Elle se passe à l'époque lointaine, où le Danube précipitait librement ses flots limpides à travers les plaines viennoises et où ce fleuve majestueux n'était pas encore enjambé par des ponts innombrables, ni prisonnier de rives aménagées par la main de l'homme. Dès qu'il quittait les montagnes, où il devait se sentir bien à l'étroit, il s'étalait aussitôt largement et l'immense ruban argenté de ses eaux se déroulait entre de vastes prairies et de profondes forêts. A cette époque-là, l'existence des gens qui vivaient sur ses berges, était bien plus intimement liée au monde mystérieux qui se cachait au fond du fleuve. Ecoutez donc cette étrange histoire.

Dans ces temps-là, il y avait un petit village au bord du Danube. Ce n'était d'ailleurs pas un village, plutôt un hameau — quelques chaumières éparpillées çà et là; la pêche était l'unique gagne-pain de ses habitants. Dans une de ces chaumières, bâtie à quelques mètres du fleuve, vivait un père avec son fils. La mère était morte depuis longtemps : elle s'était noyée dans le fleuve et les vagues avaient emporté son corps. Le père et le fils ignoraient jusqu'à l'endroit de son dernier repos. Le père ne voulut pas se remarier, préférant élever tout seul son fils. C'était un brave homme, bon et travailleur, qui aimait profondément son fils et, malgré son dur labeur, il réussit à bien l'éduquer. Le garçon était maintenant dans sa dix-septième année, et savait déjà manier les rames et les filets presque aussi bien que son père qu'il aidait de son mieux.

Un soir, à la fin de l'hiver, ils étaient assis tous les deux près de l'âtre, occupés à réparer les filets afin qu'ils soient en bon état pour la pêche de printemps. A un moment, le père demanda à son fils d'aller chercher de l'eau au fleuve. Le garçon prit un seau et une hache, pour pouvoir casser l'épaisse couche de glace, sous laquelle le Danube était toujours emprisonné et sortit. Au bout de quelques instants, il rentra avec le seau rempli d'eau glacée. Avant qu'il ait eu le temps de refermer la porte derrière lui, le souffle glacé de la bise pénétra dans la pièce, faisant jaillir jusqu'au plafond les étincelles du feu et soulevant un nuage de cendre dans l'air.

«J'ai bien l'impression», dit le vieux pêcheur, «que le printemps se fera encore attendre longtemps.»

«Dehors il gèle à pierre fendre», confirma le fils. «Et pourtant, quand je me suis penché tout à l'heure au-dessus de l'eau, il m'a semblé que quelque chose bougeait, tout au fond du fleuve et une bien étrange lueur en émanait . . .»

«Ah, c'est sans doute le Roi des Ondines qui s'éveille lentement de son long sommeil d'hiver. Et avec lui s'éveillent les ondines, ses filles, et toute sa grande cour au fond du Danube.»

«Parle-moi un peu de lui, père. La soirée est longue et le temps nous passera ainsi plus vite.»

«Pourquoi pas?» dit le père, et il se mit à raconter :

«Quand j'étais petit garçon, mon grand-père m'a raconté qu'au fond du Danube s'étend le grand et merveilleux empire du Roi des Ondines. Il paraît qu'il est si magnifique qu'aucun être humain ne peut imaginer une telle beauté. Sur de vertes plaines poussent des fleurs de nacre, et dans les endroits les plus profonds, comme dans nos vallées, tels des moutons, des carassins d'or paissent tranquillement, gardés par un brochet muni de dents aiguës. Pour distraire le Roi des Ondines, les esturgeons jouent des airs sur des flûtes d'or, tandis que sur le sable d'argent les anguilles ondulent au son de cette musique admirable, exécutant de gracieuses danses. Le Roi des Ondines habite un splendide palais, fait de cristal de roche, que les flots du Danube ont transporté jusque là, et il a pour serviteurs des gardons à nageoires rouges.

Mais à toutes ces perles, tout cet or et tout ce cristal, le Roi des Ondines préfère sa fille : une ondine. Sa beauté est si extraordinaire que quiconque l'aperçoit, ne fût-ce qu'une seconde, jusqu'à sa mort ne l'oubliera. Elle vit au fond du fleuve, dans le palais paternel, tantôt elle joue aux osselets avec des cailloux d'or dans les plaines vertes, tantôt elle se promène à travers le royaume de son père, assise dans une grande coquille, tirée à l'aide de trois rubans par un vieux silure aux longs barbillons.

Une fois par an, par une belle nuit de juin, lorsque la pleine lune apparaît dans le ciel, la fille du roi monte sur la rive, et toute la nuit danse dans le pré au bord de l'eau. Jamais mortel n'a vu une si belle danse! Elle ondule comme l'herbe soyeuse, s'élève avec légèreté dans l'air, comme portée par un rayon de lune, et sous ses pas délicats aucune gouttelette de rosée ne glisse de son brin d'herbe.

Après la danse, elle s'asseoit sur la berge, et son chant merveilleux s'élève dans le silence nocturne. Ses chansons sont d'une telle beauté étrange, que celui qui les entend a le cœur serré. Malheur au mortel qui se laisse attirer par son chant! Il s'élance vers l'endroit d'où provient cette étrange mélodie. Comme envoûté, il entre dans le courant du fleuve, et avance, avance, jusqu'à ce que l'eau se referme sur lui. Tu sais, mon cher fils, ta mère . . . Je ne te l'ai jamais dit, mais ta mère, elle aussi, a entendu un soir le chant de l'ondine et malgré mes supplications et mes avertissements, elle est sortie, pour l'écouter, l'eau s'est refermée sur elle, le courant l'a emportée . . .»

A cet instant précis, la porte de la chaumière s'ouvrit et une apparition d'une beauté surnaturelle se présenta sur le seuil : une merveilleuse jeune fille, vêtue d'une flottante robe verte, brodée de perles, le front ceint d'un diadème de nénuphars.

«Ne vous effrayez pas, pêcheurs. Je suis une ondine, la fille du Roi des Ondines. Mon père m'envoie auprès de vous. Il veut vous aider car il n'ignore point que ta femme, pêcheur, a péri dans ses eaux. Il m'a chargé de vous transmettre un message : partez d'ici, tant qu'il en est temps, fuyez le fleuve! Mon père a demandé au Vent du Sud de lui rendre visite ce soir. Il pense, en effet, que l'hiver n'a que trop duré, et veut enfin délivrer les flots du cruel étau de glace qui emprisonne son fleuve. Le Vent du Sud s'est déjà mis en route, il vient de franchir les Alpes et, grâce à ses ailes impétueuses, se dirige vers nous. Cette nuit même, vers minuit, il sera notre hôte. Partez vite! Les glaces vont se fendre, le Danube quittera son lit, et de ses flots tumultueux, envahira toutes les prairies avoisinantes. Vite, fuyez, fuyez!»

Avant que le père et le fils fussent revenus de leur stupeur, la belle apparition s'était déjà dissipée, comme si elle n'était jamais venue.

«Tu as vu, père? C'était elle, l'ondine dont tu m'as parlé. Jamais de ma vie je n'ai vu si grande beauté.»

«Viens, dépêche-toi, mon fils, il nous faut avertir immédiatement les voisins. La nuit sera dure. Vois-tu, mon garçon, c'est à cause de la mort cruelle de ta mère que le Roi des Ondines nous a pris en pitié.»

Sans perdre une seconde, les deux hommes sortirent de leur chaumière, et coururent vers les maisons voisines, en criant :

«Holà, bonnes gens, quittez vite vos maisons et hâtez-vous de fuir. Les glaces vont se rompre d'un instant à l'autre et le Danube va déborder! Fuyez, l'eau va bientôt tout balayer sur son passage!»

Après avoir pris en hâte leurs biens les plus précieux, les gens se précipitèrent hors des maisons, et se mirent immédiatement à fuir hors d'atteinte des flots du Danube.

Comme l'ondine l'avait dit, la nuit fut terrible. Vers minuit, le Vent du Sud mugit au-dessus du fleuve et à peine eut-il effleuré de son gigantesque bras invisible le tapis gelé qui en recouvrait la surface que, dans un fracas assourdissant, les glaces se fendirent et se brisèrent en mille éclats. Tel un cheval sauvage, le Danube se cabra, et l'immense crinière de ses eaux écumantes se répandit sur les berges du fleuve; avant le point du jour, toute la région ne fut qu'une immense surface liquide.

Les habitants du village avaient perdu tous leurs biens dans ce débordement catastrophique du Danube, mais grâce au pêcheur et à son fils, ils eurent la vie sauve. Mais lorsque le pêcheur leur raconta qui était venu le prévenir, ils hochèrent leurs têtes, d'un air incrédule.

Quand les eaux eurent baissé, les villageois regagnèrent leurs chaumières en ruines, et lorsqu'ils les eurent réparées, tant bien que mal, ils reprirent leur vie laborieuse. Le vieux pêcheur et son fils, eux aussi, avaient reconstruit leur logis et comme auparavant, pour gagner leur vie, ils allaient tous les jours sur le Danube, pêcher du poisson qu'ils allaient ensuite vendre au marché de la ville voisine.

C'était le printemps, le soleil réchauffait la terre et faisait miroiter la surface du fleuve. Le sourire reparut sur le visage des villageois et souvent un petit air guilleret s'élevait au-dessus du fleuve. Seul le vieux pêcheur était préoccupé et triste. D'un air soucieux, sans mot dire, il observait son fils.

Celui-ci marchait comme un corps sans âme, et des heures durant, restait assis au bord du Danube, fixant de son regard songeur les vagues. De temps à autre, il prenait dans sa paume creusée en conque, un peu d'eau limpide, puis la laissait s'écouler

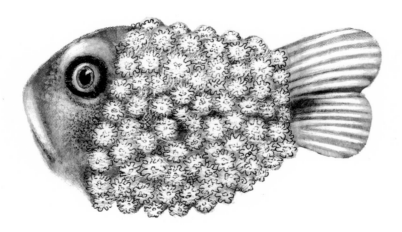

LE PÊCHEUR ET L'ONDINE

lentement entre ses doigts, en écoutant le doux bruit des gouttes qui retombaient sur la surface de l'eau.

Le père n'ignorait point la raison de ses tourments. Son fils ne parvenait pas à oublier la belle ondine. Dès qu'un mortel l'aura aperçue, plus jamais il ne l'oubliera... Mais que pouvait-il faire, le malheureux père? Comment rompre ce charme d'amour?

Enfin vint le mois de juin. Par une belle nuit de pleine lune, le jeune pêcheur sortit de la maison, descendit au bord de l'eau, et quand il eut détaché la barque, il rama lentement jusqu'au milieu du courant. Personne ne saura jamais si la belle ondine lui apparut cette nuit-là, si elle s'approcha de sa barque, lui tendant la main. Qui sait s'il dansa avec elle au clair de lune, dans la prairie, sur l'autre rive?

Le lendemain matin, les gens remarquèrent au milieu du fleuve une barque abandonnée; elle tournoyait lentement sur l'eau, se balançant doucement au gré des vagues.

Le vieux pêcheur trouva au fond de la barque une couronne de nénuphars.

L'ONDIN
DU MOULIN

Voilà longtemps, bien longtemps, en Bohême, il n'y avait d'étang, de ruisseau, de rivière qui n'abritât son ondin. Et ces étranges génies des eaux établissaient de préférence leurs demeures près des habitations des hommes. A dire vrai, on trouvait parmi eux des génies bienveillants et débonnaires qui se liaient d'amitié avec les hommes et vivaient en bonne entente avec eux. Certains de ceux-là, dit-on, avaient même pris l'habitude d'accompagner leurs voisins à l'auberge, le soir, pour y boire de la bière, et aidaient les gens dès qu'ils le pouvaient. Mais, il faut le dire, des ondins malveillants et parfois même très méchants étaient de loin les plus nombreux. Ceux-là s'évertuaient à jouer les plus mauvais tours aux gens, cherchant constamment à leur nuire et si l'occasion se présentait, ils n'hésitaient pas à les entraîner sous l'eau, pour les noyer. Leurs maisons, situées dans un coin tranquille au fond de l'eau, abritaient de nombreuses étagères sur lesquelles étaient soigneusement alignés de petits pots en faïence qui renfermaient les âmes des malheureux noyés.

Il y avait, paraît-il, un endroit près des hommes que les ondins préféraient à tout autre, c'était le voisinage des moulins à eau, et plus particulièrement le bief. A ce propos, on raconte qu'un meunier dont le moulin était situé sur la rivière appelée Blanice en fit d'ailleurs la triste expérience à ses dépens.

L'ondin qui habitait au pied de son moulin n'était pas bien beau. De petite taille, pas plus haut qu'un garçonnet de treize ans, tout maigrelet et voûté, le teint jaune, il avait de gros yeux marron sûrement hérités d'une grenouille et une drôle de chevelure hirsute jaune paille. Mais en dépit de son physique peu avenant, il était toujours joliment habillé et paré avec beaucoup de soin. D'habitude, il portait un manteau vert orné de boutons dorés, de petites bottes retroussées d'un rouge vif et était coiffé d'un chapeau vert autour duquel il nouait un long ruban rouge, toujours orné d'un petit bouquet de soucis d'eau.

Bien sûr, il s'appliquait à faire au meunier tout ce qu'il pouvait imaginer de pire. La nuit, par exemple, il allait dans son champ lui voler des petits pois. Une fois, le meunier le prit sur le fait et s'apprêtait à lui frotter l'échine quand, en un rien de temps, l'ondin se transforma en un cheval noir à la queue de paille, qui trépignait, se cabrait, crachait le feu par ses naseaux tant et si bien que le meunier s'effraya et mit plusieurs jours à s'en remettre. Toujours la nuit, l'ondin s'amusait à venir hanter le moulin. Il s'y promenait de bas en haut et de long en large, en frappant des pieds, en cognant sur tout ce qui lui tombait dans les mains. Il faisait même tourner la roue. Bien sûr, le meunier et sa famille ne pouvaient fermer l'œil de la nuit. D'autres fois, en plein jour, quand le meunier s'affairait et que tous au moulin ne savaient plus que faire pour satisfaire les fermiers qui attendaient avec impatience leurs sacs de farine, l'ondin fermait les vannes du bief et ne laissait plus une goutte y pénétrer. Le pauvre meunier ne pouvait faire autrement que d'abandonner son travail sur-le-champ et de courir aussi vite que possible remonter les vannes en amont du bief.

Parfois, il n'hésitait même pas à s'introduire directement dans la cuisine de la meunière. Et sur un ton plaintif, éploré, il se mettait à la supplier de lui prêter un plat pour qu'il puisse cuire une carpe pour son déjeuner. La meunière voyait d'un très mauvais œil ses visites car partout où il allait, l'eau gouttait abondamment du pan de son habit vert et elle n'avait plus qu'à essuyer toutes ces flaques d'eau qu'il laissait derrière lui. Toute courroucée, elle s'empressait alors de chasser l'intrus avec tant de véhémence que celui-ci se mettait à courir aussi vite que ses courtes jambes le lui permettaient.

Les malheurs du meunier ne s'arrêtèrent pourtant pas là. Il y eut encore pire. Il avait une jolie fille de dix-huit ans qui s'appellait Terezka. C'était un vrai plaisir de voir un si beau brin de fille. Elle avait les yeux bleus comme les bleuets des champs, les cheveux dorés comme le lin qu'elle tressait en deux nattes lourdes, ses joues étaient aussi rouges qu'une pomme d'api et de surcroît elle était svelte comme un jonc. L'ondin en tomba éperdument amoureux. Terezka ne pouvait plus mettre le nez dehors, sans avoir aussitôt ce petit bonhomme vert sur ses talons. Et celui-ci de geindre et de quémander :

«Ma petite Terezka, mon amour, deviens ma femme. Je vais t'amener avec moi dans ma belle maison au fond de l'eau, tu verras, tu t'y plairas à merveille. Tous les poissons et toutes les écrevisses seront à ton service et moi, je te porterai sur mes bras. J'exaucerai n'importe quel vœu qui te passera seulement par la tête. Je vais nouer à ton cou un beau collier de perles et sur ta tête je poserai un diadème serti de pierres précieuses. Bref, tu vas vivre chez moi comme une grande dame et jamais plus tu n'auras à travailler!»

Bien sûr, Terezka ne voulait même pas l'écouter. Comment a-t-il pu seulement oser imaginer qu'elle, Terezka, épouserait jamais un être pareil, tout tordu et dégoulinant d'eau de plus! Autant que possible, elle le fuyait et lorsqu'il devenait par trop ennuyeux, elle le giflait si fort que le petit chapeau enrubanné de l'ondin s'envolait dans les airs.

Mais l'ondin ne se démontait pas pour si peu et il revenait toujours à la charge. Désormais, il passait ses nuits à nouer de beaux rubans multicolores sur les saules et roseaux qui poussaient à proximité du moulin. Il espérait, en effet, que Terezka essayerait un jour de les attraper et glisserait dans l'eau en se tendant pour les saisir de la berge. Il l'aurait ainsi à jamais en son pouvoir. Mais Terezka se tenait sur ses gardes, car elle savait que l'ondin était intraitable une fois sous l'eau, et elle préférait passer au large de tous ses pièges.

Le pauvre meunier ne savait plus quoi faire et désespérait déjà de voir jamais la fin de ses ennuis. Mais un jour, au crépuscule, un jeune compagnon se présenta au moulin. C'était un fier gaillard aux grands yeux sombres tout pétillants et aux cheveux bouclés, svelte et droit comme un pin. Il était botté de cuir, vêtu d'un pantalon à carreaux, d'un joli manteau et d'une chemise en toile écrue bien blanchie, il avait noué autour de son cou un foulard d'un beau rouge vif. Il portait en bandoulière un baluchon dans lequel il avait glissé un joli violon d'érable. Au premier coup d'œil, on voyait que ce compagnon-là avait plus d'un tour dans son sac. D'ailleurs, dès que Terezka l'aperçut, elle ne le quitta plus des yeux. Et lorsque le jeune homme tourna vers elle son beau regard sombre, elle rougit aussitôt et courut en toute hâte rejoindre sa mère dans la cuisine, prétextant un ouvrage urgent à terminer.

Le compagnon salua respectueusement le meunier et s'enquit aussitôt d'un ouvrage à abattre au moulin. Il expliqua ensuite qu'il faisait son tour du monde d'apprenti, roulant sa bosse d'un moulin à l'autre, pour bien apprendre son métier et connaître les hommes avant d'acheter quelque part un moulin avec ses économies et de s'établir à son compte.

L'ONDIN DU MOULIN

«Voyons», dit le meunier en hochant la tête, «c'est sûr qu'au moulin, le travail ne manque jamais. Allez, entre donc, j'aurai vite fait de te trouver une .besogne. Je crains seulement que tu ne quittes ces lieux plus vite que tu ne le penses.»

«Comment cela, maître, je ne vois pas ce qui m'empêcherait de rester aussi long-temps que vous aurez besoin de moi», répliqua le compagnon qui avait remarqué la ravissante Terezka et s'était dit en son for intérieur qu'il ne lui déplairait point de rester pour de bon dans ce moulin.

«Vois-tu», dit le meunier, «nous avons ici un ondin qui nous rend la vie impossible. Il s'est installé dans le bief de mon moulin et nous tourmente tant que nous ne savons plus que faire.»

Et le meunier fit ensuite le récit de toutes ses mésaventures. Le compagnon écouta bien attentivement et à la fin de l'histoire, déclara d'un ton assuré :

«Allez, cessez de vous tourmenter, maître, vous verrez qu'on trouvera bien un moyen de venir à bout de ce gredin. Il lui en cuira de tendre des pièges à votre fille. Je le ferai déchanter plus vite qu'il ne pense. Tenez, cette nuit, je vais m'installer dans le moulin et quand ce gnome viendra, je vais lui montrer, moi, de quel bois je me chauffe!»

Et il fit comme il avait dit. La nuit tombée, le compagnon se rendit au moulin et se fit tant bien que mal une couche sur un simple lit de planches avec une couverture et son sac de voyage en guise d'oreiller. Mais le sommeil se faisait attendre, alors il saisit son violon et se mit à jouer doucement pour passer le temps. Et son jeu était si envoûtant que Terezka ne put résister au désir de le rejoindre et se hâta vers le moulin pour entendre de plus près cette belle musique. Les deux jeunes gens ne tardèrent pas à faire plus ample connaissance l'un de l'autre, et quelques instants plus tard, ils conver-saient déjà gaiement, comme s'ils se connaissaient depuis longtemps. Et lorsque le garçon replongea son beau regard noir dans les yeux de Terezka, leurs cœurs vibrèrent à tout rompre; ils étaient bel et bien amoureux l'un de l'autre. Terezka serait sûrement restée au moulin jusqu'au petit matin, mais sa mère était déjà à sa recherche et elle lui ordonna de retourner au lit sur-le-champ. Resté à nouveau seul dans le moulin, le compagnon trouva cependant sa solitude fort agréable : en pensée, il voyait toujours devant lui les beaux yeux bleus de Terezka.

Au dehors, tout était calme, seule la pleine lune brillait dans toute sa splendeur sur le ciel sombre. Le compagnon se glissa donc sous la couverture, et alors que le som-meil commençait déjà à le gagner, tout à coup, un grand fracas se fit entendre dans le moulin : ça cognait, frappait et claquait, quelqu'un allait et venait en traînant les pieds, puis un filet de voix plaintive s'éleva au-dessus de tout ce vacarme :

«Hou, houuuu, que fais-tu dans mon moulin, misérable? Déguerpis de là immédia-tement, sinon je vais te noyer!»

Mais le compagnon, qui n'était nullement effrayé, s'assit sur son lit et lentement,

promena son regard autour de lui. Comme l'intérieur du moulin baignait dans la clarté argentée de l'astre des nuits, il ne tarda pas à remarquer un petit bonhomme vert qui se tenait à quelques pas de lui, qui roulait des yeux de grenouille et tendait vers lui ses petits bras, tout en balbutiant de sa voix geignarde. Le compagnon lança à son adresse :

«Tout doux, mon petit monsieur, tu ne m'impressionnes pas. Mais puisque te voilà, assieds-toi donc, au moins tu me tiendras compagnie!»

Comprenant qu'il ne parviendrait pas à effrayer le compagnon, l'ondin s'assit dans un coin et accepta de converser avec le jeune homme. Le rusé compagnon s'employa aussitôt à délier la langue de l'ondin et il réussit si bien à le mettre en confiance que celui-ci finit par tout lui raconter, avouant même qu'il voulait prendre Terezka pour femme. Et il expliqua au compagnon qu'il avait promis à la jeune fille monts et merveilles, qu'il avait suspendu à son intention des rubans aux saules près du moulin, qu'il venait tous les soirs sous sa fenêtre pour lui jouer sur son pipeau de roseau sa mélancolique chanson d'amour. Il ajouta, sur un ton éploré, que jusqu'alors, tous ses efforts avaient été vains.

«Rien d'étonnant à cela», répliqua le compagnon. «De la manière dont tu t'y prends, tu ne parviendras jamais à attendrir Terezka. Quelle idée de lui jouer des airs sur ton pipeau de roseau! Que peut-elle faire d'autre que de se boucher les oreilles en entendant ce drôle de couinement? Mais si tu lui jouais un petit air de violon, je suis sûr qu'elle ne resterait pas insensible. Je parie qu'elle se jetterait tout de suite dans tes bras.»

Incrédule, l'ondin écouta les conseils du compagnon et bête comme il était, finit par le croire.

«Tout cela est bien beau», dit-il, «seulement moi, je ne sais pas jouer du violon. Je t'ai bien entendu, tout à l'heure, quand tu en jouais et j'ai trouvé ton jeu fort beau. D'ailleurs, j'ai vu Terezka qui ne se lassait pas de t'écouter, tout émerveillée, avant de venir te rejoindre ici, dans le moulin. Oh, si seulement je savais en jouer aussi bien! Tiens, dis-moi, pourrais-tu m'apprendre à jouer du violon aussi bien que toi?»

Et voilà; c'était exactement là où le compagnon voulait en venir. Bien entendu, il s'empressa d'acquiescer, et proposa à l'ondin de lui apprendre à jouer du violon sur-le-champ. Il lui montra d'abord comment tenir le violon et comment poser les doigts sur les cordes, et après avoir joué quelques jolis petits airs, il dit :

«Et maintenant, à ton tour d'essayer!»

L'ondin appuya le violon sous son menton, mais, hélas! il ne parvint pas à atteindre les cordes de ses doigts courts terminés par de petites boules. Tout déconfit, il jeta un regard affligé au compagnon :

«Comment faire, si je n'ai pas des mains semblables aux tiennes. Avec celles-ci, je n'arriverai jamais à jouer du violon et Terezka ne sera jamais à moi.»

«Bah, c'est tout simple», rétorqua le compagnon. «Cesse d'abord de gémir, je vais y remédier en un clin d'œil. Tiens, on va simplement allonger un peu tes petits doigts et, ensuite, tu joueras du violon mieux que moi.»

Là-dessus, il conduisit l'ondin vers un solide étau en bois de chêne qui se trouvait dans un coin du moulin et lui dit :

«Surtout ne crains rien. Tu vas introduire à présent tes doigts dans cette fente et je vais les étendre quelque peu. Cela ne te fera pas mal, ou à peine. Mais tu sauras quand même endurer cela pour Terezka, n'est-ce pas?»

Le stupide ondin glissa donc ses doigts entre les deux mâchoires et le compagnon se dépêcha de les resserrer bien fort. Comprenant enfin ce qui lui arrivait, l'ondin se mit à se tortiller, à mugir et à gémir, mais le compagnon ne céda pas.

«Il t'en cuira, espèce de monstre vert, de faire peur aux bonnes gens et de tendre des filets à Terezka! Je ne te lâcherai plus. Je vais te ligoter maintenant avec une bonne corde et tu recevras une bonne rossée dont tu te souviendras, ma foi!»

L'ondin pleurait et geignait, il suppliait le compagnon de le lâcher et lui promettait en contrepartie toutes les richesses du monde. Le compagnon lui dit alors :

«Je te laisserai aller à la seule condition que tu me promettes de ne plus jamais importuner le meunier, la meunière et Terezka, de quitter sur-le-champ le bief et de t'en aller loin d'ici.»

Que pouvait faire l'ondin d'autre? Voyant qu'il n'avait pas le choix, il finit par promettre tout ce que le compagnon lui avait demandé. Il lui donna sa parole d'ondin qu'il laisserait désormais les habitants du moulin en paix. Et en effet, quelque temps passa sans que personne n'entendît plus parler de l'ondin, ce qui faisait la joie du meunier et plus encore de la meunière. Mais la plus heureuse fut sans doute Terezka car elle réussit à convaincre son père de la promettre en mariage au compagnon. Le meunier se faisait déjà vieux et comme il n'avait pas de fils, il s'était déjà demandé plus d'une fois ce qu'il adviendrait de son moulin quand il ne pourrait plus travailler. Et ce bon compagnon qui connaissait déjà bien son métier et ne reculait devant aucune tâche lui plaisait bien. Aussi le meunier et sa femme ne tardèrent pas à donner leur consentement aux deux amoureux. Le compagnon devint bientôt patron du moulin et Terezka son heureuse épouse.

Quelque temps après le mariage, alors que le nouveau meunier se promenait au petit matin au bord du bief, il vit tout à coup la surface de l'eau se rider et quelques instants après apparaître une tête verte. L'ondin — car c'était bel et bien lui — fixa le meunier de ses yeux de grenouille et coassa à son adresse :

«Je ne suis pas prêt d'oublier ce que tu m'as fait endurer, meunier. Tu verras, un jour tu glisseras quelque part au bord de l'eau et j'aurai vite fait de t'entraîner sous l'eau et d'enfermer ton âme dans un pot. Là-bas, dans ma maison au fond de l'eau, j'en ai déjà préparé un tout spécialement pour toi!»

En entendant ces mots, le jeune meunier éclata de rire :

«Essaie toujours, vilain monstre, seulement je te préviens : je prendrai mon violon avec moi et, aussitôt arrivé chez toi, je reprendrai notre leçon. Aurais-tu déjà oublié le plaisir inouï que cela procure?»

Dès que l'ondin entendit prononcer le mot violon, un frisson de terreur l'envahit et il disparut aussitôt sous l'eau, en poussant une longue plainte. Le souvenir de sa première leçon de violon et l'empressement du meunier à la répéter l'effraya au point qu'il décida de quitter sur-le-champ ce bief maudit.

Et la nuit même, le meunier vit sortir de l'eau un étrange attelage composé de quatre chats noirs qui traînaient une petite calèche menée par l'ondin, entouré de tous ses biens. L'ondin fit claquer un fouet et l'équipage disparut aussitôt comme si le vent l'avait emporté. Depuis ce jour, il ne reparut plus jamais au moulin.

Et le meunier avec sa belle épouse y vécurent dans le bonheur et la tranquillité jusqu'à la fin de leur vie.

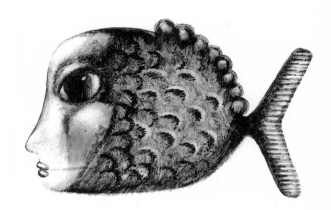

ONDINE | ET LE PRINCE

Il était une fois, il y a longtemps, bien longtemps, un vieux roi qui régnait sur un petit royaume entouré d'une couronne de montagnes, couvert de profondes forêts et sillonné d'innombrables ruisseaux et rivières. Ce roi avait un fils unique, un beau garçon souple comme un jonc, aux grands yeux de pervenche et dont les cheveux brillaient comme l'or : c'était un plaisir de le voir. Sa mère était morte, quand il avait dix-sept ans mais peu après sa mort, le roi se remaria. Il épousa une jeune et belle femme à peine plus âgée que son fils. On racontait dans le royaume qu'elle était venue d'un lointain pays du Sud et que sa sombre beauté avait envoûté le vieux roi au point qu'il avait même écourté le deuil de la feue reine pour pouvoir l'épouser au plus vite.

Après la mort de sa mère, le prince devint très triste et très mélancolique. Il regrettait beaucoup sa mère qu'il avait aimée par-dessus tout au monde, et, après le remariage de son père, son état ne fit qu'empirer. Il errait à travers le château, comme un corps sans âme et, dès qu'il le pouvait, allait vers un grand lac caché dans la proche forêt. Là, assis au bord de l'eau verte, il passait de longues heures à méditer et à rêver.

Une étrange beauté émanait de ce lac et de ses environs. D'un côté il était bordé d'un demi-cercle de forêts, dont les arbres majestueux jetaient de longues ombres sur le miroir de ses eaux, et de l'autre côté s'étendaient des prés magnifiques où poussait drue une herbe soyeuse brodée des petits disques blancs des marguerites et des frêles larmes bleues des clochettes. Entre le tapis vert foncé de la prairie et les eaux vert pâle du lac s'étiraient de longs rubans jaunes de boutons d'or. Dans un coin du lac, se dressait un grand rocher couleur de lait, et à son pied, sur la surface de l'eau, brillaient les petites soucoupes argentées des nénuphars.

Sous ce toit de fleurs de nénuphars, tout au fond du lac, avait fait son logis un vieil ondin, le maître du lac. Depuis des temps immémoriaux, il régnait sur le lac, sur tous les ruisseaux qui s'y jetaient et sur la rivière qui s'en écoulait. La gent aquatique qui évoluait dans ces eaux, et les créatures magiques qui habitaient sur leurs fonds, étaient ses sujets. Quant aux bonnes et méchantes fées, aux dryades qui venaient par les nuits de clair de lune, toutes parées de fleurs sauvages, danser sur la berge herbeuse, et même aux feux follets, tous lui devaient le respect.

Il n'aimait pas les hommes mais il ne cherchait pas à leur nuire. Il vivait dans sa retraite avec sa fille unique, Ondine, et veillait jalousement sur elle. C'était une jeune fille d'une beauté extraordinaire, mince comme une tige de roseau, dont les cheveux tombaient comme une cascade aux reflets d'or jusqu'à ses pieds et dont les grands yeux verts étaient pareils à deux lacs profonds. Par de belles nuits d'été, lorsque la pleine lune apparaissait dans le ciel, elle remontait à la surface et, assise au bord du lac, tressait une couronne de fleurs de nénuphars en chantant de sa voix cristalline qui courait sur le miroir aquatique, des mélodies dédiées à l'eau et à la lune. Et quand les fées de la forêt arrivaient dans le pré, au bord du lac, elle allait se joindre à leur danse, heureuse et insouciante, et virevoltait, tournoyait en leur compagnie jusqu'à que ses longs cheveux ne formassent plus qu'un vaporeux voile doré qui flottait autour de son corps souple.

Un jour, au mois de mai, le roi organisa un grand bal en l'honneur de sa jeune épouse qui était toujours à la recherche de distractions et qui aimait par-dessus tout danser des nuits entières. Il y invita tous les grands seigneurs de son royaume ainsi qu'un grand nombre de jeunes filles en âge de se marier. Dans son for intérieur, le vieux roi espérait que son fils trouverait une de ces jeunes filles à son goût, qu'il oublierait son chagrin et cesserait enfin de fuir le château paternel. Le roi aimait beaucoup son fils et son accablement le peinait profondément.

Dans la grande salle les lustres de cristal brillaient de mille feux, la musique invitait à la danse; tout le monde était déjà arrivé, mais de prince, point. Dès qu'il avait entendu le roulement des premiers carrosses sur le pavé de la cour, il s'était glissé furtivement hors du palais par une porte dérobée et comme à l'accoutumée, il s'en était allé tout droit vers le lac. Arrivé au rocher blanc, il s'était assis à son pied et avait plongé son regard dans les vaguelettes miroitantes du lac. Qui sait à quoi il pensait à ce moment-là? Peut-être revoyait-il en pensée sa chère mère, peut-être songeait-il à sa vie future?

Assis ainsi au bord de l'eau et toujours absorbé dans ses pensées, il n'avait pas remarqué que le soleil était déjà tout près de la cime des arbres et qu'il emportait doucement avec lui la lueur du jour. Il ne s'était pas aperçu, que le ciel se teintait de rose, puis s'assombrissait progressivement, il n'avait même pas vu que la nuit venait d'envelopper de son noir manteau de velours toute la région et que la pleine lune était apparue dans toute sa splendeur dans le ciel nocturne.

Au-dessus de la surface de l'eau du lac flottait doucement une vaporeuse nappe de brume blanchâtre qui se déposait sur l'herbe alentour et se transformait aussitôt en petites perles de rosée.

Soudain un chant merveilleux s'éleva dans les airs au-dessus du lac endormi. Le prince leva la tête, ne sachant pas s'il était éveillé ou rêvait encore. Non, ce n'était pas un rêve : la belle voix cristalline d'une jeune fille résonnait toujours dans le silence nocturne. Captivé, le prince se redressa et partit à la recherche de la jeune fille à la voix merveilleuse qui devait sûrement être aussi belle qu'un ange du paradis. Silencieusement, il contourna d'abord le rocher blanc, puis à pas de loup il s'avança vers l'endroit d'où provenait le chant.

Mais dès qu'il eut écarté les roseaux qui le gênaient, il s'arrêta net, comme cloué au sol : au bord du lac était assise une ravissante jeune fille aux cheveux dorés, le visage tourné vers le ciel nocturne; on eût dit qu'elle adressait sa chanson au brillant astre des nuits. Le prince se figea d'admiration à la vue d'une si grande beauté. Il sut aussitôt qu'il l'aimait et qu'il ne reculerait devant aucun obstacle au monde pour pouvoir serrer cette belle dans ses bras, pour pouvoir l'embrasser et rester avec elle jusqu'à la fin de sa vie.

Il lui fallait tout de suite parler à la belle jeune fille; elle pourrait disparaître d'un instant à l'autre et il la perdrait à tout jamais.

«Ne crains rien, ma toute belle, et écoute ce que je vais te dire. Tout à l'heure, encore, ma vie me semblait bien triste et vide. Et puis j'ai entendu ton chant et j'ai compris aussitôt qu'il fallait coûte que coûte que je te retrouve. Non, ne t'en va pas déjà, reste encore, il faut que je te dise qu'à l'instant même où je t'ai aperçue, je suis tombé profondément amoureux de toi et je sais à présent que je ne puis plus vivre sans toi. Voudrais-tu devenir ma femme?»

Elle était là, devant lui, blottie comme un petit animal effarouché, et elle aurait voulu prendre immédiatement la fuite car c'était sa première rencontre avec un être humain. Mais quelque chose d'étrange, d'impérieux dans la voix du jeune homme l'obligeait à rester et à écouter ses paroles.

«Je t'en supplie, ne t'enfuis pas, reste encore un instant. Je voudrais tellement t'emmener avec moi, viens, n'aie pas peur, viens plus près de moi, je ne te ferai pas de mal . . .»

Soudain, Ondine prit la fuite et sa belle chevelure dorée se mit à ondoyer. Avant que le prince n'eût repris ses sens, elle avait déjà disparu, comme si elle s'était dissipée au-dessus de la surface du lac.

Depuis cette nuit-là, le prince apparaissait au château encore moins qu'auparavant. Assis au bord du lac, il passait désormais ses jours et ses nuits à contempler les flots silencieux, dans l'espoir de revoir sa belle tant désirée.

Pendant ce temps-là, Ondine, qui n'avait soufflé mot à son père de son étrange aventure nocturne, restait enfermée dans sa demeure du fond du lac. Elle craignait une nouvelle rencontre avec le prince mais désirait ardemment le revoir. Son esprit ne quittait plus ce beau jeune homme, elle était comme fascinée par cet être humain et un mal étrange — douloureux et pourtant agréable — étreignit son cœur. Et bientôt son désir l'emporta sur ses craintes et Ondine ne put plus résister à l'envie de retourner à l'endroit de leur première rencontre.

Ainsi le prince était enfin au terme de son attente, et son bonheur fut immense. A la vue de son prince charmant, les dernières craintes d'Ondine se dissipèrent comme par enchantement, et elle comprit soudain que cet étrange sentiment qui venait d'envahir tout son être était l'amour.

Mais que pouvait donc être l'amour entre un être humain et une créature toute frêle, presque irréelle, venue d'un autre monde? Quand il voulut l'étreindre sur son cœur, ses bras restèrent vides, leurs lèvres ne se rencontrèrent pas, ce fut en vain qu'il essaya de la prendre par la main. Et pourtant, elle était là, devant lui, bien visible, le regard débordant d'amour.

«Il te faudra patienter quelque temps, mon bien-aimé», dit un jour Ondine au prince. «Mon père m'a dit jadis que nous, les ondines, pouvons nous transformer en êtres humains. Reviens donc tous les soirs au bord du lac et attends-moi. Je vais en parler à mon père et il saura sûrement me dire comment m'y prendre pour me transformer. Rassure-toi, cela ne me fait pas peur, je ne reculerai devant aucun obstacle, pourvu que je puisse un jour — très bientôt, je l'espère —, revenir auprès de toi en tant que femme.»

Le prince promit de patienter.

«Je vais t'attendre jusqu'à ma mort, s'il le faut, de toute façon je ne pourrai plus vivre sans toi!»

«Père, j'aime un homme et lui aussi m'aime, il s'est épris de moi», dit Ondine à son père, dès qu'elle fut de retour au fond du lac. «Je ne peux plus vivre sans lui, je l'aime de tout mon cœur et pourtant je ne peux pas le rejoindre. Je te supplie, père, dis-moi que faire pour devenir un être humain, pour sentir le sang brûlant couler dans mes veines, pour n'avoir plus ces mains glacées quand je voudrai caresser mon bien-aimé?»

«Hélas, ma malheureuse enfant, quelle atroce malédiction appelles-tu sur nos têtes? Oublie-le vite; l'homme appartient au monde des humains! Si l'un des nôtres s'éprend d'amour pour un être mortel, cela lui porte toujours malheur. Ne me demande donc pas de faire courir ma propre enfant à sa perte! Ecoute maintenant ce que je vais te dire. Moi-même, je suis tombé jadis amoureux d'une femme du monde des humains et je l'ai amenée ici, dans mon royaume aquatique, où elle est devenue mon épouse et plus tard ta mère. Je ne t'en ai jamais parlé car je ne voulais pas que tu découvres l'existence de l'espèce humaine qui ne nous apporte que le malheur. Ta mère nous a bientôt quittés pour son semblable — un homme mortel —, et depuis je me suis occupé de toi tout seul, te surveillant sans cesse. Non, ma fille, je ne peux pas te laisser partir pour ce cruel et méchant monde d'en haut!»

Mais Ondine se mit à l'implorer et à le supplier avec tant d'insistance que l'ondin finit tout de même par lui donner le conseil qu'elle lui avait demandé.

«Au plus profond de la forêt se trouve une clairière où se dresse un grand rocher noir. Dans la grotte creusée dans cette roche habite Carabosse, la sorcière, qui connaît tous les secrets du monde. Elle sait ensorceler le corps et l'âme et, grâce à ses tours de magie, elle peut même donner l'apparence humaine à une ondine.»

La nuit même, Ondine se mit en route pour la grotte. Au milieu de la clairière se dressait un sombre rocher d'où s'échappait une fumée noirâtre et à l'intérieur de la grotte éclairée par la lueur rougeâtre d'un feu, une étrange silhouette enveloppée d'une ample cape noire se penchait au-dessus des flammes dansantes. Elle tourna vers Ondine sa hideuse tête dont les cheveux étaient des serpents, et tout en tendant vers elle une main semblable à une serre, elle coassa :

«Te voilà donc. Tais-toi! Je sais bien ce qui t'amène ici. Tu veux avoir un corps mortel et des mains chaudes, tu veux avoir un cœur où coule le sang brûlant, tu veux ressentir l'amour humain. As-tu seulement réfléchi? Qu'est-ce l'amour humain? Moins que rien. Il s'embrase, se consume aussitôt, sans même laisser de cendres. Il ne s'ensuit que le malheur : c'est donc cela que tu désires? Tu ne te plais donc plus au fond du lac, tu n'aimes plus danser avec tes compagnes dans le pré verdoyant, tu es lasse de chanter au clair de lune? Notre bonheur à nous est éternel, le bonheur humain ne dure que quelques petits instants. C'est ce bonheur-là que tu désires?

«Oui, je le veux! Donne-moi une apparence humaine!», souffla la jeune fille, toute pâle.

«Bon, bon tu l'auras, mais il faut d'abord me payer : mes tours de magie coûtent très cher. Tu me les payeras de ton âme, de tes habits transparents de fée et de ta voix

cristalline que je t'enlèverai. Muette et dépourvue de tout prestige, tu retourneras : 83
auprès de ton prince : seul ton amour te restera. On verra alors quel est son pouvoir!
Surtout, rappelle-toi! Si ton prince t'abandonne, s'il te rejette, plus jamais tu ne pourras
reprendre ta belle et insouciante vie de fée. Tel un feu follet, tu erreras à jamais
au-dessus des marécages et même ton père ne pourra plus te délivrer. Il n'y aurait plus
alors qu'un seul moyen pour sauver ton âme : si tu te vengeais de celui qui t'a délaissée
et que tu le tuais, je te rendrais ta chevelure dorée de fée, ta belle robe transparente, tes
petits pieds légers, ta voix cristalline.

«Qu'il en soit ainsi», dit Ondine, décidée à payer ce cruel prix, et la sorcière se mit
aussitôt à l'ouvrage.

Dans un coin elle ramassa d'abord une poignée de mauvaises herbes séchées qu'elle
lança dans le feu, puis elle posa sur un trépied un chaudron tout noirci de fumée
qu'elle remplit avec de l'eau claire de la source. Elle y jeta une pincée de plantes
magiques qu'elle avait préalablement écrasées dans un mortier et, ensuite, elle y ajouta
sept gouttes d'un liquide noir comme la poix. Là-dessus, elle se mit à murmurer des
incantations invitant le feu à chauffer et l'eau à bouillir. La mixture commença aussitôt
à bouillir, se couvrant d'une mousse rouge comme le sang.

Carabosse enleva vite le chaudron du feu et dit:

«Tu peux encore te raviser. Tu peux encore retourner dans les flots accueillants de
ton lac, auprès de ton père. Mais si tu ne veux pas, alors bois!»

ONDINE ET LE PRINCE

Ondine porta le récipient à ses lèvres et but quelques longues gorgées de l'âpre breuvage. Tout à coup un étrange spasme secoua son corps et elle s'évanouit. Elle se réveilla au bord du lac, son prince était là, se penchant vers elle, et elle put enfin se blottir pour la première fois dans ses bras.

Depuis plusieurs semaines la belle jeune fille muette aux cheveux dorés vivait déjà au château, aux côtés du prince. Les journées s'écoulaient entre les fêtes et les jeux, mais Ondine évoluait dans ce palais en effervescence comme une triste et pâle ombre. A l'exception du prince, personne ne lui parlait, tous l'évitaient, trouvant quelque chose d'étrange en cette pâle fiancée du prince, comme si elle n'était pas de ce monde. Il ne lui restait que son amour pour le prince mais seuls ses yeux pouvaient dire, à quel point elle l'aimait.

Depuis qu'Ondine était apparue au château, la reine avait perdu le repos, le jour et la nuit. Elle éprouvait une profonde haine à son égard, car elle-même était passionnément amoureuse du prince depuis le premier jour de son séjour au château. Elle était venue à l'improviste au château, demandant l'hospitalité pour une nuit, avant de reprendre la route. Elle n'avait pour toute suite qu'un serviteur armé au teint hâlé et une petite vieille toute ridée qui lui servait de cameriste. A peine avait-elle aperçu le beau prince et appris que son père, le roi, était veuf, qu'elle avait décidé de prolonger son séjour au palais. Et quand le vieux roi lui avait proposé le mariage, elle s'était empressée d'accepter son offre, profitant de cette occasion inespérée de devenir une riche reine et de pouvoir rester auprès du prince qu'elle espérait toujours épouser après la mort de son père.

Epouvantée à l'idée que le prince pourrait épouser la belle muette, la reine forma en son cœur un sombre dessein — résolue à parvenir, coûte que coûte, à ses fins. Elle décida de donner un poison au vieux roi et de faire boire au prince un philtre qu'elle avait appris à préparer dans son lointain pays. Elle prit alors deux coupes d'or à moitié remplies de vin : dans la première, sa vieille cameriste ajouta un poison foudroyant, et la reine, elle-même, versa dans la seconde son philtre magique. Le soir même, au dîner, elle proposa la première coupe au roi et trois jours plus tard le roi rendit son dernier soupir.

Personne dans le château ne se douta à la suite de quelle mort terrible le roi avait quitté ce monde. Comme il était déjà bien vieux, tout le monde crut à une mort naturelle. Quand le deuil prit fin, on organisa au château de grandes festivités pour célébrer l'avènement du jeune prince. Au plus fort de la fête, la reine se leva tout à coup et tendit au jeune homme une coupe d'or, en le priant de la lever à la prospérité de son règne.

Le prince y consentit de bonne grâce, résolu de régner avec équité sur son royaume, en compagnie de son Ondine bien-aimée. Elle se tenait là, à ses côtés, toute souriante, persuadée que l'amour qui les unissait l'un à l'autre, était éternel.

Sans même remarquer le sourire malveillant de la reine, le prince porta la coupe : 87
à ses lèvres et but d'un trait tout son contenu. Mais à peine eut-il éloigné la coupe de sa bouche que l'expression de ses yeux changea subitement. Il jeta d'abord un regard indifférent sur Ondine, comme s'il ne l'avait jamais vue auparavant, puis, comme envoûté, il se mit à contempler la reine, sans pouvoir en détacher ses yeux. Elle lui semblait être la plus belle femme du monde et il ne rêvait plus que d'une seule chose: rester auprès d'elle éternellement, pour pouvoir toucher sa main, se noyer dans ses yeux noirs, embrasser sa belle bouche d'un rouge sombre.

Malheureuse Ondine! Elle voulait tant lui parler, lui rappeler leur amour, mais aucun mot ne s'échappa de ses lèvres muettes. Tout affligée, elle se mit à pleurer toutes les larmes de son corps, mais son bien-aimé ne l'effleura même plus de son regard. Il prit la reine par la main et tout en caressant sa sombre chevelure, il s'en fut avec elle vers ses appartements. Au comble du désespoir, Ondine se posta le lendemain matin devant la porte de la chambre du jeune roi et lorsque celui-ci en sortit, elle se jeta dans ses bras en espérant qu'il la reconnaîtrait et qu'il se souviendrait de leur grand amour.

«Qui es-tu et que veux-tu de moi?» s'étonna le jeune roi, tout en se dégageant de ses bras. «Oh, oui, je me souviens à présent, c'est toi, cette froide apparition ruisselante d'eau que j'ai jadis sortie du lac. Que fais-tu donc là, va-t'en, tes bras me glacent, lâche-moi vite, pour que je puisse aller rejoindre ma reine adorée. Retourne d'où tu es venue, il n'y a plus de place pour toi, ici!»

Ses lèvres, jusqu'alors muettes, s'ouvrirent pour laisser s'échapper un long cri déchirant, son corps secoué d'une convulsion s'effondra, puis tout à coup se transforma en un petit feu follet, à peine perceptible, qui erra quelques instants dans le jardin du château, avant de disparaître dans la pénombre du bois proche.

Tout le royaume du lac fut plongé alors dans un grand chagrin, tous ses habitants pleuraient sur le sort cruel de la malheureuse Ondine. Les fées des bois, compagnes d'Ondine, ne venaient plus danser au clair de lune sur le pré parsemé d'étincelantes gouttelettes de rosée, elles ôtèrent de leurs têtes leurs couronnes de fleurs et les lancèrent au milieu du courant du fleuve qui les emporta jusqu'à la mer. Et dans la nuit, la lune couvrit sa face argentée d'un voile de nuages noirs, comme si elle voulait partager le chagrin des compagnes d'Ondine. Le petit feu follet courait tristement sur la rive du lac et de temps à autre, des pleurs douloureux, à peine perceptibles, se faisaient entendre dans le profond silence nocturne.

Mais le plus affligé de tous était le vieil ondin, le malheureux père d'Ondine. Il se rendit chez la vieille sorcière pour la supplier d'aider sa fille. Mais Carabosse lui répondit :

«Toi, maître des eaux, tu sais aussi bien que moi que je n'ai pas le pouvoir de briser un charme, une fois celui-ci prononcé. Seule ta fille pourrait le rompre, moi, je ne peux pas l'aider. D'ailleurs, quand elle est venue me voir, je lui ai bien dit à quel prix elle pourrait se racheter de cette malédiction. Vie pour vie, telle est la loi que nous devons tous respecter. La vie d'un être humain pour la vie d'Ondine. Dis-lui donc de se venger de son prince, de l'entraîner dans les profondeurs du lac. Dès qu'elle l'aura tué, elle pourra aussitôt reprendre sa vie de fée et revenir auprès de toi.»

L'ondin retourna au lac et il se mit à supplier sa fille de se venger du prince, mais Ondine refusa.

«O, mon père, je ne peux pas changer mon amour en vengeance. Je ne peux pas ôter la vie à celui que je continue à aimer en dépit de tout. Trop longtemps je me suis réchauffée dans ses bras, trop profond est ce sentiment humain qui a pénétré mon âme. Je préfère errer pour l'éternité sur les marécages, plutôt que de l'entraîner dans la mort. Pardonne-moi, père, de t'avoir causé un si gros chagrin mais mon amour pour cet homme m'importe bien davantage que tous les plaisirs que j'ai connus avant de le rencontrer.»

Le vieil ondin pardonna à sa fille. Cependant il fut incapable de pardonner à celui qui avait causé son malheur. De jour en jour, sa soif de vengeance ne cessait de grandir et il comprit alors qu'il lui fallait se venger en son nom, en celui d'Ondine, au nom de tous les êtres de son royaume qui détestent la trahison, si courante dans le monde des humains.

Quelques jours plus tard, un soir, l'Ondin se transforma en un magnifique cheval noir et sous cette apparence, il entra dans le jardin du château. Juste à ce moment-là, le jeune roi et la reine s'approchèrent de la fenêtre pour admirer le coucher du soleil, quand, tout à coup, ils se figèrent de stupeur : sous la fenêtre piaffait un magnifique coursier noir à la robe luisante et à la belle crinière flottante dont les yeux lançaient des éclairs.

«Oh, quel magnifique cheval, regarde!» s'exclama le roi. «Comment a-t-il pu venir jusqu'ici? Il faut à tout prix que je l'attrape, aucun seigneur à cent lieues à la ronde n'a un si beau cheval. Dès que je l'aurai dompté, je le sellerai, je te prendrai en croupe et nous partirons au galop par monts et par vaux!»

«Il est vraiment superbe», répondit la reine, «c'est un cheval digne d'un roi. Va, attrape-le, il sera l'orgueil de nos écuries, tout le monde nous l'enviera.»

Le roi descendit en toute hâte au jardin. A son approche, le cheval s'ébroua et fit un écart à chaque fois que le roi tenta de l'attraper, mais au bout de quelques instants, il s'immobilisa. Le roi le saisit par la crinière et il ne put résister à l'envie de monter sur son dos. Mais à peine l'eut-il enfourché, que le cheval s'élança en avant au grand galop et que le roi ne parvint pas à l'arrêter. D'un seul bond le cheval franchit le haut mur du jardin, et luttant de vitesse avec le vent, galopa vers le lac. Déjà on voyait miroiter la surface de l'eau entre les arbres. L'eau jaillissait sous ses sabots et le cheval continuait à s'avancer dans l'eau jusqu'à arriver au milieu du lac. Là, soudain, il se cabra jetant son cavalier à l'eau, et se transforma aussitôt en ondin qui entraîna le prince dans les profondeurs.

Ne voyant toujours pas le roi revenir, le cœur serré d'angoisse, la reine partit à sa recherche. Tout en l'appelant, elle traversa le jardin, mais elle n'eut qu'un cri d'oiseau nocturne pour toute réponse. Elle sortit donc du jardin et s'engagea sur le chemin de la forêt. Elle trébuchait sans cesse sur les pierres et racines du chemin, des branches déchiraient sa splendide robe, des épines écorchaient ses mains blanches, mais elle marcha et marcha, pour déboucher enfin sur la prairie qui bordait le lac. Soudain de toutes parts des nymphes et des dryades accoururent dans le pré en criant :

«Regardez, c'est elle qui est la cause des malheurs d'Ondine et de son prince. Venez, sœurs, allons jouer un peu avec elle, afin qu'elle éprouve elle-même ce qu'elle a fait subir aux autres. Prenons-la dans notre ronde et elle ne cessera de tournoyer, tant qu'elle n'aura pas rendu son âme!»

Et elles firent comme elles avaient dit. Dans la ronde infernale des nymphes et des dryades, la méchante reine dansa, dansa, jusqu'à la mort!

Mais la malheureuse Ondine ne vint plus jamais auprès de son père ni parmi ses compagnes. Plus jamais elle n'alla s'asseoir au pied du rocher blanc pour chanter à la lune de sa voix cristalline, plus jamais elle ne vint danser, coiffée d'une couronne de nénuphars, sur le tapis d'herbe soyeuse, au bord du lac.

Sous son apparence de feu follet, elle erra au-desssus des marécages et des eaux stagnantes, comme si elle cherchait quelqu'un sans jamais pouvoir le trouver . . .

ONDINE ET LE PRINCE

COMMENT
L'HIRONDELLE SAUVA
LE MONDE
DU DÉLUGE

En ces temps anciens, où le monde ressemblait à un paradis terrestre tout en fleurs, seuls les bêtes et les oiseaux vivaient sur terre, en compagnie du grand et sage dieu Esso. Celui-ci gouvernait le monde avec équité et bienveillance de sorte que tous y vivaient en paix et en amitié, sans se nuire. Au crépuscule, le loup se couchait aux côtés de l'agneau et, dans l'herbe de la prairie, le lion jouait avec l'antilope. Sans jamais se départir de son doux sourire, le grand dieu Esso surveillait paisiblement toute sa gent et toutes les fois que les circonstances exigeaient son intervention ou sa décision, il chargeait son hirondelle d'aller transmettre son message. Elle était, en effet, l'être le plus cher à son cœur et il lui avait même permis de construire son nid dans les plis de son habit.

Cependant un jour, dans le cœur du puissant éléphant naquit l'orgueil. Sa force était
réellement extraordinaire. Quand il marchait dans la forêt, il brisait les arbres sur son
passage et lorsqu'il traversait la plaine, la terre tremblait sous ses pas. N'ayant pas son
pareil au monde, l'idée germa dans la tête de l'éléphant qu'il était le plus fort de tous et
même plus fort que le dieu Esso.

Un beau jour, il se dirigea vers la demeure du dieu Esso, et arrivé devant son logis, il
leva sa trompe vers le ciel et après avoir lancé un puissant barrissement, déclara :

«Il est grand temps, Esso, que tu me cèdes ton pouvoir sur la terre. Je suis plus fort
que toi et je ne veux plus t'obéir. A toi maintenant de m'obéir!»

Le grand dieu Esso aurait pu sur-le-champ punir sévèrement l'insolent éléphant
mais pour l'heure, il choisit de contenir quelques instants sa colère. Il songea, en effet,
qu'il serait intéressant de voir comment les autres êtres allaient réagir devant la révolte
de l'éléphant. Il désirait savoir qui allait prendre sa défense, qui allait tenter de raisonner l'éléphant rebelle. Mais à l'exception de l'hirondelle, qui vint, toute peureuse, se
blottir dans ses paumes, aucune bête, aucun oiseau ne prirent la défense du dieu Esso,
ne fût-ce que par un tout petit mot. Muets, ils se détournèrent, tout en attendant l'issue
du débat entre l'éléphant et le dieu. Et si l'éléphant était vraiment plus fort que le
tout-puissant dieu Esso? pensaient-ils dans leur for intérieur.

Profondément peiné, le dieu Esso se détourna des ingrates créatures et décida de
quitter à jamais la terre. Désormais il vivrait seul dans les hauteurs célestes. Mais
bientôt au fond de son âme affligée une colère implacable se mit à germer, et il décida
alors de punir cruellement les êtres terrestres. Il ordonna au ciel de cesser immédiatement d'arroser la terre de sa pluie bienfaisante. Le temps passa et sur la terre les
animaux commencèrent à ressentir les effets du courroux divin. La terre se desséchait
à vue d'œil et devenait toute crevassée, les sources tarissaient, les lacs et rivières étaient
à sec et bientôt il ne resta plus une seule goutte d'eau sur la terre. Tous les animaux
connurent alors les affres de la soif. A peine nés, leurs petits périssaient, et la mort les
guettait tous à brève échéance.

Ce fut alors que les plus sages d'entre eux, comprenant qu'ils couraient inévitable-
ment à leur perte, prièrent l'hirondelle de faire rapidement le tour du monde pour
convoquer toutes les bêtes et tous les oiseaux afin de tenir un grand conseil. Quand ils
furent tous rassemblés, on n'entendit plus, de tous côtés, qu'une immense lamentation.
Personne ne savait quel moyen employer pour conjurer cette effroyable sécheresse.
Personne ne savait comment apaiser le courroux du grand dieu Esso dont nul n'avait
pris la défense lorsque l'éléphant l'avait offensé. C'est alors que la sage et très vieille
tortue prit la parole devant tous les animaux assemblés :

«Tout ce qui nous reste à faire, c'est d'envoyer l'hirondelle, l'être le plus cher au
cœur du dieu Esso, auprès de lui, afin qu'elle le supplie, en notre nom, de nous
pardonner et lui demande humblement de nous rendre la pluie.»

La proposition de la tortue ayant été acceptée par tous, l'hirondelle s'envola aussitôt vers les hauteurs nuageuses, où se trouvait le logis du grand dieu. Une petite hirondelle peut voler très haut, mais cette fois-ci les forces faillirent lui manquer. Les ailes endolories, elle parvint tout de même à atteindre le ciel et lorsqu'elle se fut blottie dans les mains du dieu, elle se mit à l'implorer :

«Pardonne-nous, ô Seigneur, notre faute. Tous s'en repentent à présent, et ils m'ont chargé de te dire que pas la moindre gouttelette de pluie n'est tombée, depuis longtemps, sur terre. Si cela continue, quelque temps encore, tous les êtres périront de soif. Je te supplie, ô grand dieu, renvoie la pluie sur terre!

«J'ai bien écouté tes paroles, hirondelle», répondit le puissant dieu. «Retourne à présent, la pluie reviendra!»

Et tandis que l'hirondelle redescendait à tire-d'aile vers la terre, les premières grosses gouttes de pluie se mirent à tomber sur le sol assoiffé.

«Il pleut, il pleut, c'en est fini de la sécheresse!» criaient joyeusement les animaux en chœur.

Cependant il s'avéra bientôt, qu'ils s'étaient réjouis trop tôt. Des premières gouttes naquit une petite pluie, puis celle-ci se transforma en une averse qui devint bientôt une pluie diluvienne. Et les torrents d'eau qui s'abattaient du haut des nuages noirs semblaient ne jamais cesser. Les lits desséchés des fleuves et des rivières se remplirent d'eau jusqu'au bord et bientôt les flots tumultueux se mirent à envahir les régions alentour jusqu'à inonder la terre entière. A nouveau les êtres terrestres périssaient, noyés cette fois dans les troubles flots déchaînés qui balayaient tout ce qui se trouvait sur leur passage. Au bout de quelque temps, toute la terre ne fut plus qu'un immense lac d'où émergeaient çà et là les cimes des plus hautes montagnes.

Dans le seul endroit sec qui restât sur terre, tous les animaux se rassemblèrent à nouveau pour tenir conseil et trouver le moyen d'apaiser la colère du grand dieu Esso. Pour la deuxième fois d'amères lamentations s'élevèrent vers le ciel. Personne ne savait que faire. Alors comme la fois précédente, la vieille et sage tortue trancha :

«Il ne nous reste plus qu'à prier l'hirondelle de repartir vers les cieux pour demander en notre nom au dieu Esso de pardonner au stupide éléphant son offense et à nous tous notre lâcheté.»

A nouveau l'hirondelle déploya ses petites ailes fatiguées et prenant son envol, elle s'éleva dans le ciel. Arrivée auprès du dieu Esso, elle alla se blottir dans le creux de ses mains, puis elle lui dit :

«O, Seigneur, tu as bien exaucé notre précédente prière mais on ne vit pas mieux pour autant. Une pluie torrentielle ne cesse de se déverser sur la terre et nombreux sont ceux qui ont déjà trouvé la mort dans le déluge qui inonde le monde. Nous te supplions, oublie la faute de l'orgueilleux éléphant et pardonne enfin notre lâcheté. Arrête cette pluie sans fin, fais briller à nouveau le soleil afin que tout rentre dans l'ordre et redevienne comme avant!»

COMMENT L'HIRONDELLE SAUVA LE MONDE DU DÉLUGE

Le grand dieu Esso sourit, puis il lui déclara :

«Je t'ai bien écoutée, ma chère hirondelle. Sache cependant, que plus rien ne sera au monde comme auparavant. Les êtres qui vivent sur terre n'ont pas su respecter le monde tel que je l'avais créé pour le plaisir de tous. Retourne et dis à tous les animaux qu'à partir d'aujourd'hui, le soleil brillera et la pluie tombera sans plus se soucier des désirs des êtres qui habitent la terre. Et à l'image du soleil et de la pluie, toute créature terrestre agira dorénavant selon son caractère et sa propre volonté. Ceux qui sont pourvus de crocs, de griffes et de becs chasseront, déchiquetteront et tueront ceux qui en sont dépourvus. Les forts opprimeront les faibles et les faibles opprimeront ceux qui seront encore plus faibles qu'eux. Et le plus fort des êtres sur terre, l'éléphant, lui non plus, ne sera pas épargné. Aujourd'hui même, dès que les eaux auront baissé, je ferai naître une créature qui régnera sur vous tous. Elle s'appellera l'homme. Les forts et les faibles, sans exception, le craindront désormais. Toi seule, qui m'est particulièrement chère, ne craindras pas l'homme et il ne te fera jamais aucun mal. Et lorsque l'homme aura construit sa première maison, tu vivras toujours près de lui, sous son toit.»

L'hirondelle retourna sur terre et, sous le toit de la première demeure humaine qu'elle aperçut, elle bâtit son nid. Et depuis ce temps-là, les hirondelles vivent aux côtés des hommes.

YÉLÉNA LA SAGE
ET LE TSAR
DU LAC

Il y avait une fois, dans la lointaine Russie, un puissant tsar qui régnait sur un très vaste empire tout couvert d'abruptes montagnes et de forêts profondes. Or ce tsar était un chasseur acharné. Et bien souvent, en traquant le gibier, il se retrouvait en des lieux fort retirés, loin de sa capitale, de son magnifique palais et de sa femme bien-aimée.

Un jour qu'il était, comme à l'accoutumée, encore parti à la chasse, il parvint à débusquer des fourrés un cerf aux immenses bois. Aussitôt il s'élança à sa poursuite, mais la puissante bête, s'enfonçant toujours plus profond dans la forêt, lui échappait toujours, tant et si bien que le tsar, dont le cheval était déjà à bout de forces, finit par perdre sa trace. Ereinté et assoiffé, le tsar se mit alors à la recherche d'une fontaine, d'une source où il pourrait étancher sa soif. Mais tout autour de lui il n'y avait que la forêt profonde aux épais taillis, sans le moindre filet d'eau. Relâchant la bride de son cheval, il le laissa aller à son gré, dans l'espoir que l'animal fourbu, haletant de soif, finirait par trouver de l'eau tout seul.

Et en effet, au bout de quelque temps, alors que le soleil était déjà bien bas sur l'horizon, le tsar déboucha à l'orée du bois dans une prairie verdoyante et vit un immense lac. Il sauta de sa monture et s'agenouilla au bord de l'eau pour enfin se désaltérer.

Mais à peine avait-il bu la première gorgée d'eau claire et fraîche que, soudain, la surface du lac se troubla et qu'une main surgit du lac pour happer le tsar par la barbe. Il avait beau se débattre comme un diable, il n'arrivait pas à se dégager, tandis que la main l'attirait toujours plus fort vers la surface de l'eau. Saisi de peur à l'idée de périr noyé, il se mit à crier :

«Qui que tu sois, pourquoi me tenir ainsi? Je ne t'ai pourtant rien fait, voyons. Lâche-moi, je t'en supplie!»

A ces mots une tête monstrueuse émergea des vagues. Autour du visage moitié homme, moitié poisson, flottait une longue barbe verte, tandis qu'au-dessous du front coiffé d'une couronne de diamants, brillaient d'un éclat glacial deux yeux bleu pâle, gigantesques et immobiles. Soudain, les lèvres livides de la grande bouche s'ouvrirent et une voix tonitruante et déplaisante se fit entendre :

«Qui donc es-tu pour avoir osé boire l'eau de mon lac sans ma permission! Sache que je suis le Tsar du Lac et que ce lac est mon empire. Quiconque y pénètre sans mon autorisation périt misérablement. Non, je ne te lâcherai plus. Je vais maintenant t'entraîner dans les profondeurs pour te noyer, à moins que tu ne me promettes de me donner, dans seize ans jour pour jour, quelque chose dont, dans ton palais, tu ignores l'existence.»

Aussitôt, sans une hésitation, le tsar s'empressa de donner sa parole. Il se souvenait fort bien de tout ce qui se trouvait dans son palais : il connaissait même jusqu'à la dernière petite chambre sous les combles. N'avait-il pas personnellement surveillé sa construction et son aménagement? Il était absolument sûr qu'il n'y avait rien dans son palais qu'il n'eût effleuré de sa main ou de son regard. Dès que le tsar eut donné son consentement, la main aussitôt lâcha sa barbe, la tête disparut sous les eaux, et seule une voix caverneuse retentit encore dans les profondeurs :

«Rappelle-toi bien ta promesse : si tu manquais à ta parole, je viendrais chez toi et je prendrais bien plus que ce que tu m'aurais jamais donné!»

Le tsar reprit le difficile chemin du retour. Ne connaissant pas cette contrée lointaine, il erra toute la nuit à travers la forêt, marchant la plupart du temps aux côtés de son cheval meurtri. Ce ne fut qu'à l'aube, les jambes tout endolories, les vêtements en lambeaux, qu'il regagna tant bien que mal son palais impérial.

Il avait à peine ouvert la porte qu'une servante apparut sur le seuil, lui criant en guise d'accueil :

«Quelle joie, Votre Majesté! Cette nuit votre épouse a mis au monde un beau fils, votre héritier. Il vous ressemble en tous points et il est sain et fort comme un chêne.»

Le sang se figea dans les veines du tsar. Tout affligé et le visage défait, il entra dans la chambre à coucher de la tsarine. Quand celle-ci l'aperçut, sa joie se dissipa aussitôt et elle demanda à son mari quel grand malheur lui était arrivé pour l'empêcher même de se réjouir de la naissance de son fils.

Le tsar lui raconta tout ce qui s'était passé la veille et quelle promesse il avait faite au Tsar du Lac. La tsarine se mit à verser des larmes amères et s'efforça de persuader son mari de ne pas tenir sa promesse. Il n'allait tout de même pas livrer leur unique fils à la merci de ce monstre du lac! Mais le tsar répliqua:

«Je n'y puis rien, j'ai donné ma parole impériale et il m'est impossible d'y manquer. D'ailleurs, qui sait, quel autre malheur, encore plus horrible s'abattrait sur la tête de notre fils et sur nous si nous ne tenions pas la promesse? Ainsi nous garderons tout de même le faible espoir que notre fils supportera le service du Tsar du Lac et qu'il nous reviendra sain et sauf!»

Dans le palais impérial, les années passaient ainsi, tout à la fois dans la joie et dans la tristesse. A la vue de leur fils qui grandissait à vue d'œil et devenait un beau garçon vigoureux, le bonheur remplissait le cœur des parents. Mais plus le jour de son départ pour l'horrible échéance approchait, plus leur chagrin grandissait.

Le jour où le tsarévitch Ivan fêta sa seizième année, le tsar le fit venir auprès de lui et lui dit :

«Ivan, mon fils chéri, le temps est venu de te dévoiler à quel étrange maître je t'ai promis, voici seize ans.»

Et il lui conta tout ce qui s'était passé, seize années auparavant, lorsque, pour son propre malheur et pour le malheur de son fils, il avait bu l'eau du lac.

Le tsarévitch Ivan était un jeune homme courageux; il rassura son père, puis fit ses adieux affectueux à sa mère et se mit en route. Il était parti, le cœur serré d'angoisse à l'idée d'horribles surprises que le séjour dans l'empire aquatique de l'épouvantable Tsar du Lac lui réservait sûrement, mais par amour pour ses parents il avait obéi, résolu de leur épargner un plus grand malheur.

Il marcha et marcha, à travers les montagnes et les rivières, jusqu'à ce qu'il arrivât dans une grande forêt profonde. Sans répit, il avança toujours en avant, mais la forêt semblait ne jamais finir. Fatigué et les jambes douloureuses, il fit donc halte dans une petite clairière, s'assit dans l'herbe et se mit à manger ce que sa mère lui avait préparé pour le voyage. Alors qu'il était ainsi assis, en train de manger, sortant de nulle part, une petite vieille surgit soudain devant lui et lui dit :

«Que Dieu soit avec toi, mon garçon! Quel chemin suis-tu donc, pour t'aventurer en ces parages hostiles, dans cette sombre forêt profonde où l'homme ne se hasarde que très rarement? On n'emprunte point un tel chemin pour son plaisir mais sur ordre.

Qui donc t'a commandé de passer par ici, qui donc t'a empli l'âme de tant de chagrin qu'il s'écoule par tes yeux?»

«Dieu vous protège, grand-mère. Ah, si vous saviez seulement me venir en aide aussi bien que vous savez deviner. J'aurais bien besoin de secours, ma foi», répondit Ivan et lui fit récit de ses malheurs.

«J'ai pitié de toi, mon petit, car un service difficile t'attend, bien pénible et cruel. Le Tsar du Lac est très méchant. Il déteste les gens au point qu'il n'hésite pas à les faire périr quand l'occasion se présente. Je le connais bien, moi; il n'y a pas si longtemps, j'ai vécu dans son palais. Dans mes bras je portais sa fille Yéléna, j'étais sa nourrice, lorsque, alors que la petite était encore au berceau, sa mère mourut.

Le Tsar du Lac a déjà tué onze jeunes gens que leurs parents lui avaient envoyés afin de lui payer leur dette. Mais cesse de te tracasser, tsarévitch Ivan, je vais te donner un bon conseil qui te sera sûrement utile. Vois-tu, je ne peux plus voir tous ces malheureux humains se tourmenter à ce point! Et puis, ma belle Yéléna me fait pitié, elle aussi. Quelle triste existence elle mène dans le palais sous les eaux aux côtés de son cruel père, sans joie aucune et en proie à un grand désespoir. Pourtant, elle mériterait un fiancé, un vaillant jeune homme comme toi.

Lorsque tu reprendras la route, tout à l'heure, je t'indiquerai un chemin qui te guidera vers une fontaine dissimulée derrière les arbres. L'eau de cette source est miraculeuse. Celui qui s'y baignera ne vieillira plus jamais, aussi âgé qu'il soit, il rajeunira, le laid embellira et le malade recouvrera la santé. Le Tsar du Lac lui-même, a fait jaillir cette source pour lui-même et pour sa ravissante fille Yéléna. Chaque jour, au crépuscule, Yéléna vient s'y baigner. C'est sous forme d'un cygne blanc qu'elle y arrive, à tire-d'aile. Après s'être posée au bord de la fontaine, elle se débarrasse de sa robe de plume et de ses ailes et elle plonge dans l'eau de la fontaine pour s'y baigner. Après le bain, elle reprend son aspect de cygne et s'envole pour l'Empire du Lac. Quand tu seras arrivé près de la source, baigne-toi d'abord dans la fontaine et cache-toi ensuite dans le taillis pour attendre l'arrivée de Yéléna. Quand elle sera en train de prendre son bain, prends-lui ses ailes. Tu verras, cela te portera bonheur!»

Le tsarévitch Ivan remercia chaleureusement la bonne vieille, puis, s'engageant sur le sentier que celle-ci lui avait désigné, il ne tarda pas à arriver, en effet, près de la fontaine. Le soleil était déjà tout près des cimes des arbres, tout sombrait doucement dans la nuit. Seul le miroir liquide de la fontaine scintillait dans le clair-obscur du sous-bois, comme si quelqu'un avait allumé une lumière bleutée dans ses profondeurs. Dès qu'il se fut baigné, Ivan gagna rapidement les fourrés où il se tapit pour attendre. Il n'y était pas depuis longtemps, quand, tout à coup un bruissement se fit entendre; l'air sembla s'animer et des ailes de cygne d'un blanc immaculé étincelèrent en un éclair à proximité de la fontaine. Un cygne se posa sur le sol et il se mit aussitôt à se débarrasser de son plumage et de ses ailes blanches comme la neige fraîchement tombée. A l'instant même une jeune fille apparut au bord de la fontaine, d'une beauté telle, qu'Ivan en eut le souffle coupé. La belle entra dans l'eau et tandis qu'elle s'y baignait, Ivan bondit hors du taillis, saisit les deux ailes et regagna rapidement la cachette avec son butin.

Quand la jeune fille fut sortie de l'eau, elle se mit immédiatement à reprendre son aspect de cygne mais ce fut en vain qu'elle chercha partout ses ailes, sans lesquelles elle ne pouvait pas repartir pour son palais. Ne trouvant toujours pas ce qu'elle cherchait, elle fondit alors en larmes :

«Que vais-je faire? Qui a pu me prendre mes belles ailes? Sans elles, je ne pourrai jamais revenir chez moi! Le chemin est long et difficile. Sans ailes, mes pieds fragiles se blesseront sur les pierres, les épines les écorcheront jusqu'au sang et les herbes acérées les couperont. Qui m'a pris mes belles ailes? Si c'est un méchant homme, selon la prédiction, je serai à jamais liée à lui, épouse d'un méchant homme je deviendrai et malheureuse je resterai éternellement. Qui m'a pris mes belles ailes? Si c'est une méchante femme, selon la prédiction, je serai à jamais obligée de la servir, ma maison plus jamais je ne reverrai, jusqu'à la fin de mes jours malheureuse je resterai. Qui m'a pris mes belles ailes? Si c'est un beau jeune homme, je cesserai aussitôt de pleurer, j'accepterai la prédiction avec plaisir; pour mari je le prendrai et pour toujours vivrai heureuse à ses côtés!»

A ces mots, le tsarévitch Ivan sortit de sa cachette et tendit les ailes à la jeune fille :

«Si tu es, Yéléna fille du Tsar du Lac, reprends tes ailes et retourne chez toi. Je ne resterai pas privé longtemps de la vue de ta beauté et je te reverrai sûrement bien vite car je me rends chez ton père pour entrer à son service.»

Le cœur de Yéléna se mit à battre de joie à la vue d'un si plaisant garçon et elle ne tarda pas à lui dévoiler que le sort voulait qu'elle devienne la femme de celui qui lui aurait dérobé ses ailes de cygne.

Mais aussitôt après, son front s'assombrit et elle lui confia :

«Il me chagrine beaucoup d'apprendre que tu vas entrer au service de mon père. Je sais qu'il attend déjà impatiemment un jeune homme qui tarde à venir. Mais le sort t'ayant désigné comme mon mari, je vais te venir en aide. Tu en auras d'ailleurs bien besoin, car mon père est un maître cruel qui déteste par-dessus tout les êtres humains. Sans doute va-t-il tenter de te tuer, comme il a déjà tué onze garçons qui avaient été à son service avant toi. Mais il est temps de partir, à présent. Je vais me changer de nouveau en cygne et de mes ailes blanches je t'éclairerai le chemin, tu n'auras qu'à me suivre.»

Hardiment, le tsarévitch Ivan reprit la route et tandis qu'il marchait, les arbres de la forêt s'écartaient sur son passage, les ronces s'ouvraient pour ne pas le blesser et on eût dit que le large chemin blanc s'aplanissait pour lui faciliter la marche. Au-dessus de sa tête volait dans un doux bruissement Yéléna-cygne et ses ailes blanches illuminaient le chemin. De son duvet soyeux elle caressait doucement le front du jeune homme et de son amour elle enlaçait tendrement son cœur. Bientôt ils débouchèrent sur la rive d'un immense lac aux flots verts, l'empire du Tsar du Lac. D'un coup d'aile, Yéléna ouvrit la porte des eaux et Ivan pénétra dans l'Empire du Lac.

Dans le palais, le Tsar du Lac l'attendait déjà. Perché sur son trône, d'une main il soutenait son front ombrageux, du pied il frappait impatiemment le sol. A peine le tsarévitch Ivan fut-il entré dans la salle du trône que le tsar l'apostropha en guise d'accueil de sa voix puissante :

«Il y a seize ans, lorsque ton père a violé les lois de mon empire, n'échappant à la punition suprême que par sa promesse, je lui ai pourtant bien ordonné de t'envoyer chez moi au bout de seize ans, jour pour jour! Où donc as-tu ainsi erré, Ivan, voici deux jours entiers que je t'attends!

Mais puisque enfin te voilà, passons. Ecoute à présent, à quel genre de service tu dois t'attendre dans mon palais. Il faut que je te dise d'abord qu'il sera dur, très dur. Il te faudra me rendre trois services, trois vœux accomplir, trois tâches exécuter. Si tu y parviens, je te laisserai repartir chez toi et, en outre, je te récompenserai. Mais si tu n'y parviens pas, tu ne reverras plus ta maison et tu finiras misérablement tes jours ici, dans l'Empire du Lac. Avant toi, onze garçons se sont succédé à mon service, mais aucun d'eux n'a réussi à accomplir mes vœux et à exécuter les tâches que je leur avais imposées. Et leurs os gisent maintenant au fond du lac. Prends garde, Ivan, à ne pas être le douzième!»

Le cœur gros, Ivan écouta les propos sinistres du tsar. Il pensa à sa mère, à son père, il revit en pensée tous ces jours de bonheur passés dans le château paternel. Ce fut alors que le rideau derrière le trône du tsar s'entrouvrit légèrement, laissant apparaître le beau visage de Yéléna qui lui lançait de tendres regards, tout en lui souriant aimablement. Et celui-ci, se rappelant tout à coup la promesse de sa fiancée, reprend aussitôt le courage. Mais le Tsar du Lac continuait à parler.

«J'ai pris l'habitude de manger à mon petit déjeuner du pain bien frais. Je veux donc que tu m'en prépares pour demain matin. Voilà ce qu'il te faudra faire avant le lever du soleil : regarde un peu par la fenêtre, vois-tu là-bas cette grande forêt? Tu vas la couper, arracher les souches, labourer la terre, l'ensemencer, faucher le champ, battre le blé, moudre les grains, pétrir la pâte, faire cuire le pain et tu me l'apporteras ensuite pour mon petit déjeuner. Si tu ne parviens pas à faire ce que je viens de t'ordonner, tu auras la tête tranchée!»

Sur ce, en proie à un grand désespoir, Ivan prit congé du Tsar du Lac. Comment un simple mortel pourrait-il venir à bout d'une telle tâche en l'espace d'une nuit? Affligé, Ivan sortit du palais, et la tête basse, entra dans le jardin, avalant l'amère salive. Mais dehors, la belle Yéléna attendait déjà le jeune homme :

«Pourquoi, mon cher Ivan, baisses-tu la tête, pourquoi cet air affligé? Cesse de te tourmenter, ce n'est pas encore une tâche, c'est un petit travail. La vraie, la plus ardue t'attend encore. Le soir, à la tombée de la nuit, viens dans le jardin et attends-moi. J'appellerai mes aides et avant que le soleil ne se soit levé, le travail sera fait!»

Dès que le jour s'assombrit, Ivan descendit dans le jardin qui entourait le palais. Quelques instants plus tard, Yéléna arriva et après l'avoir serré tendrement dans ses bras et embrassé, elle fit glisser de son doigt une bague en or, qu'elle jeta ensuite à terre, tout en disant :

«Je vous appelle, mes fidèles aides, vous, les éléments terrestres, aquatiques et célestes, volez vite à mon secours!»

Et tandis que Yéléna appelait, de tous côtés ses fidèles serviteurs arrivaient :

Arriva l'orage qui abattit les arbres, les déracina puis les souches enleva,
De ses éclairs foudroyants la terre vite laboura,
Vint à tire-d'aile le vent qui dans la terre le grain sema,
Puis une chaude pluie les sillons arrosa,
La lueur de la lune fit jaillir de la terre les épis de blé,
Et aussitôt les fers aiguisés vinrent les faucher,
Les meules dures en farine les grains moulurent,
Dans le pétrin la farine se déversa, l'eau l'arrosa, levain mélangea,
Les pelles en bois enfournèrent le pain dans le feu flamboyant,
Et sur les tables s'alignèrent les miches de pain odorant.

Au point du jour, cette odeur de pain frais tira le tsar de son profond sommeil. Il sortit en courant de sa chambre et lorsqu'il eut aperçu sur la table le pain doré, il se renfrogna et grommela à l'adresse du jeune homme :

«A toi seul, tu n'aurais jamais pu faire tout ce travail, quelqu'un t'a sûrement aidé. Mais je finirai bien par savoir qui c'était et malheur alors à vous deux! Mais soit, tu as bien exécuté la première tâche. Voici donc tout de suite la seconde. Ecoute bien ce que je vais te dire, à présent. Mon ennemi, le Tsar du Feu, s'apprête à me faire la guerre. Malheureusement, mes sujets manquent d'épées. Il faut donc absolument que tu m'en fabriques de nouvelles. Regarde un peu par la fenêtre, vois-tu là-bas cette grande montagne? Au plus profond de celle-ci se cache une pierre de fer. Avant le lever du soleil, tu dois creuser la montagne et en dégager cette pierre de fer, que tu feras fondre dans le feu et refondras ensuite en acier, avec lequel tu forgeras mille épées. Je veux les voir demain matin toutes alignées dans mon arsenal. Si tu faillis à ta tâche, tu auras la tête coupée!»

Tout ému, Ivan prit congé du tsar, craignant fort cette nouvelle épreuve qui lui semblait encore plus dure que la précédente. Aucun être humain ne saurait accomplir une telle tâche en une seule nuit. Mais à la sortie du palais, Yéléna guettait déjà l'arrivée du jeune homme.

«Ne te fais pas de souci, cher Ivan, ce n'est pas une dure besogne, c'est un petit travail! La vraie tâche, la plus rude reste à accomplir. Au coucher du soleil, viens me rejoindre dans le jardin. Je ferai encore venir mes aides et avant que les premiers rayons du soleil n'aient éclairé le ciel, le travail sera terminé.»

A entendre ces mots, le visage du jeune homme se dérida aussitôt. Dès que la nuit fut tombée, Ivan descendit dans le jardin où Yéléna l'attendait déjà. Toute joyeuse, elle courut à sa rencontre et le couvrit de mille baisers. Puis, comme la fois précédente, elle fit glisser du doigt sa bague en or et après l'avoir lancée très haut dans les airs, elle se mit à implorer :

«Où que vous soyez, mes fidèles aides, éléments de la terre, de l'eau et du ciel, répondez à mon appel et volez vite à mon secours!»

Et pendant que Yéléna appelait, ses fidèles aides arrivèrent à tire-d'aile :

D'abord l'orage éclata et de son éclair terrifiant la montagne fêla,
Ensuite le vent impétueux arriva et la pierre de fer au dehors roula,
Un feu gigantesque s'éleva et le fer en acier se fondit sans tarder,
Les gros marteaux forgèrent dans l'acier chauffé à blanc, des épées,
Dans l'eau froide les épées brûlantes ensuite se trempèrent,
Puis des pierres dures leurs tranchants aiguisèrent,
Et sur les tables de l'arsenal du tsar beaucoup d'épées effilées s'alignèrent.

Au lever du jour, le cliquetis des épées réveilla le tsar. A peine levé, il se rua dans l'arsenal et à la vue de toutes ces épées flambant neuf, son visage se décomposa. En proie à une rage terrible, il apostropha haineusement Ivan :

«Par deux fois, Ivan, tu as réussi à me tromper. Tout seul, tu ne serais jamais arrivé à accomplir une tâche pareille, quelqu'un t'a encore aidé. Mais je finirai bien par trouver celui qui t'a aidé et malheur ensuite à vous deux! Fort bien, la deuxième tâche est accomplie, allons donc voir un peu comment tu vas t'y prendre pour la troisième. Dans les profondeurs de mon lac vit un poisson ailé. Jusqu'alors, personne au monde n'a encore réussi à le prendre. Si toutefois quelqu'un parvient à s'en emparer dans l'eau, à l'instant même le poisson s'envolera vers les hauteurs nuageuses. Trois écailles d'or brillent sur sa tête. Avant que le soleil ne se lève, il te faudra attraper ce poisson, arracher ses écailles d'or et me les rapporter dans mon palais. Et si tu ne parviens pas à exécuter mon ordre, tu seras raccourci d'une tête!»

Tout joyeux, Ivan s'empressa de prendre congé du tsar. Il lui semblait, en effet, que la tâche assignée était cette fois bien moins rude que les deux précédentes. Le cœur léger et sourire aux lèvres, il se hâta de rejoindre sa belle Yéléna dans le jardin. Mais quelle ne fut pas sa surprise, lorsqu'il l'eut trouvée tout affligée, les yeux noyés de larmes, la gorge nouée de sanglots. Tout en serrant les mains d'Ivan contre ses joues, Yéléna lui dit tristement :

«Que vais-je seulement devenir, malheureuse que je suis? Cette fois-ci, mon père t'a imposé la tâche la plus terrible. Il se doute sûrement que c'est moi qui, par deux fois, te vint en aide et il espère que pour la troisième fois je n'en aurai plus le courage. A vrai dire, si je ne t'aimais pas de tout mon cœur et si le sort ne t'avait pas désigné pour devenir mon mari, je ne t'aiderais plus, cette fois-ci. Sache, Ivan, que le poisson que tu dois attraper n'est autre que mon père! Changé en poisson, il échappe à tous ceux qui essayent de l'attraper, puis, grâce à ses ailes, il s'élève dans les airs, entraînant avec lui le malheureux qu'il a décidé de faire disparaître et le précipite aussitôt du haut du ciel dans les flots mugissants. Dis-moi, Ivan, que dois-je donc faire? Te venir en aide contre mon propre père? Pourtant, tu es devenu trop cher à mon cœur et moi, malheureuse, je ne puis plus faire autrement que de m'opposer à lui. Au coucher du soleil, viens me rejoindre dans le jardin, je te donnerai un conseil qui t'aidera à accomplir cette dernière tâche.»

A la tombée de la nuit, Ivan attendait déjà dans le jardin l'arrivée de sa bien-aimée. En fils aimant profondément ses parents, il comprenait bien le désarroi de Yéléna. Dès que la jeune fille parut, il la prit dans ses bras, et tout en essuyant ses larmes amères, il s'efforça de la consoler et l'apaisa avec des mots tendres. Il lui promit de l'aimer d'un amour fidèle et de lui assurer une vie douce et agréable dans son palais si elle consentait à l'aider encore une fois. Apaisée, Yéléna dit alors à Ivan :

«Par amour pour toi, Ivan, je vais t'aider une troisième fois, au risque de m'opposer à mon père. Mais rappelle-toi : dès que tu te seras acquitté de cette troisième tâche, nous serons obligés de fuir immédiatement le palais de mon père car je crains sa vengeance. Si nous ne nous réfugions pas dans ton château, il nous tuera tous les deux.

Prends cet hameçon d'or, ce harnais d'argent et cette étrille de cuivre. Lorsque tu auras pris le poisson avec l'hameçon d'or, tu lui passeras le harnais d'argent, et à l'aide de l'étrille de cuivre, tu lui arracheras trois écailles d'or. Mais prends bien garde! Malgré mon aide, tu vas t'exposer à un grand danger. Quand il aura mordu à l'hameçon, que tu lui auras passé le harnais et que tu seras sur son dos, il s'envolera avec toi au-dessus des nuages, et il tournoiera et s'agitera pour te précipiter dans le vide. Il faudra donc que tu fixes à tes talons des éperons d'acier, et tout en enfonçant ces éperons dans ses flancs, tu frapperas sans cesse sa tête avec l'étrille en cuivre. Si tu ne parviens pas à le dompter rapidement, il te précipitera immédiatement à terre.»

Ivan prit l'hameçon d'or, le harnais d'argent et l'étrille en cuivre et après avoir fixé à ses talons les éperons d'acier, il s'en fut au bord du lac pour tenter d'attraper le poisson ailé. A peine eut-il lancé l'hameçon à l'eau que le fil se tendit. Les flots du lac se mirent à tourbillonner, et le corps d'un gigantesque poisson apparut dans les vagues écumantes. Dans sa gueule ouverte brillaient des dents aiguës comme des couteaux, à la place des nageoires battaient des ailes de dragon palmées, terminées par des serres et sa puissante queue battait l'eau si fort que des vagues inondaient les berges. Juste derrière sa tête étincelaient trois grandes écailles d'or.

Ivan s'arc-bouta, et tendant tous les muscles de son corps, il réussit du premier coup à hisser le poisson sur la berge. Il s'empressa d'introduire le mors d'argent dans la gueule ouverte, serra la bride, passa sur son dos la selle d'argent et lorsqu'il eut enfourché cette étrange monture, il enfonça sans tarder ses éperons dans ses flancs. Le poisson se cabra, déploya ses ailes vertes et s'éleva verticalement vers le ciel. Un vent violent faillit aveugler Ivan mais déjà cet étonnant équipage atteignait les nuages, tant et si bien que le jeune homme fut pris de vertige. Et le poisson se cabrait sauvagement, s'agitait et tournoyait, puis, dans une chute vertigineuse, il alla s'abattre sur le sol, s'élevant aussitôt après jusqu'aux nuages. Mais Ivan se cramponnait fermement sur sa selle d'argent, et les éperons d'acier bien plantés dans les flancs du poisson, il frappait sans merci sur sa tête avec l'étrille de cuivre. Ivan n'aurait pu dire combien de temps ils luttèrent ainsi. Pourtant, le poisson s'affaiblissait graduellement, ses ailes ne parvenaient plus à l'élever haut dans le ciel, et il se mit à redescendre vers la terre. Il était déjà tout près de la surface du lac, quand Ivan réussit, suivant le conseil de Yéléna, à lui arracher les trois écailles d'or à l'aide de l'étrille. Le poisson poussa un cri de douleur et avant de disparaître dans les flots verdâtres, il agita dans un dernier effort sa grande queue projetant ainsi le tsarévitch Ivan avec son harnais d'argent et son étrille de cuivre sur le rivage.

Le cœur étreint d'angoisse, Yéléna attendait impatiemment le retour d'Ivan. Quand elle le vit revenir sain et sauf, elle se jeta joyeusement dans ses bras, puis, le prenant par la main, elle le conduisit en toute hâte au palais, dans sa chambre.

«Dépêche-toi, Ivan, nous n'avons plus une minute à perdre. Il nous faut fuir tout de suite, sinon la terrible vengeance de mon père s'abattra sur nos têtes!»

A ces mots, elle disposa sur une chaise au milieu de la pièce sa tunique, sur laquelle elle posa sa couronne de fleurs, puis elle glissa sous la chaise ses souliers de maroquin rouge. Là-dessus, elle jeta le harnais d'argent par-dessus un banc de chêne et tout en invitant d'un geste de la main Ivan à venir s'y installer, elle s'assit devant lui sur la selle d'argent. Ensuite, ayant saisi les rênes dans ses mains, elle frappa le banc avec l'étrille de cuivre et à l'instant même le banc avec ses deux cavaliers s'éleva dans l'air, sortit par la fenêtre et s'envola aussitôt, tel un oiseau, dans la direction du château du tsarévitch Ivan.

Entre-temps, dans le palais des eaux, le Tsar du Lac avait repris son aspect habituel. Tout moulu des coups reçus, écumant de colère, il ordonna à son serviteur d'aller chercher sur l'heure sa fille Yéléna. Il l'avait déjà soupçonnée d'avoir aidé Ivan à accomplir les deux premières tâches, mais à présent il avait la confirmation de ses doutes. Qui d'autre sinon elle aurait pu révéler à Ivan comment chevaucher le poisson ailé, comment le dépouiller de ses écailles d'or et comment duper le Tsar du Lac en personne, le rouant de surcroît de coups?

Le serviteur s'approcha de la porte de la chambre de Yéléna, frappa et appela :

«Yéléna, maîtresse bien-aimée, ton père le Tsar du Lac m'a chargé de te dire de venir sans tarder auprès de lui!»

C'est alors que la tunique de Yéléna lui répondit :

«Dis à mon père de patienter un petit instant, je suis en train de m'habiller. Dès que je serai prête je le rejoindrai.»

Le serviteur retourna auprès du tsar pour lui transmettre le message. Le tsar se mit à attendre, il patienta un petit instant, puis encore un moment, mais bientôt l'attente lui parut trop longue. Il manda donc à nouveau le serviteur et lui donna l'ordre de retourner auprès de Yéléna pour lui dire de se présenter sur-le-champ devant lui. Le domestique courut jusqu'à la chambre de Yéléna, frappa sur la porte et se mit à l'implorer :

«Yéléna, maîtresse bien-aimée, ton père s'impatiente, dépêche-toi, va vite le rejoindre!»

A leur tour, les souliers de maroquin rouge répondirent :

«Va dire à mon père de patienter encore un tout petit instant, le temps de me chausser et j'accours!»

Le serviteur se hâta de retourner auprès du tsar pour lui transmettre le message. Celui-ci attendit quelques instants, puis encore un instant, mais après il trépigna de rage et hurla au serviteur de retourner auprès de Yéléna. Ce dernier alla frapper à la porte de sa chambre et il se mit à l'adjurer :

«Yéléna, maîtresse bien-aimée, ton père est furieux, si tu ne viens pas tout de suite, c'est lui-même qui viendra te chercher!»

Mais la couronne de fleurs de Yéléna lui répondit :

«Dis à mon père que je suis déjà habillée et chaussée, je n'ai plus qu'à mettre ma couronne de fleurs sur ma tête. Qu'il patiente encore un court instant.»

Le serviteur revint auprès du tsar mais celui-ci n'attendit plus une seconde. Il se précipita vers la chambre de sa fille, enfonça la porte et se rua à l'intérieur. Mais que vit-il? La chambre était vide : aucune trace de Yéléna. Seule sa tunique et sa couronne de fleurs reposaient tranquillement sur une chaise au milieu de la pièce et sous la chaise ses souliers de maroquin rouge. Alors le tsar sut tout de suite à quoi s'en tenir. Yéléna s'était enfuie avec le tsarévitch, elle avait trahi son père en aidant Ivan, elle aimait le tsarévitch et avait abandonné son père. Le Tsar du Lac entra dans une colère indescriptible. Il fit venir immédiatement son terrifiant gardien, un aigle gigantesque, et il lui ordonna de partir sur l'heure à la poursuite de Yéléna et du tsarévitch, de les attraper et de les ramener dans le palais sous les eaux.

Pendant ce temps-là, le jeune couple fuyait toujours, fendant l'air comme l'éclair. En tête Yéléna guidait leur vol, derrière elle se tenait Ivan, de sa joue effleurant de temps à autre la joue de la jeune fille, tout réjoui à la vue de sa beauté. Il se voyait déjà en pensée dans le palais de ses parents en train de leur présenter sa belle fiancée, il imaginait déjà Yéléna dans sa robe de mariée, déjà il se voyait à ses côtés à leur repas de noce. Soudain un cri d'aigle retentit derrière eux. Yéléna se retourna, au loin elle distingua un petit point noir, qui grossit rapidement pour devenir bientôt un gros nuage noir et en un clin d'œil un gigantesque aigle noir fondit sur eux, déployant ses ailes et tendant vers eux ses serres. Yéléna reconnut alors en l'aigle gigantesque l'horrible gardien du Tsar du Lac. Rapidement, elle se posa à terre et dès qu'elle eut touché le sol, elle fit tourner légèrement la bague d'or à son doigt. A l'instant même le tsarévitch Ivan se changea en fontaine et elle-même en petit poisson frétillant dans son eau claire.

L'aigle se mit à décrire des cercles, tout en scrutant les parages de son regard perçant, mais de fugitifs, point. Le monstrueux garde revint alors à tire-d'aile auprès du tsar :

«Puissant tsar, j'ai fouillé dans tous les coins et recoins de la terre, j'ai volé jusqu'au bout du monde, mais à l'exception d'un petit poisson frétillant dans une fontaine, je n'ai vu personne. Je n'ai pas trouvé Yéléna et le tsarévitch Ivan.»

A ces mots, le tsar se fâcha tout rouge et il s'écria :

«Mais c'était eux, stupide animal! Tu aurais dû boire l'eau de la fontaine, attraper le petit poisson et me le rapporter. Vite, remets-toi immédiatement en route. Capture Yéléna et le tsarévitch et ramène-les moi!»

Et l'aigle de reprendre aussitôt son envol. Pendant ce temps-là, Yéléna et Ivan fuyaient toujours. En avant, Yéléna, derrière elle le tsarévitch Ivan avait repris sa place, ses bras enlacés autour des épaules de sa fiancée, couvrant ses joues fraîches de mille baisers. Il se voyait déjà régnant aux côtés de Yéléna sur son vaste empire, déjà il se voyait berçant leurs beaux enfants. Soudain un cri d'aigle retentit à nouveau derrière eux. Yéléna se retourna; loin à l'horizon elle aperçut une petite tache qui devint vite un gros nuage noir et déjà au-dessus de leurs têtes une paire d'ailes noires se déployait, des serres terrifiantes se tendaient vers eux, un bec crochu s'ouvrait comme un étau, prêt à saisir sa proie. A la vitesse de l'éclair, Yéléna se posa à terre et dès qu'elle eut tourné la bague en or sur son doigt, le tsarévitch se transforma en petit ruisseau à l'eau limpide et elle-même en petite rousserolle qui se mit à voler au-dessus du courant gazouillant.

L'aigle se mit à chercher, de son regard perçant il fouilla toute la région alentour, mais il ne vit âme qui vive. Sans plus attendre, il repart à tire-d'aile au palais du Tsar du Lac :

«Puissant tsar, j'ai examiné tous les coins de la terre, j'ai survolé des champs, j'ai décrit des cercles au-dessus des forêts mais nulle part je n'ai aperçu Yéléna et Ivan. Je n'ai vu qu'un petit ruisseau au-dessus duquel volait un petit oiseau.

«Mais c'était eux, imbécile!» s'écria le tsar, écumant de rage. «Tu aurais dû boire l'eau du ruisseau, de tes serres t'emparer du petit oiseau et me l'apporter. Je vois que je ne il imaginait déjà Yéléna dans sa robe de mariée, déjà il se voyait à ses côtés à leur repas quand je les aurai rattrapés, cela ira très mal pour eux!»

Et le tsar fit seller sur l'heure son cheval ailé qu'il gardait précieusement dans ses écuries. Sans tarder, il sauta en selle, l'éperonna et s'élança à la poursuite des fugitifs.

Entre-temps, Yéléna et Ivan avaient parcouru la plus grande partie du chemin et déjà le palais du tsarévitch était presque à leur portée. En avant, Yéléna guidait le vol, derrière elle se tenait Ivan, serrant les mains de sa fiancée dans les siennes, lui glissant de temps à autre des petits mots tendres à l'oreille. Déjà il se voyait dans le château paternel, partant à la chasse en compagnie de son fils. Tout à coup, un sourd grondement résonna derrière eux. Yéléna se retourna; dans le lointain, elle remarqua un petit point noirâtre qui devint en un clin d'œil un gros nuage noir et déjà au-dessus de leurs têtes surgit le Tsar du Lac en personne, chevauchant un coursier ailé, noir comme la nuit. De ses fers étincelants le cheval frappait le ciel, ses naseaux lançaient des flammes et perché sur son dos, le tsar brandissait son épée acérée.

Rapidement, Yéléna se posa à terre.

«Dépêche-toi, Ivan, descends vite du banc. Cela va mal; mon père s'est lancé à notre poursuite sur son cheval ailé, et il s'apprête déjà à nous trancher la tête avec son épée!»

Dès qu'ils furent descendus du banc, Yéléna fit tourner la vague en or sur son doigt et au même moment, à la place du banc, s'étendit une profonde forêt de chênes dont les cimes atteignaient le ciel. Yéléna et Ivan sautèrent sur la selle d'argent et celle-ci partit aussitôt au galop comme si elle reposait sur le dos d'un cheval.

Le Tsar du Lac s'arrêta à l'orée de la forêt de chênes et il entreprit de se frayer un chemin à l'aide de son épée acérée. Il coupa et coupa tant et si bien qu'il finit par traverser la forêt. Et aussitôt le coursier ailé reprit sa course effrénée, de ses fers il martelait les nuages, ses naseaux crachaient le feu.

Pendant ce temps, Yéléna et Ivan, assis sur la selle d'argent, filaient comme l'éclair toujours plus avant. A l'avant, Yéléna dirigeait leur course, derrière elle se tenait le tsarévitch, le cœur serré d'angoisse. Déjà, dans son for intérieur, il faisait ses adieux à ses parents, tout affligé à l'idée de voir sa jeune vie se terminer ainsi, d'une manière aussi cruelle.

Tout à coup, ils entendirent résonner le galop du cheval ailé du tsar derrière eux.

«Vite, Ivan mon père nous rattrape! Descends du banc, hâte-toi!»

A peine descendus de selle, Yéléna s'empressa de tourner la bague sur son doigt et aussitôt la selle d'argent devint une gigantesque montagne d'argent, dont la base s'é-tendait à perte de vue et dont le sommet se perdait dans les hauteurs nuageuses. Et le jeune couple de poursuivre aussitôt leur fuite à pied.

Arrivé au pied de la montagne, le Tsar du Lac arrêta sa course. Il ordonna à son cheval ailé d'ouvrir un chemin à travers le roc à grands coups de ses fers acérés. Le cheval s'empressa de marteler la montagne de ses sabots, sous ses fers jaillirent des

gerbes d'étincelles d'or et les pierres d'argent se mirent à dévaler la pente de la montagne. En peu de temps, le cheval réussit à creuser un chemin à travers celle-ci.

Entre-temps, Yéléna et Ivan avaient encore gagné du terrain et déjà la silhouette du château paternel se dessinait sur l'horizon. Yéléna se mit à consoler le tsarévitch, mais cette fois-ci, elle-même commençait à craindre pour leurs vies. N'avançant qu'à grand-peine, en proie à une grande frayeur, Ivan adressait déjà en pensée ses adieux à Yéléna et les larmes lui montaient aux yeux. Soudain le martèlement des sabots du cheval ailé se fit entendre dans le lointain.

«Attends un peu, Ivan, arrête-toi, mon père est à nouveau sur nos talons! Une fois encore, une dernière fois je vais essayer de l'arrêter afin que nous puissions enfin arriver à ton palais!»

Là-dessus, Yéléna fit glisser la bague en or de son doigt er la jeta sur le sol. A l'instant même celle-ci se transforma en un immense désert aride et désolé. Se voyant séparé des fugitifs par cette immensité de sable, le Tsar du Lac comprit alors que plus aucun tour de magie ne l'aiderait à traverser ce désert et qu'à coup sûr, il y périrait. Yéléna et Ivan étaient sauvés.

Ereintés et couverts de poussière, les jambes toutes douloureuses, le tsarévitch Ivan et Yéléna parvinrent enfin aux portes de la ville où se dressait le château du tsar, père d'Ivan. Ils décidèrent alors de faire halte dans le pré verdoyant qui se trouvait aux pieds des murailles de la ville, afin de se reposer quelque peu avant d'y entrer. Quand ils se furent assis dans l'herbe, Ivan dit à Yéléna :

«Nous avons réussi à réchapper à maints dangers, à présent, nous n'avons plus rien à craindre, nous voilà enfin chez nous. Je suis parvenu au terme du service auquel m'avait engagé mon père chez le Tsar du Lac, il y a seize ans, et j'en ai tiré la plus belle récompense qui soit au monde — toi, ma belle Yéléna.

Il est temps, maintenant, que je te conduise chez mes parents, pour te présenter comme ma fiancée et ma future femme. Cependant je crains que nous ne puissions paraître devant eux dans cet état lamentable. Attends-moi ici, Yéléna. Je vais me rendre seul dans le palais impérial et me glisser à l'intérieur par une porte dérobée, afin que personne ne m'aperçoive. Puis, je trouverai une belle robe pour toi, j'attellerai des chevaux à un carrosse et je reviendrai te chercher aussi vite que je pourrai.»

«D'accord, Ivan, je vais attendre ici ton retour. Mais ne tarde pas trop, je m'ennuirai de toi, tu es le seul être qui me soit resté en ce monde. Par amour pour toi, j'ai abandonné mon père, j'ai quitté ma maison. Ne me laisse pas seule trop longtemps.

Maintenant, rappelle-toi bien ce que je vais te dire! Quand tu auras regagné le château, fais surtout très attention de n'embrasser aucune femme, sinon tu m'oublieras à l'instant même et plus jamais tu ne me reviendras!»

Ivan promit de ne pas oublier son avertissement, puis, après avoir tendrement caressé les cheveux de Yéléna, il se hâta de gagner la ville.

Depuis le jour où le tsarévitch Ivan s'en était allé servir le Tsar du Lac, une grande affliction régnait dans le palais du tsar, le père d'Ivan. Plus aucun rire ne retentit dans ses murs, aucune chansonnette n'égaya plus les âmes, personne n'avait plus envie de danser. Non seulement ses parents, mais tout le monde dans le château et dans les environs aimaient sincèrement le tsarévitch et tous s'apitoyaient sur son triste sort. La plus affligée de tous était la mère d'Ivan. Désormais, elle passait ses jours et ses nuits à pleurer, et plus le temps passait plus son espoir de revoir son fils bien-aimé s'amenuisait. Durant des jours entiers la pauvre tsarine éplorée restait assise à une fenêtre dans la plus haute tour du château, observant les environs, pour y voir revenir son enfant chéri.

Rien d'étonnant donc à ce que le tsarévitch Ivan ne réussît pas à se glisser furtivement par une porte dérobée du château. Avant même de l'atteindre, sa mère l'avait déjà aperçu. En poussant un cri de joie, elle se mit à dévaler l'escalier ne s'arrêtant qu'une seconde pour annoncer la nouvelle au tsar et la voilà déjà qui sort en courant du palais pour accueillir son fils.

Aussitôt, dans la cour une foule considérable se réunit : tous les serviteurs, gardes, écuyers, cuisiniers et servantes que le château comptait, bref tous ceux qui avaient des jambes, se précipitèrent au-dehors en même temps que la tsarine. Ce fut à peine si celle-ci parvint à se frayer un chemin à travers la foule. Dès qu'elle se fut approchée d'Ivan, elle s'empressa de le serrer sur son cœur et tout en pleurant de joie, elle se mit à couvrir de baisers son front, ses joues, sa bouche.

Mais dès qu'Ivan, à son tour, eut embrassé sa mère, il oublia à l'instant même la belle Yéléna, comme on oublie un simple rêve. Et quand ses parents lui demandèrent où il avait disparu pendant tout ce temps, il ne se rappela plus rien de son pénible service dans l'empire du Tsar du Lac. Il se souvenait seulement avoir longuement erré dans une profonde forêt jusqu'à s'y égarer complètement, n'en trouvant la sortie qu'au matin du présent jour.

A ces mots, la joie des parents fut encore plus grande : leur fils avait donc échappé au cruel souverain de l'empire aquatique. Le tsar, lui-même, commençait à se demander si, après tout, cette étrange aventure qui lui était arrivée seize années auparavant, n'avait pas été un mauvais rêve.

Bientôt dans le château du tsar, les jours s'écoulèrent à nouveau paisibles, et comme auparavant, le tsar allait à la chasse, souvent accompagné de son fils, tandis qu'au palais la tsarine s'évertuait à organiser des festins et à donner des bals en l'honneur de son fils retrouvé. Insouciant, le jeune tsarévitch s'y distrayait fort agréablement, tout en dansant des nuits entières avec de belles jeunes filles.

Pendant ce temps-là, devant la porte de la cité, Yéléna attendait mais le tsarévitch ne revenait toujours pas. Il lui vint alors à l'esprit, qu'en dépit de son avertissement, Ivan avait embrassé une femme, l'oubliant immédiatement. Le cœur déchiré de douleur, la pauvrette s'était retrouvée toute seule et abandonnée aux portes d'une cité inconnue. Comprenant enfin, qu'il était vain d'attendre davantage, elle entra dans la ville et finit bientôt par trouver un emploi chez de bonnes gens. Du matin au soir, elle travaillait, ne reculant devant aucune besogne, espérant oublier ainsi son malheur. Mais elle finit bientôt par se rendre compte qu'elle n'oublierait jamais son Ivan bien-aimé. Les journées passèrent ainsi et toute une année s'écoula.

Au bout d'un an, lors d'un bal, le tsarévitch Ivan rencontra une jeune fille aux cheveux noirs et aux yeux de jais, fille d'un seigneur de la cour du tsar. La jeune fille lui plut beaucoup et il décida de l'épouser. Les parents se réjouirent grandement en apprenant sa décision et la tsarine s'empressa aussitôt de commencer les préparatifs du mariage. Dans la ville, on ne parlait plus que de cette noce, tous s'évertuaient à calculer et à évaluer combien de cerfs, de daims et de sangliers, combien de faisans, d'oies et de poulets on allait cuire et rôtir dans la cuisine impériale, combien de tartes et gâteaux on avait déjà distribué dans la cité, combien d'invités étaient déjà arrivés de tous les coins de l'empire. Yéléna, elle aussi, apprit la nouvelle du mariage imminent du tsarévitch Ivan et son cœur faillit se briser de chagrin.

La veille du mariage, le tsarévitch Ivan et sa belle fiancée aux cheveux d'ébène s'en furent se promener dans le jardin du château. Alors qu'ils marchaient au gré des petits sentiers sinueux, tout en conversant gaiement, ils ne remarquèrent pas qu'un de ces petits chemins les avait conduits près d'un petit lac qui miroitait dans l'ombre de vieux saules touffus. Sur le lac voguait un magnifique cygne blanc comme la neige fraîchement tombée. Lorsque le tsarévitch se fut approché de la berge du lac, le cygne nagea à ses pieds et, déployant ses ailes, il tendit vers lui sa tête et son gracieux cou. Mais Ivan, son regard toujours plongé dans les beaux yeux sombres de sa fiancée, n'y prêta point attention. Soudain le cygne poussa un déchirant cri de douleur, s'éleva au-dessus de la surface de l'eau et prit son envol. Et alors qu'il volait au-dessus d'Ivan, de son aile blanche il effleura le front du jeune homme. A l'instant même, comme tiré d'un profond sommeil, Ivan se souvint soudain de tout, de son dur servage chez le Tsar du Lac, de sa belle Yéléna qu'il avait abandonnée, une année auparavant, devant la porte de la ville impériale et oubliée comme un simple rêve. Et en même temps il comprit que le cygne qui s'éloignait à tire-d'aile était sa Yéléna et qu'il allait la perdre à tout jamais s'il la laissait partir.

En proie à un grand désespoir, Ivan se mit à crier :

«Yéléna, ma toute belle, mon unique amour, ne me quitte pas, reviens! Pardonne-moi de t'avoir oubliée!»

Au même moment, belle comme l'aurore, Yéléna se dressa devant lui, et un aimable sourire aux lèvres, avec amour elle lui pardonna. Elle n'ignorait point que c'étaient les conséquences d'une malédiction qui leur avaient imposé d'affronter autant d'épreuves avant de se retrouver pour toujours.

De somptueuses noces eurent lieu au château du tsar, mais à côté du tsarévitch Ivan se tenait la belle et sage Yéléna. Tous s'en réjouirent sincèrement et souhaitèrent aux jeunes époux de longues années de bonheur. Et ils vécurent, en effet, dans la félicité et l'amour jusqu'à la fin de leurs jours, oubliant complètement tous leurs malheurs passés.

LE TRÉSOR DU PIRATE KLAUS

Chaque mer a son attrait particulier et il serait facile de se quereller pour essayer de prouver laquelle est la plus belle: la mer Adriatique aux flots d'azur ou l'immense océan Atlantique qui semble sans fin, l'océan Pacifique avec ses coraux et ses fonds magnifiques ou la mer du Nord parée de son grand collier de montagnes étincelantes de glace. Mais vous auriez beaucoup de mal à trouver une mer qui ait autant de charme que la Baltique. Si, un matin, vous avez la chance de monter au sommet de la falaise de craie qu'on appelle le Siège du Roi (Königsstuhl), vous resterez pendant de longs instants muets d'émerveillement. La craie délayée par les vagues teint l'eau de la mer en vert et en violet; devant vous, à perte de vue, s'étendra un gigantesque arc-en-ciel aquatique.

116 :   Les immenses plages de sable jaune bordées par des pins d'un vert sombre ont un charme rare. Il est difficile de croire que sur ces paisibles rivages brillaient au treizième siècle les feux des pirates. Et pourtant, il en était ainsi à l'époque où le fameux pirate Klaus Störtebeker et ses compagnons sans pitié imposaient leur loi sur les côtes de la Baltique. On raconte qu'ils avaient dissimulé en différents endroits de la côte, les immenses richesses qu'ils avaient accumulées lors de leurs expéditions. Et il paraît, que la plus grande partie de leur trésor était cachée non loin de l'île de Rügen. Ecoutez donc l'histoire où l'on dit comment ce trésor a été découvert et pourquoi un des rochers qui se dressent dans la mer près de Stubbenkammer, s'appelle le Rocher de la Lessive (Waschstein).

Par une belle nuit d'été, à la pleine lune, un jeune pêcheur regagnait sa demeure à bord de sa barque. Il était juste minuit lorsqu'il passa à proximité d'un grand rocher qui émergeait de la mer non loin de la côte. Mais sa barque s'immobilisa tout à coup et le jeune homme avait beau souquer ferme sur ses avirons, le bateau n'avançait plus d'un pouce. On eût dit que la mer s'était transformée soudain en un épais liquide et qu'une puissante main invisible retenait la barque sur place. Un frisson d'angoisse envahit le jeune pêcheur et un instant plus tard, il s'effraya encore davantage, quand il entendit une voix de femme se lamenter désespérément et pousser de profonds soupirs. Il promena lentement son regard autour de lui et bientôt il distingua une silhouette de femme agenouillée sur une avancée du rocher.

C'était une jeune fille d'une beauté extraordinaire : elle avait de longs cheveux dorés, ornés d'une couronne de fleurs blanches, à son cou pendait un lourd collier d'ambre et son gracieux corps, presque irréel, était vêtu d'une robe blanche serrée par des boucles d'or. Penchée sur l'eau, elle était en train de laver du linge dans l'eau de mer.

Le jeune pêcheur, qui s'appelait Lars, était un garçon courageux. Bien qu'un peu troublé par cette mystérieuse apparition, il finit par prendre son courage à deux mains et adressa la parole à la jeune fille :

«Dieu soit avec toi, belle jouvencelle. Que fais-tu donc là, au milieu de la mer, sur ce rocher sauvage à une heure aussi tardive?»

A ce moment précis, la mystérieuse main, qui retenait jusqu'alors la barque, sembla lâcher prise et les flots reprirent leur mouvement, tant et si bien que l'embarcation se mit à avancer d'elle-même jusqu'à toucher la pointe du rocher.

Alors la jeune fille dit à Lars :

«Sois le bienvenu, jeune homme, sors, s'il te plaît de ta barque et monte sur mon rocher. Sans doute le ciel t'envoie-t-il ici, pour mettre fin à mes souffrances.»

Comme dans un rêve, Lars quitta la barque et avança vers la jeune fille. Celle-ci le prit par la main et le conduisit jusqu'au pied du rocher. Tout à coup les pierres s'écartèrent, formant une large ouverture ressemblant à une porte, derrière laquelle s'ouvrait une sombre galerie. Ils s'y enfoncèrent et la galerie les mena dans une vaste caverne aménagée comme une somptueuse chambre de château. Sur les murs étaient pendus de précieux tapis et des rideaux de brocart, le long des murs étaient disposés des meubles précieux en bois exotique, sur lesquels reposaient des bougeoirs d'or et d'argent et, au milieu de la pièce, se dressaient de nombreux coffres avec des ornements en fer forgé. Certains étaient entrouverts, laissant apparaître un invraisemblable amas de divers objets en or et en argent et des pièces d'or.

Lars se demanda s'il était éveillé ou s'il rêvait. D'une voix incertaine, il demanda à la jeune fille qui elle était, comment elle était arrivée là et que voulaient dire ces immenses richesses entassées dans la grotte.

Alors la jeune fille lui répondit que c'était le trésor du pirate Klaus Störtebeker. Puis elle ajouta, qu'elle-même n'était pas un être vivant mais le spectre d'une jeune fille que le pirate avait jadis enlevée, après avoir brûlé la ferme fortifiée de son père sur la côte lituanienne et massacré ce dernier avec tous ses domestiques. Il l'avait ensuite emmenée ici, dans une de ses nombreuses cachettes disséminées le long de la côte. Ensuite, elle vécut dans le rocher dans la solitude la plus complète. De temps à autre, au hasard de ses expéditions de pillage, Störtebeker faisait une brève escale dans sa cachette pour recompter son trésor et pour lui laisser les linges sanglants de son équipage de vauriens et de ses victimes, avec l'ordre de tout laver et réparer avant sa prochaine visite. Ainsi, elle avait mené une existence misérable jusqu'au jour où les Hambourgeois réussirent à capturer Klaus et l'exécutèrent avec sa bande. Depuis, totalement abandonnée, elle finit par mourir de faim. Malheureusement, son âme ne trouva pas le repos éternel, et même après sa mort, les nuits de pleine lune, son spectre se lève, gémit et pleure, lave dans l'eau de la mer les linges sanglants, attendant qu'un jour apparaisse enfin un courageux mortel qui mettra fin à ses souffrances.

Le récit de la jeune fille attrista profondément Lars et il lui proposa aussitôt de faire tout son possible pour l'aider et pour la délivrer.

Très émue, la belle apparition se mit à le remercier chaleureusement, puis elle dit :

«Tu es bon et courageux, je suis sûre que tu réussiras à m'aider. Si tu savais combien de navires et de barques sont passés tout près de mon rocher pendant ces longues années! Les marins ont entendu mes plaintes déchirantes mais aucun n'avait suffisamment de courage pour débarquer et pour me venir en aide. Je vais te dire à présent ce qu'il te faudra faire pour me délivrer.

Chaque année, le jour anniversaire de leur supplice, Klaus et sa bande apparaissent ici à bord de leur navire fantôme. Ils montent dans un canot et débarquent ensuite sur le rocher pour examiner et vérifier les trésors qui sont cachés ici. C'est juste à ce moment-là, à minuit précis, qu'il te faudra revenir ici. Mais tu devras apporter avec toi l'épée du bourreau Rosenberg avec laquelle Klaus et ses compagnons ont été exécutés. Cette épée se trouve toujours là où leurs têtes sont tombées — dans le lointain Hambourg. Elle est accrochée au mur dans la salle du conseil de l'hôtel de ville. Bien sûr, il ne sera point facile de s'en emparer, car les conseillers hambourgeois la font sévèrement garder. Mais je vais te donner un manteau magique dont le pirate Klaus Störtebeker se servait quand il voulait s'emparer des plus précieux trésors. Si tu t'enveloppes de ce manteau, tu deviendras invisible et tu pourras sans encombre passer entre les gardes et t'introduire jusqu'à la salle du conseil pour y prendre l'épée.

Tu apporteras donc cette épée et avec elle une miche de pain bénit et une hostie. Ensuite, tu enfonceras de toutes tes forces l'épée entre les pierres de l'avancée rocheuse et tu attacheras l'hostie sur la croix formée par la poignée et la garde de l'épée. Lorsque, à minuit, les spectres des pirates s'approcheront du rocher à bord du canot, tu ne te laisseras point impressionner par leur aspect terrifiant et tu les inviteras au nom de Dieu à retourner à la paix et au repos éternel.

Ensuite, tu iras ramasser les restes de mon enveloppe humaine au sommet du rocher où j'ai péri misérablement, attendant vainement du secours. Tu emporteras les ossements avec toi et tu les feras enterrer selon le rite chrétien dans la terre bénie. Ainsi, mon âme trouvera enfin le repos éternel. Pour t'en récompenser, tu prendras dans le trésor autant d'or et d'argent que tu pourras emporter. Ainsi tu seras un homme riche jusqu'à la fin de tes jours.»

Le récit de la jeune fille plongea Lars dans l'embarras. Il comprit que la tâche était très difficile et il n'était pas tout à fait sûr d'avoir suffisamment de courage pour affronter l'apparition des spectres terrifiants des pirates. Mais la jeune fille était si belle et son chagrin si profond qu'il finit par lui promettre de faire selon ses désirs.

Le jour commençait déjà à poindre lorsque Lars s'en revint à la maison. Sa vieille mère, avec laquelle il vivait dans sa modeste chaumière, l'attendait déjà avec impatience, craignant qu'un malheur ne fût arrivé à son fils en mer. Dès qu'il apparut dans l'embrasure de la porte, tout heureuse, elle se jeta dans ses bras et elle l'interrogea sur la raison de son retard. Quand Lars lui eut raconté son extraordinaire aventure nocturne, la mère s'empressa de se signer et supplia aussitôt son fils de ne rien faire et surtout de ne rien entreprendre avec des êtres surnaturels, sinon un grand malheur lui arriverait.

Mais Lars s'obstina et il fit aussitôt ses préparatifs pour le voyage. Voyant que ni les pleurs ni les supplications ne feraient revenir son fils sur sa décision, la mère finit par lui donner sa bénédiction. Et le lendemain matin, Lars se rendit à Strahlsund, où il voulait se faire engager sur un bateau en partance pour Hambourg. La chance lui sourit, il trouva très vite un navire et embarqua aussitôt comme mousse. La traversée lui parut interminable car le navire jetait l'ancre dans un grand nombre de ports sur la côte baltique pour décharger et charger des marchandises, si bien que ce ne fut qu'au bout de plusieurs longs mois qu'il entra enfin dans la mer du Nord et mouilla dans le port de Hambourg.

Lars passa toute la journée dans le port et, lorsque la nuit commença enfin à tomber, il se dirigea vers l'hôtel de ville. Il s'enveloppa du manteau magique que la jeune fille lui avait confié et, la peur au ventre, avança vers la grande porte où se tenaient les gardes de la ville. Il n'était pas certain du tout que la magie allait opérer, mais dès qu'il eut remarqué que les gardes ne prêtaient aucune attention à lui, il entra hardiment à l'intérieur et gagna rapidement la salle du conseil où, sur un mur, il découvrit bientôt l'épée du bourreau. Sans perdre une minute, il la décrocha, la glissa à sa ceinture et après s'être de nouveau bien enveloppé de son mateau, il quitta rapidement les lieux.

Cependant, il n'osa pas s'embarquer avec sa précieuse arme sur le bateau qui le ramènerait dans son pays et il préféra regagner son village à pied. Le voyage fut long et pénible, mais au bout de plusieurs semaines, Lars parvint tout de même sans encombre au seuil de sa maisonnette natale.

Sa mère poussa un soupir de soulagement en voyant son fils revenir sain et sauf, mais son angoisse ne diminua pas pour autant. Elle savait bien que son fils chéri, qu'elle aimait par-dessus tout au monde, venait seulement d'accomplir une partie de sa tâche, et que le pire restait encore à faire.

Enfin vint la nuit du jour anniversaire de la mort de Klaus Störtebeker. En 1402, l'année de son exécution, on n'avait parlé dans toute l'Allemagne et dans tous les pays

LE TRÉSOR DU PIRATE KLAUS

de la côte de la mer du Nord et de la mer Baltique, que de la bande de Klaus et du brave capitaine du bateau *Bunte Kuh,* Simon von Utrecht, qui avait enfin réussi à capturer le fameux pirate. Et une incroyable histoire circulait sur l'exécution elle-même. Klaus demanda aux seigneurs de Hambourg la permission — toujours accordée à un condamné à mort — d'exprimer un dernier vœu. Il les pria de lui permettre, lorsque le bourreau Rosenberg lui aurait tranché la tête, de pouvoir marcher décapité, devant ses compagnons alignés et de gracier ensuite tous ceux devant lesquels il aurait réussi à passer. Et en effet, lorsque le bourreau eut terminé son sanglant ouvrage, le corps décapité du pirate Klaus passa d'un pas vacillant devant neuf de ses compagnons qui étaient rangés, tous tremblants d'horreur, sur l'échafaud. Et les seigneurs de Hambourg gracièrent réellement ces neuf pirates-là.

La nuit où Lars prit la mer, pour atteindre avant minuit le rocher qu'on appela plus tard Waschstein (le Rocher de la Lessive), la mer était particulièrement sombre et houleuse. Des éclairs sillonnaient sans cesse l'horizon, éclairant de leur froide lueur les crêtes écumantes des vagues. Un fort vent contraire importunait sans cesse Lars dans sa traversée, l'éclaboussant constamment de gerbes d'eau et d'écume. Lars avait beau souquer de toutes ses forces, c'est à peine s'il réussissait à garder le bon cap.

Au bout de plusieurs heures d'effort, il atteignit enfin le rocher et accosta. Dans la sombre ouverture du rocher apparut aussitôt la silhouette transparente de la malheureuse jeune fille morte.

«Dieu soit loué, tu as réussi à parvenir jusqu'ici. J'avais déjà presque perdu tout espoir de te revoir, mais tu n'as pas manqué à ta parole. Je t'en remercie du fond du cœur, courageux pêcheur. Mais à présent, hâte-toi et fais tout ce que je t'ai dit la dernière fois, car il est presque minuit et le bateau des pirates ne va pas tarder à apparaître.»

Là-dessus, elle conduisit Lars au bord du rocher et elle lui indiqua l'endroit où il fallait planter l'épée. Lars se signa, banda tous les muscles de son corps et enfonça la pointe de l'épée très profond entre les pierres. Ensuite il prit l'hostie bénite qu'il avait obtenue dans l'église du village et l'attacha avec un lacet de soie à l'endroit où la garde de l'épée formait une croix avec la lame.

Et quand, ensuite, il leva la tête et regarda la mer, il aperçut soudain dans la lueur d'un éclair un grand vaisseau noir battant pavillon noir à tête de mort et os croisés, qui, toutes voiles dehors, voguait à vive allure dans la direction du rocher. Tout à coup, le navire fit une rapide volte dans le vent et un instant plus tard, s'immobilisa au milieu des flots impétueux, comme retenu par une force invisible. Déjà un canot est jeté à la mer, déjà le bruit cadencé des rames qui frappent l'eau et des ordres saccadés, criés d'une voix éraillée, parviennent au rocher.

Tout d'un coup la mer se cabra comme un cheval éperonné sans pitié par un cruel cavalier et elle emporta le canot jusqu'au pied du rocher. A ce moment-là, Lars se figea d'horreur, à la vue du spectacle qui s'offrit à ses yeux: sur la proue du canot se dressait la sombre silhouette d'un homme sans tête. Le corps décapité portait sa propre tête ensanglantée dans ses bras repliés sur la poitrine. Et dans le canot, les rameurs aussi étaient décapités.

Des lèvres livides de la tête du spectre de Klaus Störtebeker sortit une voix forte comme une tempête :

«Que vois-je! Un homme mortel au sang chaud ici, sur mon rocher? Comment, impudent, as-tu seulement osé apparaître sur cet endroit qui nous appartient? Peut-être voudrais-tu t'emparer de nos trésors? Tu vas payer cette audace de ta vie! Ton corps sera écrasé, ton sang se déversera dans la mer et j'emporterai ton âme avec moi en enfer! Au nom de Satan, saisissez-vous de lui, vagues déchaînées, projetez-le sur ce rocher, anéantissez son corps; je m'occuperai ensuite de son âme!»

Horrifié, Lars tomba à genoux et de ses lèvres tremblantes, il se mit à prier Dieu de lui venir en aide. Et, ô miracle, les gros nuages noirs s'écartèrent aussitôt et un lumineux rayon de lune vint éclairer la poignée de l'épée enfoncée dans la roche.

Rassemblant le reste de ses forces, Lars s'écria d'une voix claire :

«Au nom de Dieu, je t'invite, Klaus Störtebeker, à retourner là d'où tu es venu. Regagne les ténèbres extérieures et ne les quitte plus jamais! Regarde cette épée qui t'as châtié pour tes méfaits. Elle t'a ôté la vie sans pour autant te donner le repos éternel. Puisse cette sainte hostie, attachée sur l'épée, enfin te le donner!»

A cet instant précis, la mer entière entra en effervescence. Les vagues se soulevèrent jusqu'au sommet du rocher, un gigantesque éclair flamboyant déchira le ciel et le tonnerre gronda si fort que le rocher trembla sur sa base. Dans le fracas du terrible coup de tonnerre un long cri humain retentit, puis s'évanouit. Un instant plus tard, tout d'un coup les nuages se dissipèrent, la tempête s'apaisa et le disque argenté de la lune se mit à flotter dans un ciel paisible, inondant de sa clarté lumineuse tout alentour.

Lars se retourna rapidement, cherchant du regard la belle jeune fille, pour laquelle il s'était exposé à tous ces dangers, car il désirait partager avec elle sa grande joie. Mais de jeune fille, point. Il examina tout le rocher, entra dans la grotte remplie de trésors mais nulle part il ne découvrit de traces de jeune fille. Elle avait disparu, tout comme le spectre de Störtebeker.

Se remémorant alors la parole qu'il lui avait donnée, Lars grimpa jusqu'au sommet du rocher. Là, comme la jeune fille lui avait dit, il découvrit quelques ossements blanchis, un beau collier d'ambre et les boucles d'or qu'il avait remarquées sur la robe de la malheureuse, lors de sa première apparition. Après avoir noué les ossements dans un foulard blanc, il descendit au pied du rocher, sauta dans sa barque et fit route vers le rivage pour regagner sa demeure. La nuit même, il enterra les restes de la malheureuse jeune fille dans le cimetière du village.

Le lendemain matin, il se rendit chez le curé et le pria de célébrer la messe des morts pour une jeune fille inconnue qui avait péri en mer, non loin de la côte. Le curé refusa tout d'abord, mais lorsque Lars lui eut tout raconté, il fut fort étonné et promit de célébrer la messe.

A la tombée de la nuit, Lars se rendit à nouveau sur le rocher. Dans la caverne, il prit autant d'or et d'argent qu'il pouvait en emporter et déposa ensuite son trésor au fond de la barque. A peine fut-il éloigné de quelques coups d'aviron du rocher que le vacarme d'une avalanche de pierres retentit derrière lui et que la mer se mit à faire des remous autour de la barque. Lars tourna rapidement la tête et il vit que l'ouverture livrant passage à la grotte était comblée par un éboulement de pierres éclatées et que l'entrée de la caverne au trésor était à jamais condamnée.

Lars revint au village et il devint l'homme le plus riche de la région. Plus jamais, il ne fut obligé de partir la nuit à la pêche pour assurer sa subsistance. Mais comme le curé n'avait pas su tenir sa langue, les gens du pays apprirent vite son étrange aventure. Certains la racontaient en famille, pendant les longues soirées d'hiver, d'autres se rendaient très souvent sur Waschstein, comme on appela le rocher depuis que Lars y avait vu une jeune fille en train de laver du linge taché de sang. Ceux qui y partaient, le faisaient dans l'espoir de découvrir un jour l'entrée de la caverne renfermant le fabuleux trésor du pirate Klaus Störtebeker. Mais personne n'y est jamais parvenu. Même longtemps après sa mort, le pirate sut parfaitement bien protéger son trésor.

Cependant la richesse n'apporta pas beaucoup de bonheur à Lars. Il partit à Hambourg pour replacer l'épée au mur de la salle du conseil et il s'installa dans la ville, vivant comme un riche bourgeois, estimé de tous. Mais au fur et à mesure que le temps passait, il devint de plus en plus triste et mélancolique. Toujours absorbé dans ses pensées, il errait sans cesse dans les rues de la ville et son esprit ne pouvait se détacher de cette belle jeune qu'il avait jadis aperçue sur le rocher. Il se languit tellement d'amour pour elle qu'il finit par mourir de chagrin.

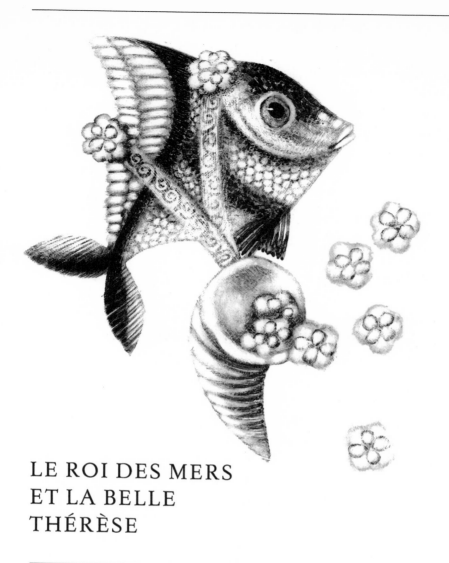

LE ROI DES MERS
ET LA BELLE
THÉRÈSE

Nombreuses, bien nombreuses sont les vieilles légendes qui racontent — et peut-être disent-elles vrai, car qui a jamais vraiment exploré toutes les profondeurs sous-marines? — qu'au fond des océans existe un autre monde, ressemblant au nôtre, mais qui le surpasse de loin en magnificence. Sur les arbres de ce monde poussent des feuilles d'émeraude, et leurs fruits sont des rubis; dans les prés verdoyants resplendissent de magnifiques fleurs de toutes les couleurs d'arc-en-ciel qui ne se fanent jamais, aux maisons brillent des toits d'or rouge et les sentiers sont pavés de magnifiques perles.

Dans un merveilleux château situé au milieu de toute cette splendeur, habite le maître de ce monde, le Roi des Mers, qui règne sur les nymphes, sur les poissons et toutes les autres créatures marines. Sur un somptueux trône se tient à ses côtés son épouse bien-aimée, d'une grande beauté, venue jadis du monde des humains. Il y a longtemps, si longtemps que nulle mémoire sans doute ne s'en souvient, le Roi des Mers l'avait aperçue un matin au bord de la mer, et il en était aussitôt tombé éperdument amoureux. La jeune fille n'était pas restée insensible à cet amour, et elle avait consenti à partir avec lui dans son royaume, pour devenir à ses côtés une immortelle.

Cependant, pour cet amour humain, le Roi des Mers répudia sa première épouse, la Fée de l'Aurore, fille du Roi du Feu Terrestre qui gouverne les volcans, les orages et les éclairs, et dont les explosions de colère font trembler toute la surface de la terre. Le Roi du Feu Terrestre entra alors dans un grand courroux et dès que sa fille fut de retour, il envoya au Roi des Mers le message suivant :

«Aveuglé d'amour pour une femme mortelle, tu n'as pas hésité à répudier ma fille, ô Roi des Mers! Tu as donc préféré l'éphémère à l'éternel. Or, qu'est l'homme sur cette terre face à l'éternité et la pérennité des éléments? Moins que rien. Et les sentiments des êtres humains? Une frêle tige qui se brise dès que souffle le vent. Mais un jour, Roi des Mers, tu comprendras ton erreur. Je vais cependant t'accorder un délai. Dix fois cent ans, tu pourras vivre en compagnie de ton épouse mortelle, et te réjouir de ton amour. Mais ce délai écoulé, je détruirai ton royaume, et ta femme et toi périrez d'une mort cruelle. Une seule chose pourrait te sauver. Si tu es vraiment persuadé, que l'amour humain est si fort, trouve-moi une femme du monde d'en haut qui aimerait celui qu'elle a choisi, d'un amour fidèle et éternel, qui pourrait résister à la tentation de l'or, aux belles promesses et aux flatteries, et qui saurait préserver son amour dans n'importe quelle circonstance. Si tu la trouves, tu auras gagné, et moi je te pardonnerai. Mais si tu n'y parviens pas, prends garde à ma vengeance!»

Depuis ce temps-là, le Roi des Mers, connaissant la terrible menace qui planait sur son bonheur, cherchait inlassablement sur terre une femme qui saurait tout sacrifier pour son amour, même sa propre vie, s'il le fallait, permettant ainsi à lui-même d'échapper à son cruel destin. Disons tout de suite que sa quête fut longue, très très longue. Le Roi du Feu Terrestre connaissait bien l'âme humaine et savait à quel point l'homme peut être inconstant, et capricieux ses sentiments. Mais l'histoire de la belle Thérèse est là, pour nous prouver que le Roi des Mers n'avait tout de même pas cherché en vain, qu'il finit par trouver ce qu'il avait cherché si longtemps.

Tout au bord de la Méditerranée, dans le beau pays de Provence, se trouvait jadis un grand village de pêcheurs. Là, dans la maison d'un riche marchand, vivait sa fille Thérèse. Elle était belle comme un frais jour de printemps, gaie comme un oiseau et douce comme une caresse. Quand Thérèse atteignit l'âge de se marier, de toute la région des prétendants affluèrent dans sa maison, lui proposant avec le mariage toutes sortes de richesses, une vie aisée, bref tout ce dont elle pouvait rêver. Mais la belle Thérèse, comme on l'appelait dans le pays, n'écoutait même pas toutes ces belles promesses. Elle avait déjà donné son cœur à un pauvre garçon nommé Charles, qui gagnait durement sa vie comme pêcheur.

Le vieux Claude, père de Thérèse, hésita longtemps avant de consentir au mariage
de sa fille avec Charles. Il aimait de tout son cœur sa fille unique, et souhaitait ardemment qu'elle fût heureuse. Mais comme il était suffisamment sage pour savoir que l'argent seul ne faisait pas le bonheur, on commença bientôt à préparer la noce, dans la maison de Thérèse.

La veille du mariage, Thérèse et Charles sortirent se promener au bord de la mer. Le disque flamboyant du soleil s'inclinait déjà doucement vers l'horizon, et teintait toute la mer d'un beau rose; sur le sable doré venaient mourir les vaguelettes bleues de la marée haute. Les deux fiancés s'arrêtèrent pour admirer le coucher du soleil. Tout à coup Thérèse s'écria, tout étonnée :

«Regarde, Charles, vois-tu ce bateau, derrière les falaises? Il est apparu comme par enchantement. Il y a un instant, il n'y était pas, j'en suis certaine.»

Mais avant que Charles ait pu répondre, une voix mélodieuse se fit entendre soudain derrière eux :

«Bonsoir, à toi, belle jouvencelle et bonsoir à toi aussi, beau pêcheur. Je viens de très loin, et il me faut absolument ce soir même parvenir à ce bateau, qui doit me conduire au but de mon voyage. Aurais-tu la gentillesse, jeune homme, de m'y conduire dans ta barque? Il m'importe beaucoup d'y parvenir rapidement. Voilà ta récompense!»

Stupéfaits, Thérèse et Charles se retournèrent, et ils aperçurent derrière eux une gracieuse dame richement vêtue, qui fixait Charles de ses grands yeux verts, suppliants. Dans sa main elle tenait une jolie bourse bien remplie, où tintaient des écus.

Charles ne put détacher ses yeux de la bourse. Tout à coup, il se rappela sa grande misère, il se souvint qu'il ne pouvait même pas offrir à Thérèse une robe de mariée et un bouquet — et voilà qu'une occasion inespérée s'offrait à lui de gagner beaucoup d'argent pour un menu service. Sans hésiter, il acquiesça :

«Je vous y conduirai volontiers, chère dame, patientez un petit instant, ma barque n'est pas loin. Et toi, ma chère Thérèse, attends-moi ici, je serai vite de retour.»

Avant que Thérèse fût revenue de sa surprise, il avait déjà disparu. Quelques instants plus tard, il fut de retour avec sa barque et dès que la belle dame aux yeux verts fut montée à bord, il se mit à ramer dans la direction du promontoire devant lequel le bateau était mouillé.

Alors que la barque s'éloignait rapidement de la rive, Thérèse devint soudain inquiète. Une étrange angoisse lui étreignit le cœur, et l'obligea à courir vers le cap, à escalader son sommet pour apercevoir la barque. Mais quand elle atteignit son but, elle s'immobilisa, comme pétrifiée : dans la barque, Charles cessait soudain de ramer, s'approchait de la dame, tendait vers elle ses bras et déjà l'étreignait tendrement sur son cœur.

Thérèse éclata en sanglots amers et se mit à pleurer toutes les larmes de son corps. Au bord du désespoir, elle détourna la tête, et s'apprêtait lentement à prendre le chemin du retour. Mais tout à coup, venu on ne sait d'où, un beau seigneur richement vêtu surgit devant elle et lui dit :

«Cesse de pleurer, belle Thérèse, tu as compris, alors qu'il en était encore temps à quelle sorte d'homme tu as donné ton cœur. Ne pleure pas, belle Thérèse et regarde-moi. Moi, je t'aime depuis longtemps et je désire que tu deviennes ma femme. Dis oui et toutes les richesses de la terre et de la mer seront désormais à toi. Oublie ton Charles infidèle et viens avec moi!»

A ces mots, l'inconnu tendit à Thérèse un magnifique bouquet de fleurs multicolores. Machinalement, Thérèse saisit le bouquet et baissa la tête pour en sentir le parfum. Mais les fleurs ne dégageaient aucun parfum, par contre dans leurs calices resplendissaient des perles et des pierres précieuses. Thérèse s'exclama :

«Non, non, va-t'en! Je ne te connais pas, qui es-tu? D'où viens-tu donc pour vouloir m'éloigner de mon amour? J'aime Charles de tout mon cœur et je ne renoncerai pas à lui pour tous les trésors du monde. D'ailleurs, j'ai l'impression que tout cela n'est qu'un sombre maléfice. Comment imaginer que Charles puisse m'être infidèle, il m'aime autant que moi je l'aime.

«Soit», répliqua l'homme, «on va voir. Sache, petite obstinée, que je suis le Roi des Mers et que je t'ai choisie comme épouse. Si tu ne veux pas m'accompagner dans les profondeurs sous-marines de ton propre gré, je t'y conduirai de force. Et ton Charles? Regarde seulement comment je vais anéantir ce misérable vermisseau!»

Et le Roi des Mers — car vous l'avez deviné, c'était bien lui — arracha le bouquet des mains de la jeune fille, et le lança au loin dans les vagues. A l'instant même la mer se mit à se soulever et à bouillonner, des vagues hautes comme des montagnes s'élevèrent, tout à coup le ciel s'assombrit et un vent mugissant agita les flots déchaînés. Et lorsque les vagues se furent apaisées, la barque de Charles avait disparu de la surface de l'eau. La mer l'avait entraînée dans ses profondeurs.

Thérèse poussa un cri déchirant, puis, s'affaissa sur la rive, évanouie. Le Roi des Mers fit un geste de la main, et aussitôt un poisson merveilleux aux ailerons rouges surgit des flots. Le roi prit Thérèse dans ses bras et dès qu'il fut installé sur le dos du grand poisson, celui-ci replongea immédiatement dans les vagues.

Lorsque Thérèse reprit ses sens, et souleva les paupières, elle était allongée dans un beau lit tout de brocart tendu, qui se dressait au milieu d'une magnifique salle de cristal. Le plafond diffusait une agréable lueur vert pâle et dans la salle résonnait une douce musique. Tout à coup la porte s'ouvrit, et le Roi des Mers en grand apparat fit son entrée. Il prit Thérèse par la main, et déclara :

«Regarde, belle Thérèse, je t'ai conduite ici, dans mon château, où tu vas devenir la reine, mon épouse. Ce château, tout le pays alentour et moi-même, tout cela t'appartient désormais. Tu vas vite oublier ta misérable vie terrestre, et ne te souviendras plus que jadis tu aimais un pauvre garçon nommé Charles, qui a péri par ma volonté dans

LE ROI DES MERS ET LA BELLE THÉRÈSE

les vagues. Viens, ma chère, viens que je puisse te montrer tout mon palais, où tu vas
dès aujourd'hui régner à mes côtés.»

Ils commencèrent à parcourir les innombrables chambres d'une splendeur inouïe, chacune différente des autres, mais toutes regorgeant d'argent, d'or et de pierres précieuses. Le roi ensuite attacha au cou de Thérèse de magnifiques colliers de perles roses, glissa à ses doigts des bagues étincelantes, et ainsi parée, la conduisit dans la salle du trône où toute la cour les attendait déjà.

Jamais de sa vie Thérèse n'avait vu une telle beauté. Au milieu de la salle, dansaient de ravissantes nymphes enveloppées de légers voiles couleur émeraude, au-dessus d'elles évoluaient de petits poissons d'or aux ailes de rubis qui répandaient des fleurs bleues ressemblant aux roses contenues dans des paniers dorés; dans des coquilles d'argent brûlaient des lumières vertes et une douce musique résonnait dans l'air.

Le Roi des Mers conduisit Thérèse jusqu'au pied d'un grand trône blanc et lui dit :

«Ma belle Thérèse, assise à mes côtés sur ce trône, tu vas désormais régner avec moi sur mon empire. Je te promets d'exaucer n'importe lequel de tes voeux. Le moment de ta réponse est venu, à présent. Dis oui et tout t'appartient!»

Thérèse dégagea sa main de celle du roi, et baissant la tête, elle dit avec des larmes dans la voix :

«O, roi, je ne suis qu'une pauvre jeune fille et je ne puis m'élever contre ton immense pouvoir. Mais je préfère mourir plutôt que de devenir ta femme et manquer à la parole que j'ai donnée à Charles, que je ne cesserai jamais d'aimer. Et si tu l'as réellement fait périr dans les vagues — ce que je ne veux pas croire, car cela serait trop cruel et vil de ta part — tue-moi aussi, que nous soyons réunis au moins dans la mort!»

A ces mots, Thérèse se retourna, et tout en éclatant en sanglots, se précipita hors de la salle, ne sachant même pas où ses jambes la portaient. Le cœur débordant de chagrin, elle ne désirait plus qu'une seule chose au monde : se blottir une dernière fois dans les bras de son bien-aimé.

Au bout de quelques instants, Thérèse se retrouva dans le merveilleux parc qui entourait le palais royal. Sur les magnifiques terrasses, poussaient de beaux arbustes fleuris au-dessus desquels voletaient d'étranges créatures mi-poissons et mi-oiseaux. La malheureuse jeune fille s'effondra sur un banc, et cachant son visage entre ses mains, se mit à pleurer toutes les larmes de son corps. Mais soudain une voix se fit entendre au-dessus d'elle.

«Cesse de pleurer, belle Thérèse, cesse de pleurer et souris, car l'épreuve est terminée et nous pouvons tous nous réjouir à présent. Vite, regarde, je t'amène Charles, ton bien-aimé. Sois avec lui heureuse à jamais comme moi je le serai avec mon mari, le Roi des Mers!»

Thérèse leva la tête, et elle aperçut devant elle une très belle dame aux profonds yeux verts, qui lui souriait aimablement. C'était l'épouse du Roi des Mers. Elle parla ensuite à Thérèse de la malédiction qui avait menacé son bonheur et de l'épreuve que Thérèse avait dû subir pour sauver par son amour le bonheur du couple royal. Tout en l'écoutant, Thérèse caressait doucement la main de son Charles bien-aimé, que le Roi des Mers avait dissimulé par un tour de magie dans les profondeurs de la mer, avant de le lui rendre.

Là-dessus, le Roi des Mers fit conduire Thérèse et Charles sur terre, jusqu'à leur village où tout le monde les croyait déjà morts. Quelle joie, quand les deux jeunes gens racontèrent leur étrange aventure au royaume sous-marin. Les villageois se figèrent de stupeur lorsque Thérèse montra les superbes cadeaux de mariage que les époux royaux lui avaient offerts, et quand Charles, à son tour, présenta son cadeau : un filet magique avec lequel il pouvait prendre autant de poissons qu'il voulait. Sans plus tarder, on célébra le mariage et il y eut de si grandes fêtes nuptiales, que même les plus anciens du pays n'avaient jamais vu une si belle noce.

Dans une misérable cabane au bord de la mer vivait jadis une pauvre veuve. La mer lui avait pris les deux êtres qui lui étaient les plus chers au monde. Son mari, un pêcheur, avait disparu en mer, une nuit de tempête, et, plus tard, leur fillette qui était sortie un jour toute seule, pour jouer sur la plage, n'avait jamais plus reparu dans la maison. Sans doute avait-elle été emportée par une grande vague. Aussi, la malheureuse femme ne put-elle s'empêcher de maudire cette mer, dont pourtant dépendait sa subsistance.

Comme plus personne ne s'occupait d'elle, elle s'en allait tous les jours sur la côte ramasser tout ce que les vagues rejetaient sur le sable : des coquillages, des petits poissons, des crabes pour se nourrir et des débris de bois pour chauffer sa chaumière. Ainsi la mer méritait-elle quand même sa reconnaissance.

Un jour, après une violente tempête, alors qu'elle marchait comme d'habitude, le long de la côte, à la recherche des dons de la mer, elle aperçut soudain une très grande coquille que les flots déchaînés avaient sans doute rejetée, la nuit précédente, sur le sable. Elle était si grande et si lourde que la veuve put à peine la prendre dans ses bras et la porter en sa chaumière. Elle se réjouissait déjà à l'idée d'avoir de quoi manger pour toute la semaine à venir, lorsqu'elle s'aperçut soudain que quelque chose bougeait à l'intérieur de la coquille et elle entendit en même temps un faible bruit de respiration et des cris de bébé qui semblaient provenir de la coquille.

Elle prit un grand couteau, puis, avec beaucoup de précautions, ouvrit le coquillage et aussitôt se figea de stupeur. Dans le lit nacré de la coquille reposait un bébé, une ravissante fillette aux longs cheveux d'argent tout soyeux et dont le petit corps et les membres délicats étaient d'un rose tendre comme une perle du plus bel orient. De ses grands yeux verts profonds comme la mer et tout suppliants, elle fixait la veuve comme si elle implorait son aide.

Le cœur de la veuve se remplit de joie. La mer lui avait pris une fille et voilà qu'elle lui en donnait une autre en échange. Elle décida de garder la fillette et de s'en occuper comme si c'était sa propre enfant.

Depuis ce jour le bonheur refleurit dans la chaumière. Tous les matins, à son réveil, elle trouvait sur le seuil de sa maison de gros poissons, d'énormes langoustes et d'appétissants coquillages que quelqu'un y déposait dans la nuit. Mais depuis ce moment-là, la veuve croyait entendre toutes les nuits un chant mystérieux, comme si quelqu'un venait chaque nuit, tout près de sa chaumière, pour y chanter une douce berceuse.

La veuve s'en effraya grandement car elle craignait que des créatures surnaturelles pussent faire mal à sa fillette ou à elle-même. Cependant, une nuit, elle brava sa peur et s'en fut au bord de la mer.

Elle avait à peine avancé de quelques pas qu'elle s'immobilisa soudain, comme clouée au sol : sur une falaise toute proche, éclairée par la lueur argentée de la lune, était assise une très belle dame qui chantait une berceuse. La veuve s'approcha d'elle et lui adressa la parole :

«Dis-moi donc, pourquoi viens-tu chanter ici toutes les nuits? Tu sais, tu me fais très peur à moi et à mon petit enfant. Que t'ai-je donc fait de mal pour que tu viennes chaque nuit me tirer de mon sommeil et m'épouvanter? Je t'en supplie, retourne d'où tu es venue et ne te montre plus ici.

«Oh, ne me chasse pas», répondit la dame, toute désolée, «laisse-moi venir ici afin que je puisse au moins la nuit être tout près de ma fille chérie qui vit dans ta maison.»

Intriguée, la veuve voulut aussitôt savoir comment la belle dame osait prétendre que la fille était son enfant. Alors celle-ci lui répondit :

«Je suis une nymphe de la mer, épouse d'un puissant roi des mers. Il y a un an, un gigantesque et féroce requin a envahi notre royaume et nous a chassés de notre palais. Mon mari a trouvé refuge auprès d'un ami, souverain d'un empire voisin qui lui a promis de l'aide pour reconquérir notre royaume. En attendant le retour de mon mari, je me suis cachée avec mon bébé dans une grotte sous-marine mais le cruel monstre a découvert notre cachette et il a voulu faire périr ma fille. Je l'ai donc confiée à un grand coquillage dans l'espoir que quelqu'un au bon cœur la trouverait et s'occuperait d'elle jusqu'au jour du retour de mon mari à la tête de l'armée de son ami. Quand il aura chassé le méchant requin de notre royaume, nous pourrons vivre tous les trois à nouveau dans le bonheur et la quiétude. Je te prie donc, gentille femme, de continuer à t'occuper de ma fille comme auparavant, comme si c'était ton propre enfant. Tu n'auras pas à le regretter, dès que mon mari sera vainqueur, il t'en récompensera généreusement.»

La veuve promit à la nymphe de prendre soin de son bébé. Elle s'était tellement attachée à la fille qu'à la seule idée de s'en séparer un jour, son cœur se fendait de douleur. Elle continua donc à s'occuper de son mieux de la fillette et au fur et à mesure que celle-ci grandissait, elle s'efforçait de bien lui apprendre tout ce qu'elle savait faire elle-même.

Quelques années s'écoulèrent ainsi, et la fillette devint une ravissante jeune fille. Quiconque la voyait une seule fois, ne pouvait plus détacher ses yeux d'elle, car elle surpassait en beauté toutes les jeunes filles de la région. Quand elle atteignit l'âge de se marier, tous les garçons du pays vinrent dans la maison de la veuve. Certains venaient pour admirer la beauté de sa fille adoptive, d'autres, plus courageux, pour demander sa main. Mais la jeune fille fuyait tous ces jeunes gens et ne voulait même pas entendre parler de mariage. Elle aimait la veuve comme si c'était sa propre mère et se plaisait en sa compagnie. Pourtant, dès qu'elle le pouvait, elle s'enfuyait au bord de la mer, et là, assise sur une pierre, elle passait des heures et des heures à contempler tristement les vagues.

La veuve éprouvait de la peine à voir sa fille chérie devenir de plus en plus triste au fil des jours. Elle aurait souhaité de tout son cœur que la jeune fille reste pour toujours auprès d'elle, en épousant bientôt un de ces prétendants qui affluaient dans sa maison. Ainsi, aurait-elle pu s'occuper de son foyer et plus tard de ses enfants.

Cependant une nuit, subitement des éclairs déchirèrent le voile sombre du ciel, la mer se déchaîna et se mit à bouillonner comme si elle était dans un gigantesque chaudron et des profondeurs monta le bruit d'une bataille. Lorsque la mère et la jeune fille se rendirent au bord de la mer, le lendemain matin, elles remarquèrent avec stupeur que l'eau était couverte de sang noir. La gorge de la veuve se serra d'angoisse. Elle comprit aussitôt que le roi des mers, le père de sa fille adoptive, était de retour à la tête de son armée pour affronter dans un combat terrible le féroce requin et reconquérir son royaume. Quelle était donc l'issue de la bataille? Si c'était le méchant requin qui avait remporté la victoire, cela signifierait que le roi et sa gentille femme avaient péri d'une mort atroce, au fond de la mer. Mais si le roi était sorti victorieux du combat, cela signifierait que sa fille chérie retournerait dans la mer et qu'elle-même serait à nouveau seule, comme auparavant. Les deux femmes attendaient avec anxiété la tournure que prendraient les événements. Quelques instants plus tard, en effet, les flots se fendirent tout d'un coup, livrant le passage à un chariot d'or dans lequel se tenait le roi des mers avec sa belle épouse à ses côtés.

«Je te remercie du fond du cœur, aimable femme, de t'être si bien occupée de ma fille pendant toutes ces longues années. Ma femme et moi-même, nous t'en serons à jamais reconnaissants!»

Là-dessus, le roi des mers raconta à la veuve comment il avait réussi à anéantir le méchant requin et à reconquérir son royaume. Puis, avant de disparaître en compagnie de sa femme et de sa fille dans les profondeurs sous-marines, il transforma la misérable chaumière de la veuve en une magnifique maison et lui offrit un coffret rempli de perles et de pierres précieuses, pour qu'elle vive désormais à l'abri de tout besoin. Dès lors, la petite nymphe vint souvent la nuit rendre visite à la veuve, elle la comblait de cadeaux, elle la caressait sur les cheveux et lui chantait de belles chansons, car elle la considérait comme sa seconde mère.

LE FILS
DU PÊCHEUR
ET LA REINE
DES MERS

Dans un petit village au bord de la Méditerranée vivait jadis un pauvre pêcheur qui avait une femme et trois fils. L'aîné avait dix-neuf ans, le puîné dix-huit et le plus jeune était dans sa dix-septième année. Le pêcheur les aimait sincèrement tous les trois mais avait tout de même une préférence pour le plus jeune qui s'appelait Mario. Ils ne vivaient pas dans l'abondance mais lorsque la mer lui était favorable, le pêcheur vendait sa pêche au marché de la ville, si bien qu'ils arrivaient tout de même à joindre les deux bouts. Mais la chance ne lui souriait pas toujours: souvent sa prise était bien maigre et parfois même, il rentrait de la pêche avec les filets vides. Alors la misère s'installait sous son toit, et il leur arriva plus d'une fois d'aller se coucher le ventre creux.

Or, il en allait ainsi au moment où commence notre histoire. Le pêcheur avait beau sortir tous les soirs en mer, c'était en vain qu'il jetait ses filets. Toutes les nuits, il revenait la barque vide, pas même une petite écaille ne brillait dans les mailles de ses filets.

La famille du pêcheur connut alors des moments très difficiles, la misère semblait ne plus vouloir quitter sa chaumière. Ne pouvant plus supporter les regards affamés de ses fils ni la détresse de son épouse, il décida alors de tenter une nouvelle fois sa chance loin du rivage, en pleine mer, plus loin qu'il n'était jamais allé. Il décida d'aller pêcher là-même où commençait l'empire du terrifiant dragon de mer qui déchaînait les pires tempêtes, chaque fois qu'un pêcheur franchissait les limites de son royaume. Dans le village, on ne comptait plus le nombre de barques qui avaient sombré dans ces parages et de malheureux pêcheurs qui y avaient péri noyés.

Dès que la nuit fut tombée, le pêcheur monta dans sa barque, hissa la voile et cingla vers le large. Il vogua longtemps, très longtemps, jusqu'à ce qu'il se retrouvât au milieu d'une immense plaine aquatique, bien loin de toute terre. Partout régnait un étrange silence, la pleine lune brillait dans le sombre ciel, illuminant de sa clarté argentée les vagues qui clapotaient paresseusement autour de la barque, serrant d'angoisse le cœur du pêcheur. Mais à l'idée qu'il n'y avait plus rien à manger chez lui, le pêcheur reprit courage et lança les filets à la mer dans l'espoir d'une belle prise. Il attendit quelques instants, puis se mit à les remonter. Il s'aperçut alors très vite que le filet était exceptionnellement lourd, comme s'il y avait dedans un très gros poisson. Le pêcheur se réjouissait d'avance de la joie de sa famille lorsqu'il rapporterait à la maison cette belle prise. S'arc-boutant, il continuait à tirer de toutes ses forces, quand tout à coup devant la barque, l'eau se mit à bouillonner. A la vue du spectacle qui s'offrait à ses yeux, le pêcheur se figea de frayeur : à la surface de l'eau apparaissait la forme démesurée d'un gigantesque dragon marin qui se débattait dans le filet. A peine sa tête fut-elle sortie des flots que le monstre se mit à tonner :

«Comment as-tu osé, misérable, venir pêcher dans les eaux de mon empire? Comment as-tu osé me prendre dans tes filets, moi, le terrible et puissant dragon de mer? Fais tes adieux au monde, je vais te punir cruellement.»

«Laisse-moi la vie sauve, ô puissant seigneur, et pardonne-moi de m'être aventuré dans ton royaume. Je ne suis qu'un simple pêcheur et de la mer dépend la subsistance de toute la famille. Dans ma chaumière, ma femme et mes trois fils m'attendent impatiemment et si je ne reviens pas, ils vont mourir de faim.»

«Tu dis avoir trois fils?», interrogea le dragon marin. «Soit, je vais te pardonner ton outrage et de surcroît je te récompenserai si tu me promets d'envoyer un de tes fils à mon service.»

Dans sa terreur, le pêcheur accepta, sans même réfléchir.

«C'est bien», dit alors le dragon marin. «A partir d'aujourd'hui, chaque fois que tu iras pêcher, j'enverrai dans tes filets les plus beaux et les plus gros poissons de mon empire, de sorte que tu ne seras plus jamais dans le besoin.»

A ces mots le dragon disparut dans la mer, entraînant avec lui les filets du pêcheur. Quand celui-ci les releva, après un bref instant, ils étaient en effet remplis à craquer.

Lorsque, au point du jour, le pêcheur fut de retour, sa femme et ses fils connurent une joie sans bornes à la vue de cette pêche miraculeuse. Seul le pêcheur n'avait point envie de rire. Les yeux noyés de larmes, tel un corps sans âme, il resta prostré devant sa maison, poussant de temps à autre un profond soupir, se reprochant amèrement d'avoir fait cette promesse inconsidérée au dragon. Le fils aîné, ayant remarqué le désespoir de son père, s'enquit de la raison de sa tristesse. Le pêcheur hésita longtemps avant de répondre mais finit tout de même par lui raconter son aventure nocturne et lui avouer quel terrible serment il avait fait au dragon. L'aîné le consola :

«Ne t'inquiète plus, cher père, je vais m'en aller de ce pas chez le dragon, pour entrer à son service. Va te coucher tranquillement, repose-toi et tu verras : tout finira bien.»

Les bonnes paroles de son fils réconfortèrent quelque peu le malheureux pêcheur. Bien qu'encore tourmenté par ses remords, il se sentait si las, qu'il dut s'allonger, et bientôt s'endormit d'un profond sommeil. Entre-temps, son fils aîné s'en fut au bord de la mer. Il n'avait pas encore atteint le rivage qu'une peur panique l'envahit et il se dissimula dans les rochers de la côte et, ainsi caché, il y resta toute la journée. Il ne regagna la maison qu'à la tombée de la nuit, lorsque le soleil s'apprêtait déjà à se coucher. Voyant son fils revenir, tout réjoui, le père courut à sa rencontre :

«O, mon fils chéri, si tu savais comme j'ai souffert de t'avoir envoyé à ce terrible sacrifice. Quelle joie de te voir déjà de retour, sain et sauf. Viens et raconte-moi comment tu as servi ce terrifiant dragon de mer.»

Honteux de sa lâche conduite, le fils aîné n'eut pas le courage de dire la vérité et il se mit à dévider tout un tissu de mensonges. Il raconta au père, comment il était parvenu jusqu'à l'empire du dragon, comment il s'était honorablement acquitté de toutes les tâches désignées et comment le dragon, satisfait de ses services, l'avait laissé repartir le soir même, lui permettant de retourner auprès des siens.

Le père était au comble de la joie en apprenant que son fils s'en était tiré à si bon compte et, tout ragaillardi, sauta dans sa barque et partit en mer pour pêcher. Mais à peine eut-il lancé les filets à l'eau que la mer soudain se déchaîna et les vagues s'écartèrent, laissant apparaître l'affreux dragon marin.

«Malheur à toi, pêcheur, tu n'as pas tenu ta promesse! Tu ne m'as pas envoyé ton fils, tu as manqué à ta parole! J'ai rempli tes filets des plus beaux poissons de mon royaume mais toi, tu ne m'as rien donné en retour. Tu seras puni!»

Horrifié, le pêcheur fut pris de tremblements. D'une voix étranglée, il essaya d'expliquer au dragon qu'il lui avait bel et bien envoyé son fils, mais le monstre n'en crut mot. Cependant les supplications du malheureux pêcheur fléchirent au bout d'un moment la colère du dragon et il déclara :

«C'est bon, pêcheur, cette fois-ci, je te pardonne. Je te donnerai encore des poissons plein ton filet mais il faut me promettre que dès ton retour, tu m'enverras ton fils. Prends garde, si tu manques encore à ta parole, tu n'échapperas pas à ma cruelle punition.»

Le pêcheur retira de l'eau le filet, plein des plus gros poissons puis, plus affligé encore que la veille, rentra chez lui. Sur le seuil de sa maison, il croisa son fils puîné, qui, étonné de voir son père si accablé, en dépit de sa belle pêche, le questionna sur la raison de son chagrin. Le cœur gros, le pêcheur lui confia alors ses peines.

«Cesse de te tourmenter, père», s'exclama le cadet. «Je m'en vais sur-le-champ servir ce dragon marin et je ferai preuve de plus de courage que mon frère aîné. Après tout, si je sers ce monstre de mon mieux, il ne va tout de même pas me dévorer. Calme-toi et va te reposer maintenant, tu verras, je reviendrai sain et sauf.»

Réconforté par l'attitude courageuse de son puîné, le père entra donc dans la chaumière et comme il tenait à peine sur ses jambes après cette nuit mouvementée, il s'étendit sur sa couche et s'endormit bientôt d'un sommeil de plomb. Comme il l'avait promis, le fils cadet se rendit au bord de la mer et arrivé sur la rive, il cria :

«Montre-toi, dragon de mer! Mon père t'a promis de mettre un de ses fils à ton service. Je me tiens à ta disposition.»

Il avait à peine achevé son appel que la mer se mit à bouillonner, puis les vagues se fendirent et le hideux dragon marin en émergea à mi-corps. A la vue de cet affreux spectacle, le jeune homme se figea, comme pétrifié d'horreur. Puis, sans demander son reste, il prit ses jambes à son cou et comme une flèche, courut jusqu'à la lointaine forêt où il se dissimula dans un épais taillis. Trois jours et deux nuits durant il resta là, blotti au fond de sa cachette, avant de retourner, au soir du troisième jour vers sa maison. Lorsqu'il se fut aperçu que, depuis trois jours son père l'attendait impatiemment, sans même aller à la pêche, le courage lui manqua d'avouer qu'il ne s'était pas rendu chez le dragon. Il raconta donc à son père comment il était parvenu jusqu'à l'empire du dragon, comment il l'avait honnêtement servi trois jours durant et comment le dragon, satisfait de son travail, l'avait laissé repartir chez lui.

En apprenant que tout s'était si bien terminé, le pêcheur poussa un gros soupir de soulagement, et, le cœur léger, sortit la nuit même en mer pour pêcher. Mais à peine eut-il immobilisé sa barque et lancé les filets à la mer que les flots marins s'enflèrent et les vagues s'écartèrent livrant le passage au monstrueux dragon marin.

«Malheur à toi, pêcheur, pour la seconde fois tu n'as pas tenu ta promesse! Je vais maintenant déchirer tes filets, fracasser ta barque et te noyer.»

«Aie pitié de moi, ô puissant seigneur, j'ai déjà pourtant envoyé deux de mes fils à ton service. N'est-ce donc pas encore suffisant?»

«Comment oses-tu mentir de la sorte!» fulmina le dragon, au comble de la fureur. «Ignorais-tu donc qu'aucun d'eux n'est entré à mon service? Le premier ne s'est même pas montré, et le second a pris ses jambes à son cou dès qu'il m'a aperçu. Mais soit, je ne vais pas encore te punir cette fois-ci, cependant c'est la dernière fois que je te pardonne. Si tu m'envoies ton troisième fils, je remplirai comme promis tes filets des plus gros poissons, chaque fois que tu viendras pêcher. Maintenant rentre chez toi et dès demain, envoie ton fils à mon service.»

Ayant dit, le dragon plongea et disparut dans les profondeurs marines. Alors que le malheureux pêcheur regagnait déjà sa chaumière, le plus jeune fils, son cher Mario, se précipita au dehors pour l'accueillir.

«Qu'y a-t-il, mon père? Pourquoi cette mine affligée?»

Les yeux noyés de larmes, le pêcheur lui confia son malheur.

«Ne te fais pas de souci, père, tu peux avoir confiance en moi. Je vais me rendre sur l'heure chez le dragon et m'engager à son service. Ne t'inquiète pas, il ne me fera pas de mal. Tu sais bien que je ne rechigne à aucune besogne, le dragon sera sûrement satisfait de mes services. Tu verras, je serai vite de retour.»

Là-dessus, Mario fit ses adieux à ses parents et, sans plus tarder, s'en fut au bord de la mer. Il entra dans les vagues jusqu'aux genoux, et de sa voix claire appela : «Me voilà prêt, dragon marin, pour te servir. Comment puis-je parvenir jusqu'à ton royaume?»

Il avait à peine fini d'appeler que l'eau de la mer se mit à bouillonner, les vagues se fendirent et le dragon marin apparut au-dessus des flots tourbillonnants :

«Je t'attends depuis longtemps, fils du pêcheur, et je commençais déjà à m'impatienter. Viens, monte vite sur mon dos, je vais t'emporter dans mon empire aquatique. Ne crains rien, il ne t'arrivera aucun mal.»

Mario enfourcha le dragon comme une monture et celui-ci se mit à descendre rapidement dans les profondeurs sous-marines. Au bout de quelques instants, ils arrivèrent au plus profond de la mer, dans une sombre grotte qui s'ouvrait sur une immense vallée, où s'étendait le royaume du dragon. Quand ils se furent glissés par l'étroite ouverture, un paysage d'une étrange beauté s'offrit au regard émerveillé du jeune homme. Tout près, sur un banc de sable blanc se dressait un magnifique palais sous-marin, la demeure du dragon, où Mario allait désormais servir son nouveau maître. Il gardait les troupeaux du dragon; le matin, les menait sur les pâturages qui s'étendaient au fond de la mer, le soir, il les ramenait dans les étables. Le reste du temps il s'occupait des vergers aux merveilleux arbres couverts de perles et de diamants qu'il cueillait et déposait dans les coffres du dragon.

Mario s'acquittait bien consciencieusement de son travail, ne reculant jamais devant aucune besogne de sorte que le dragon se montra très satisfait de ses services. Au bout d'un an il confia à Mario les clés de toutes les chambres de son palais : douze jolies clés en argent et une petite clé en or.

«Voilà, Mario, les clés de mon palais. Je dois partir à présent, pour rendre visite à mon frère qui habite de l'autre côté de la mer. Tous les jours tu ouvriras les portes des douze chambres avec ces douze clés d'argent et tu y feras le ménage pendant mon absence. Mais ne mets jamais le pied dans la treizième dont la porte s'ouvre avec cette petite clé d'or. Malheur à toi, si tu désobéis à mon ordre! Jusqu'alors, tu m'as bien servi et j'espère qu'il en sera de même dans les jours à venir. Si tu fais comme je t'ai dit, au retour de mon voyage je te donnerai une riche récompense et te laisserai repartir dans ton village.

Surtout rappelle-toi bien ce que je viens de t'ordonner. Tu peux parcourir tout le château mais si tu oses toucher à la porte de la treizième chambre, un grand malheur s'abattra sur ta tête et plus jamais tu ne reverras ta famille!»

Le lendemain le dragon partit et Mario resta tout seul dans le splendide château sous-marin. Tous les jours il venait nettoyer les douze chambres puis il repartait aussitôt vers d'autres tâches sans même s'approcher de la mystérieuse chambre interdite. Un jour, cependant, alors qu'il passait par hasard devant la porte de celle-ci, il lui sembla entendre des pleurs. Il s'immobilisa, écouta attentivement, puis il approcha son oreille du trou de la serrure : en effet, ces déchirantes lamentations provenaient bel et bien de la chambre mystérieuse. Ne pouvant plus longtemps résister à l'envie d'y jeter un coup d'œil, il prit dans le trousseau la clé d'or et ouvrit la porte.

Au centre de la pièce se dressait une table d'or et derrière elle était assise sur une chaise d'or une jeune fille si belle qu'en la voyant Mario en eut le souffle coupé et il en tomba aussitôt amoureux. Elle était blanche comme la neige fraîchement tombée, ses yeux étaient aussi bleus que le ciel d'été, et ses cheveux dorés lui tombaient jusqu'aux pieds. Le jeune homme demanda :

«Que fais-tu là, ô belle? Pourquoi pleures-tu si fort?»

«Je suis Aquilina, reine des mers», lui répondit la ravissante jeune fille. «Il y a long-temps, le méchant dragon marin m'a enlevée de mon royaume, et emportée en son château. Depuis lors, il me tient enfermée dans cette chambre et me surveille comme la prunelle de ses yeux.»

Et de sa voix éplorée, la malheureuse jeune fille se mit à supplier Mario de la libérer de sa prison, tout en lui promettant une riche récompense.

Tout ému, Mario dit :

«Sèche tes pleurs et rassure-toi, ô belle princesse, je vais te rendre sans plus tarder la liberté. Et si le dragon veut me punir, je subirai volontiers son châtiment, te sachant enfin délivrée.

«Je te remercie du fond du cœur pour ton aide, beau garçon», dit la reine Aquilina, «cependant je ne puis te laisser seul ici. Le dragon n'hésitera pas à te tuer dès qu'il se sera aperçu que tu m'as aidée dans ma fuite. Viens, je vais t'emmener avec moi dans mon royaume et tu pourras y rester aussi longtemps qu'il te plaira. Mais si un jour tu ressens le désir de revoir ton foyer, je te laisserai repartir librement. Sache cependant que cela ne sera point de gaieté de cœur que je te verrai quitter mon royaume. Ta bonté m'a profondément touchée et je me plais bien en ta compagnie.»

Sans hésiter un instant, Mario hocha la tête en signe d'assentiment mais ne put s'empêcher d'ajouter, l'air soucieux :

«Je crains beaucoup, ô reine, que le dragon ne nous rattrape bientôt dans notre fuite et ne nous punisse cruellement tous le deux.»

La reine Aquilina sut vite dissiper les craintes du jeune homme. Elle retira de sa belle chevelure une épingle d'or, et, avec la pointe, s'en piqua le doigt : trois gouttelettes de sang perlèrent aussitôt. A peine la première goutte de sang eut-elle touché le sol qu'elle se transforma à l'instant même en une barque d'or. Dès que la seconde goutte eut glissé du doigt, elle se changea instantanément en un attelage de six dauphins blancs et lorsque la troisième eut effleuré le sol elle se tranforma aussitôt en un aigle des mers.

Prenant Mario par la main, la reine monta avec lui rapidement dans la barque d'or et dès qu'ils se furent installés sur des petits sièges tendus de soie d'or, les dauphins blancs s'élancèrent aussitôt à la vitesse de l'éclair. Haut dans le ciel, au-dessus de la barque, l'aigle marin fendait l'air, fidèle gardien de la reine, qui scrutait attentivement de son regard perçant la surface de l'eau afin de prévenir les fugitifs d'un éventuel danger.

Il ne leur fallut pas longtemps pour arriver au royaume sous-marin de la reine Aquilina. De sa vie Mario n'avait encore jamais vu de si merveilleux paysage. De tous côtés s'étendaient des prés verdoyants où resplendissaient des milliers de fleurs de toutes les couleurs, les petits sentiers qui serpentaient dans l'herbe soyeuse étaient jonchés de perles blanches et aux branches des magnifiques arbres touffus mûrissaient des grenades. Au milieu de ce paysage de rêve se dressait le magnifique château de la reine, entièrement fait de nacre et d'albâtre, coiffé d'un toit d'or et orné d'une multitude de tourelles en pur cristal. La reine Aquilina le conduisit à l'intérieur du château, et lui dit :

«C'est là que tu vivras désormais à mes côtés et en compagnie de ma nombreuse suite. Rassure-toi, tu ne manqueras de rien sous mon toit, car je me ferai un grand plaisir de satisfaire tous tes désirs.»

Les jours s'écoulèrent paisibles, et l'heureux Mario passait désormais son temps en agréables distractions et divertissements. Tous les soirs, on organisait au château de grands bals et Mario dansait des nuits entières avec la belle Aquilina et les ravissantes nymphes, ses demoiselles d'honneur. Dans la journée, il écoutait leur doux chant mélodieux, et souvent s'amusait avec elles à jouer avec de petits poissons d'or; mais par-dessus tout il recherchait la compagnie de la reine Aquilina. Des heures durant il se promenait à ses côtés dans les magnifiques parcs et jardins qui entouraient le château, son regard plongé dans les beaux yeux de la ravissante demoiselle. Un jour, alors qu'ils se promenaient encore, parmi les arbres du jardin, Mario avoua enfin à Aquilina à quel point il l'aimait. La jeune reine, elle aussi, l'aimait depuis bien longtemps, aussi proposa-t-elle sur l'heure à Mario de la prendre pour épouse et de régner désormais avec elle sur son royaume. Et quelques jours plus tard, en effet, Mario, le fils du pêcheur, épousa la belle reine du royaume sous-marin.

Une année passa, puis deux et bientôt sept années de parfait bonheur conjugal s'écoulèrent ainsi. Mais vers la fin de la septième année, Mario sans savoir pourquoi, devint triste, et finalement s'aperçut qu'il avait la nostalgie de sa maison. La tête basse, il errait des jours entiers dans les jardins du château, toujours muet, comme s'il avait perdu l'usage de la parole, seul son triste regard trahissait sa profonde mélancolie. La reine Aquilina remarqua bientôt l'humeur rêveuse de son mari, et un jour lui tint ce langage :

«A la vue de ton chagrin, mon cœur se fend de douleur. Je n'ignore point quelle en est la cause, tu es tourmenté par le désir de revoir ton foyer. Ton départ me causera une peine immense, mais je dois te laisser partir. Je t'ai donné jadis ma parole de te laisser libre le jour où tu éprouverais l'envie de retrouver les tiens. Je crains cependant beaucoup de ne plus te voir revenir et j'ai peur de mourir de chagrin, ainsi privée de celui qui m'est le plus cher au monde. Je vais te donner pour ton voyage trois présents : d'abord cette barque d'or, à bord de laquelle nous nous sommes enfuis de l'empire du dragon marin, qui te conduira jusqu'à ton village, à l'autre bout de la mer, qui te ramènera ensuite dans notre royaume. Garde aussi précieusement ce glaive d'argent que voici, car tu en auras grand besoin. A la frontière de mon royaume, le terrible dragon marin, assoiffé de vengeance, guettera ton passage et tu ne pourras pas l'éviter. Mais n'aie aucune crainte, cher Mario, grâce à ce glaive, tu sortiras victorieux du combat. Voici enfin une coquille rose. Elle renferme le son de ma voix en son sein. Chaque fois que tu la poseras contre ton oreille, tu m'entendras appeler ton nom, tu m'entendras te dire, à quel point je m'ennuie de toi, tu m'entendras te répéter, combien je désire t'avoir auprès de moi. Cette coquille te rappellera à chaque instant mon profond amour pour toi. Et s'il t'arrive un malheur, il te suffira de souffler mon nom dans son creux et je viendrai aussitôt à ton secours, dussé-je aller pour cela à l'autre bout du monde.

Il y a cependant quelque chose, mon bien-aimé, dont je ne puis te protéger, c'est du monde des humains. Tu as, peut-être, déjà oublié, Mario, combien les gens peuvent être méchants. Aussi ne pourras-tu rester sur terre que trois jours et trois nuits. Passé ce délai, je crains fort que tu ne m'oublies complètement, et que tu ne reviennes plus jamais auprès de moi.»

Là-dessus, les deux époux affligés échangèrent un dernier adieu et Mario se mit en route vers sa maison. Dès qu'il fut monté dans la barque d'or, celle-ci s'élança en avant et se mit à fendre à toute allure les vagues comme mue par une force invisible.

Sans trêve ni repos, Mario allait ainsi naviguer trois jours et trois nuits, avant d'atteindre le rivage de son pays. Assis au fond de sa barque, il revoyait en pensée sa chaumière natale, il pensait à ses parents, tout en se demandant ce qui avait bien pu se passer sous leur toit pendant sa longue absence. Il se reprochait, à présent, amèrement de n'avoir jamais songé, ne fût-ce qu'un instant, à ses parents, pendant toutes ces longues années de bonheur, passées dans le royaume sous-marin. Mais bientôt, très bientôt, il pourrait enfin leur faire oublier toutes les misères et les souffrances qu'ils avaient dû endurer durant leur vie et les remercier enfin du dévouement avec lequel ils avaient élevé leurs trois fils. Il apportait, en effet, dans sa barque, un grand coffre rempli d'or, de perles et de pierres précieuses, qu'il allait leur offrir pour les mettre à l'abri de tout besoin jusqu'à la fin de leurs jours.

Roulant doucement sur les vagues, la barque d'or poursuivait infailliblement sa course à travers la plaine aquatique, la mer était calme et accueillante, comme si elle voulait s'associer à la joie de Mario. Comme subjugué par la beauté apaisante de la mer, Mario ne s'était même pas aperçu qu'il venait de quitter le royaume de la reine Aquilina et qu'il allait bientôt entrer dans l'empire du dragon marin assoiffé de vengeance.

Le dragon, en effet, n'avait pas pardonné à Mario de lui avoir dérobé son plus précieux trésor — la belle reine Aquilina. Dès qu'il eut repéré la barque de Mario, s'apprêtant à traverser son empire, il commença aussitôt à lui tendre des pièges, pour l'anéantir.

Juste devant la barque d'or de Mario, surgit tout à coup des flots une charmante petite île verdoyante. Toujours absorbé par ses pensées, Mario ne l'aurait pas même remarquée, si soudain un étrange et doux chant ne l'avait tiré de ses rêveries. Le jeune homme leva la tête, et se figea de stupeur : sur la berge de l'îlot, était assise une jeune fille d'une beauté extraordinaire qui chantait une étrange mélopée envoûtante, tout en peignant sa magnifique chevelure dorée. Dès que Mario se fut approché de l'île, la ravissante jouvencelle le héla :

«Mario, mon beau garçon, arrête-toi un instant. Pourquoi te hâtes-tu dans ta barque d'or? Arrête-toi et viens t'asseoir à mes côtés. Auprès de moi, ton âme connaîtra un bonheur inexprimable, lorsque je te prendrai dans mes bras, tes soucis s'évanouiront comme un simple rêve, plus jamais tu ne voudras quitter ma douce étreinte. Viens Mario, il y a si longtemps que je t'attends ici. Je te comblerai de richesses tellement inouïes, que personne d'autre au monde ne pourrait t'en offrir de comparables.»

C'était la Sirène, nymphe de la mer, une des nombreuses servantes du dragon marin qui voulait attirer Mario vers la petite île au moyen de son chant irrésistible, pour l'entraîner ensuite avec elle dans les profondeurs sous-marines et l'anéantir dans son étreinte fatale. Mais Mario se boucha les oreilles et ferma les paupières de façon à ne pas apercevoir cette merveilleuse créature, ni entendre sa trompeuse mélodie. Entre-temps, sa barque d'or avait accéléré sa course, et Mario réussit à échapper au chant envoûtant de la Sirène.

Toute la nuit, le jeune homme poursuivit hardiment sa voie à travers la mer et plus rien ne vint perturber sa traversée paisible. Mais le lendemain, vers midi, le ciel se couvrit soudain de gros nuages noirs, les flots, jusqu'alors calmes, s'enflèrent, puis de grosses lames écumantes se mirent à déferler tout autour de la barque. Un instant plus tard, une grande île noire surgit de la mer, enveloppée d'un épais nuage de fumée noirâtre, qui montait lentement vers le ciel. Sur la rive de l'île se dressait un géant de feu, et de sa voix formidable, semblable au fracas de tonnerre, il hurla :

«C'en est fini de toi, Mario! Je suis le terrible géant de feu et dans la minute qui suit je vais fondre ta barque d'or, et toi-même seras réduit en un petit tas de cendres!»

Sans plus tarder, le géant commença à lancer en direction de la barque de grosses pierres brûlantes, tant et si bien que l'eau de la mer se mit à bouillir. A cet instant précis, la barque d'or s'éleva rapidement dans les airs, et lorsqu'elle fut hors de portée des flammes, après avoir survolé comme un oiseau l'île noire du géant de feu, elle se posa loin de là, sur la mer parfaitement calme, à peine ridée par quelques vaguelettes.

La seconde nuit, non plus, n'apporta aucune surprise; tout en voguant légèrement, la barque poursuivait inlassablement sa course en avant, dans la direction du village de Mario. Alors que le jour commençait déjà à poindre, tout à coup la mer se déchaîna de nouveau: des tourbillons terribles s'emparèrent de la barque de Mario, puis l'eau se troubla, les vagues se fendirent et le hideux dragon marin en personne apparut au-dessus de la surface de l'eau.

«Mario!» hurla le dragon de sa voix terrifiante, «tu as réussi à échapper à deux de mes serviteurs, mais il n'en sera pas de même, cette fois-ci. Tu m'as très mal servi, tu as laissé la reine Aquilina s'échapper de mon château et de surcroît tu t'es enfui avec elle dans son royaume. Je t'avais pourtant averti que ma vengeance serait terrible si tu venais à me désobéir. A présent je vais briser ta barque d'or en mille morceaux, et te déchiqueter en lambeaux que je jetterai ensuite en pâture à mes poissons voraces!»

Au moment où le dragon se précipitait sur le bateau pour le fracasser, Mario bondit, en brandissant le glaive d'argent d'Aquilina, et affronta le terrible monstre marin. Alors une lutte sans merci s'engagea. D'immenses gerbes d'eau jaillissaient de la mer autour des deux adversaires, les vagues, en hautes montagnes noires, déferlaient de tous côtés, de gros nuages sombres couvrirent le ciel sillonné d'éclairs aveuglants. Cependant l'épée magique de la reine Aquilina rendit Mario invincible. Il frappa avec son glaive d'argent, se battit si habilement que bientôt il réussit à blesser sérieusement le monstre marin si bien que les eaux vertes alentour se teintèrent de rouge. Le dragon eut fort à faire pour ne pas succomber, et bientôt finit par abandonner la bataille, préférant se réfugier, à bout de forces, dans les profondeurs sous-marines.

Après encore une nuit et une journée d'une navigation paisible, au soir du troisième jour, la barque d'or aborda enfin le rivage, à l'endroit même d'où, bien des années auparavant. le père de Mario était parti pour sa fatale pêche nocturne. Mario monta sur la berge et en empruntant le petit sentier familier, arriva vite jusqu'à sa chaumière natale. Il frappa à la porte et entra. Rien n'avait changé dans la modeste pièce depuis son départ. Seule, derrière la table se tenait une vieille femme aux cheveux blancs, toute voûtée par l'âge, qui, étonnée, leva la tête pour regarder ce visiteur inattendu. C'était la mère de Mario.

Mario préféra pour l'heure ne pas se faire reconnaître. Il lui dit qu'il n'était qu'un simple voyageur qui, chemin faisant, s'était arrêté devant sa chaumière pour demander quelques gorgées d'eau pour étancher sa soif. La vieille femme l'invita à s'asseoir et lorsque Mario se fut installé à table, il s'enhardit, après quelques instants d'hésitation, à engager la conversation avec elle. Il se mit à l'interroger sur sa vie et l'aimable vieille femme commença lentement à lui raconter tout ce qu'elle avait vécu pendant les longues années qu'elle avait déjà passées sur terre. Elle lui dit aussi qu'elle était femme d'un pêcheur qui s'était éteint l'année précédente, et lorsque Mario voulut savoir si elle était restée toute seule au monde, elle lui répondit qu'elle avait trois fils. Les deux aînés étaient mariés depuis longtemps et habitaient avec leurs familles dans le proche village, et elle ajouta :

«Mais celui que je préférais le plus, c'était Mario, mon plus jeune fils. Hélas, il est parti, il y a longtemps, très longtemps, servir le dragon marin et depuis il n'est pas revenu. Qui sait ce qui lui est arrivé là-bas? Peut-être aura-t-il péri d'une mort atroce dans l'empire aquatique du terrible dragon?»

En disant cela, la pauvre femme fondit en pleurs.

Alors seulement Mario se fit reconnaître. Les mots ne suffisent pas pour décrire la joie de sa mère. Elle le serra sur son cœur, en l'embrassant sur les yeux et sur les joues, et ses larmes amères se transformèrent aussitôt en larmes de joie. Elle s'empressa ensuite de servir à Mario de ce qu'il y avait de meilleur dans la maison et lorsque celui-ci fut couché dans le lit, elle passa toute la nuit à le veiller, ne pouvant se rassasier de la vue de son fils chéri, qu'elle n'espérait plus voir revenir. Le lendemain matin, le cœur gros, Mario annonça à sa mère qu'au bout de trois jours, il allait repartir auprès de son épouse, la reine Aquilina. En apprenant cela, la mère s'attrista grandement, ne voulant rien entendre de tel, mais lorsque Mario lui fit le récit de sa vie heureuse dans le royaume sous-marin, elle ne s'opposa plus à son départ, lui souhaitant de tout son cœur ce bonheur inespéré. Puis elle se hâta vers le village, pour annoncer la bonne nouvelle à ses deux fils aînés, et les inviter à venir dans la chaumière afin de se réjouir en compagnie de leur plus jeune frère.

Bientôt, en effet, les deux frères gagnèrent la chaumière et, très aimablement, parlèrent à Mario. Mais quand ils eurent remarqué tout cet or, ces perles et pierres précieuses qu'il avait apportés à leur mère, c'est à peine s'ils purent contenir leur jalousie. En réalité, ils n'avaient jamais pardonné à leur plus jeune frère d'avoir été plus courageux qu'eux et de ne pas s'être dérobé comme eux. Et par-dessus tout, ils lui enviaient la belle reine Aquilina, et les merveilleux trésors de son royaume du fond de la mer. A peine revenus au village, ils cherchèrent le moyen de se débarrasser de Mario et de s'emparer de son trésor sous-marin.

Le lendemain, ils étaient de retour à la chaumière, apportant avec eux une outre remplie de vin rouge, pour fêter dignement la visite de Mario, disaient-ils. Mais auparavant, ils avaient pris soin de mélanger au vin une décoction de pavot.

Ne se doutant de rien, Mario but de bon cœur quelques gorgées de vin à la santé de ses frères. Mais à peine eut-il vidé la coupe que ses paupières s'alourdirent, et, un instant plus tard, il tomba comme foudroyé. La mère ne s'étonna pas outre mesure que le sommeil eût gagné si rapidement son plus jeune fils, le sachant bien fatigué après son long voyage.

Les deux frères s'emparèrent aussitôt du glaive d'argent et de la coquille magique, et après avoir enterré l'épée, se précipitèrent au bord de la mer où ils jetèrent la coquille loin dans les flots. Ensuite ils sautèrent dans la barque d'or et cinglèrent rapidement dans la direction du royaume de la reine Aquilina dans l'intention de lui dérober ses immenses trésors.

Mais dès qu'ils se furent quelque peu éloignés du rivage, la mer devint soudain houleuse, son eau se troubla, puis les flots se fendirent et le terrifiant dragon marin surgit de la mer. A peine remis de ses blessures, le dragon guettait déjà le retour de Mario au royaume d'Aquilina pour pouvoir enfin se venger. Nul ne saura jamais ce qui se passa ce matin-là, sur la mer. Mais depuis ce jour, plus personne ne revit aucun des deux frères au village.

Pendant ce temps-là, Mario dormait toujours du plus profond sommeil. Les trois jours et les trois nuits que la reine Aquilina lui avait accordés pour sa visite étaient déjà passés depuis longtemps, quand Mario se réveilla enfin. Mais on eût dit que ce n'était plus le même Mario. Il avait oublié complètement son service chez le dragon marin, il ne se souvenait plus de sa chère épouse, la belle Aquilina, ni de son difficile voyage, il ne reconnaissait même plus sa mère. Comme un corps sans âme, il errait au bord de la mer, ramassant çà et là des coquillages, et après les avoir contemplés d'un air absent, les rejetait aussitôt à la mer, sans même se rendre compte de ce qu'il faisait. Ainsi passèrent des jours, puis des semaines, et quelques longs mois s'écoulèrent aussi.

Un beau jour, alors qu'il se promenait encore sur la berge, tout à coup une vague écumante vint poser juste à ses pieds une magnifique coquille rose. Sans même réfléchir, Mario se baissa pour la ramasser, et après l'avoir retournée entre ses doigts, la reposa doucement dans le sable et s'allongea à côté d'elle. Soudain il eut l'impression de distinguer une étrange voix qui semblait provenir de la coquille. Il la reprit donc dans ses mains, l'appuya contre son oreille et entendit aussitôt une belle voix qui appelait :

«Où es-tu, mon cher Mario, où as-tu disparu? Depuis une longue année j'attends ton retour, et je vais mourir de chagrin si tu ne reviens pas vite. Où que tu sois, réponds-moi, mon bien-aimé : c'est moi, Aquilina, qui t'appelle!»

A ce moment précis la mémoire revint à Mario, comme par enchantement. Il se rappela soudain tout son passé et se souvint que dans le lointain empire aquatique, sa belle reine Aquilina attendait impatiemment son retour, il comprit aussitôt qu'il désirait ardemment revenir auprès d'elle. Il souffla alors dans le creux de la coquille :

«Ma chère Aquilina, me voilà, je désire du fond de mon cœur retourner auprès de toi!»

Il avait à peine achevé son appel qu'un grand bruissement d'ailes se fit entendre et le gigantesque aigle de mer, gardien d'Aquilina, vint se poser sur un rocher tout près de Mario. Aquilina l'avait envoyé là-bas, avec l'ordre de ramener sans tarder Mario dans son royaume et avec lui sa vieille mère que Mario ne voulait plus laisser seule dans la chaumière.

Dès que Mario et sa mère furent installés sur son large dos, l'aigle prit son envol et bientôt ils atteignirent sans encombre le royaume d'Aquilina, où ils vivent certainement toujours tous les trois, dans le bonheur et la quiétude.

L'ÎLE
ENSORCELÉE

Loin, bien loin de la côte occidentale de l'Afrique, au beau milieu de l'océan Atlantique, s'élevait jadis une île bien étrange. Elle ressemblait à un gigantesque anneau fait de rochers escarpés, et à l'intérieur de cette enceinte rocheuse s'étendait un grand lac d'eau de mer. Seule une étroite brèche creusée par la mer entre les rochers sauvages livrait passage à ce lac secret. Curieusement, les vents ne soufflaient que d'un seul côté de l'île : à l'endroit même où, dans la ceinture rocheuse, s'ouvrait l'étroit passage. Cependant, jamais le vent ne put pénétrer à l'intérieur de l'île. Malheur au bateau qui voguait à proximité de cette étrange île. Le vent déchaîné l'entraînait immédiatement jusqu'à son rivage et le projetait à l'intérieur de l'anneau. Et dès que le navire atteignait le lac, ses voiles faséyaient et toutes les tentatives qu'il pouvait faire pour regagner la pleine mer s'avéraient vaines. Ainsi, celui qui y mouillait son bateau, ne levait plus jamais l'ancre, à jamais prisonnier de ce piège d'où il n'y avait plus moyen de s'échapper.

Un jour un capitaine de Tanger naviguait à bord de son navire dans les parages de la mystérieuse île. Tout à coup un vent violent s'empara du bateau et l'entraîna aussitôt à l'intérieur des rochers. Lorsque le capitaine eut repris ses esprits et promené son regard autour de lui, il s'aperçut, tout étonné, que son bateau venait de s'immobiliser aux côtés de nombreux autres navires dans une grande baie, semblable à un grand port fort fréquenté. Rassuré, le capitaine poussa un soupir de soulagement, et se mit aussitôt à héler ses voisins. Mais ce fut en vain qu'il attendit une réponse. Il remarqua que tous ces navires qui jonchaient la surface du lac étaient étrangement calmes, qu'aucun signe de vie ne venait troubler l'étrange silence dans lequel était plongée toute la baie. Il fit donc mettre à l'eau un canot et partit inspecter les lieux. Et à chaque fois qu'il montait à bord d'un bateau, c'était toujours le même spectacle désolant qui s'offrait à ses yeaux : il ne trouvait que des ossements blanchis par le soleil ardent de marins morts depuis longtemps. Comprenant alors que lui-même et les hommes de son équipage allaient sans doute subir le même sort, un profond sentiment de détresse s'empara de lui et il faillit éclater en sanglots.

Conscient cependant de sa responsabilité envers son équipage et son bateau, il ne succomba pas pour autant au désespoir, et il décida de trouver coûte que coûte un moyen pour faire échapper le bateau pris au piège. Pour gagner du temps, il donna immédiatement l'ordre de réduire au minimum vital les rations quotidiennes de vivres et d'eau pour que les provisions durent le plus longtemps possible.

Et un beau matin, alors qu'il contemplait une fois de plus l'immuable décor, une idée lui vint tout à coup. Et si les eaux profondes du lac étaient fréquentées par de gros poissons de mer, peut-être même par des baleines géantes qui quittaient de temps à autre l'océan agité pour venir se reposer dans cette baie tranquille? Qui sait, il pourrait peut-être s'en servir pour sauver son bateau?

Il convoqua sur l'heure tout son équipage pour lui expliquer son plan et il ordonna ensuite au cuisinier de ne plus jeter les restes des victuailles et les déchets à l'eau mais de les déposer désormais au fond d'un grand filet.

Au bout de quelques jours, le filet fut rempli d'une grande quantité de toutes sortes de déchets qui répandaient une odeur nauséabonde. Alors le capitaine fit attacher le filet au bout d'une amarre et il donna l'ordre de le jeter à l'eau. Et tandis qu'il attendait le résultat de son expérience, l'idée lui vint qu'en plus de son propre bateau, il pourrait en recueillir quelques autres. Parmi les bateaux proches du sien, il choisit six somptueux navires regorgeant d'or et de trésors d'une grande valeur, et il commanda aux marins de les amarrer l'un à la suite de l'autre à la poupe de son bateau.

Il s'avéra bientôt que le capitaine ne s'était pas trompé dans ses suppositions. D'énormes poissons, en effet, regagnaient souvent les eaux paisibles du lac à l'intérieur de l'île pour s'y reposer. Certains de ces grands monstres marins aux terribles dents s'y endormaient même d'un long et profond sommeil et il n'était donc pas étonnant qu'à leur réveil, ils fussent passablement affamés.

Le filet que le capitaine avait fait descendre au fond de l'eau s'était posé juste devant la gueule d'un énorme serpent de mer endormi et la forte odeur des déchets ne tarda pas à tirer ce monstre marin de son sommeil. A peine éveillé, celui-ci ouvrit sa gigantesque gueule et, d'un seul trait, avala le filet tout entier. Mais il s'aperçut aussitôt qu'il restait lié à un gros câble. Le monstre s'effraya et déploya toute l'énergie de son énorme corps pour se précipiter vers l'étroit passage.

C'était la seule voie par laquelle il pouvait fuir hors de la baie — et c'était aussi celle qui pouvait enfin faire échapper le capitaine et son équipage de leur atroce prison. Ce fut une bagatelle pour le gigantesque serpent de mer de traîner hors de l'enceinte de l'île, le long convoi de vaisseaux que le capitaine avait fait réunir. Et lorsqu'ils furent enfin en pleine mer, hors de portée des vents déchaînés qui auraient pu les entraîner à nouveau dans l'enceinte maudite de l'île, le capitaine trancha sans hésitation l'amarre à la hache et le monstre gigantesque disparut aussitôt dans les profondeurs de l'océan.

Après quelques jours de navigation, le capitaine ramena son équipage et le convoi de bateaux sans encombre jusqu'à Tanger, son port natal. Là, il ne tarda pas à vendre très avantageusement les six vaisseaux, mais aussi son propre navire. En effet, après l'extraordinaire aventure qu'il avait failli payer de sa vie, il renonça à jamais à reprendre la mer.

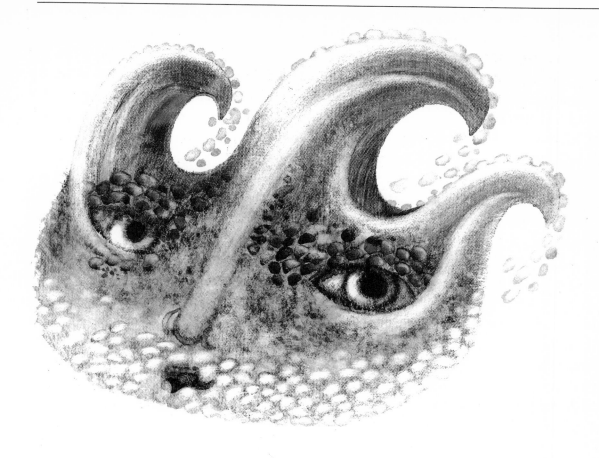

SADKO

Au cœur de la lointaine et vaste Russie, dans la riche ville de Novgorod vivait jadis un solide gaillard qui s'appelait Sadko. Bien que pauvre, partout où il passait, il apportait la joie et le bonheur.

Sadko était un joueur de gusli[1] et son instrument était l'unique bien qu'il possédait en ce monde. Et pourtant, les airs qu'il en tirait étaient beaux à en pleurer, beaux à en rire de joie, ils égayaient le cœur et apaisaient l'âme. Sadko était partout, invité par les boyards et par les marchands aux noces, aux baptêmes et aux festins, pour accompagner de son jeu les chants et les danses.

Quiconque était invité à une fête ou à un mariage, demandait toujours : «Et Sadko, viendra-t-il? Viendra-t-il pour jouer de son gusli? Sera-t-il là, Sadko, pour égayer notre

1) Sorte de cithare (N. D. T.)

cœur d'un air guilleret? Vous dites qu'il viendra? Alors merci beaucoup pour votre invitation, nous viendrons volontiers pour nous réjouir en votre compagnie!»

Bref, là, où Sadko n'allait pas, il n'y avait pas de chanson et les âmes étaient tristes; et pourquoi aller, où règne la tristesse? Chacun en a bien assez chez lui sans en rechercher ailleurs. Un hôte n'invite pas seulement ses amis pour manger et boire, mais aussi pour se réjouir tous ensemble. Là, où il y a de la joie, tous viennent avec plaisir, là, où retentit une chanson, on peut oublier pendant quelques heures la misère et toutes les tristes choses qui font partie de la vie de tous les jours.

Sadko vivait libre comme un oiseau, sans jamais se soucier de sa subsistance. Il ne se passait jamais de semaine, où Sadko ne jouât sept jours de suite à une noce, à un baptême ou à un festin. Chaque marchand, chaque boyard qui préparait une fête, s'empressait d'y inviter Sadko :

«Viens donc Sadko, fameux gaillard, surtout n'oublie pas de venir! Les invités ont déjà demandé de tes nouvelles, ils voulaient s'assurer que tu viendrais, tous se réjouissent d'avance de pouvoir écouter ton gusli et les chansons que tu leur joueras. Sans toi, personne ne bougerait dans notre très grande ville, sans toi Novgorod ne serait pas une ville si célèbre, tout juste un sinistre et silencieux village. Et viens dès le matin, les invités se rassembleront très tôt, tu mangeras avec eux, tu boiras et tu recevras pour tes chansons tout ce que ton cœur souhaitera!»

Et il en alla ainsi pendant des semaines, des mois, des années. Mais il advint ce qui arrive en ce monde à toutes les bonnes choses : elles prennent fin un jour. Sadko rencontra la misère. Il ne l'avait point invitée et il aurait préféré qu'elle restât là où elle était auparavant. Mais elle manifestait bel et bien sa présence en lui faisant des grimaces de tous les coins.

Comme par enchantement, plus d'invitations, plus de fêtes, plus personne ne se souvenait de Sadko. Une semaine passa, une deuxième, puis une troisième. Elle est bien triste, la vie que mène maintenant Sadko dans la ville de Novgorod. Voyons, les marchands, seriez-vous tous morts, tout à coup, et vous, les boyards, seriez-vous donc tous tombés malades? Ou êtes-vous tous devenus soudain pauvres pour ne plus pouvoir fêter les noces et les baptêmes, pour ne plus préparer de festins où coule le kvas[2]? Ou bien êtes-vous tous devenus si sourds que vous ne voulez plus inviter votre joueur de gusli pour écouter ses chansons que vous admiriez tant auparavant?

Les marchands et les boyards sont tous en bonne santé, ils ont tous une bonne ouïe, mais plus personne n'invite Sadko à venir aux fêtes, les marchands sont las d'écouter son instrument, ses chansons ennuient les riches boyards. Et ce fut ainsi que toute la ville de Novgorod l'oublia, lui et son gusli. Peut-être, avaient-ils trouvé un autre musicien, peut-être les mœurs avaient-elles changé et ne dansait-on plus pendant les noces. Cependant, lors des baptêmes et des fêtes des boyards et des marchands, le cliquetis des plateaux débordants de nourriture remplaça les chansons.

---

2) Boisson fermentée à base de seigle (N. D. T.)

La faim commençait à tenailler le ventre de Sadko et il n'avait plus de quoi étancher sa soif, mais ce qui le tourmentait par-dessus tout, c'était que son instrument restât muet et que plus personne ne voulût de ses chansons qui pourtant jaillissaient toujours de son cœur.

Un matin, Sadko quitta la ville et il alla droit devant lui jusqu'à ce qu'il arrivât au bord du lac Ilmen dont les flots bleutés scintillaient au loin. Sur la rive, il s'assit sur une pierre blanche et saisit son gusli en bois blanc d'érable. Et il se mit à jouer pour l'eau, pour ces vagues couronnées d'écume qui couraient d'une berge à l'autre, puis venaient s'étaler sur le sable blanc qui entourait le lac, pour s'y endormir.

Sadko joua ainsi le matin, à midi et même le soir, toute la journée durant il fit résonner les chansons qui jaillissaient de son bon cœur et de son âme de jeune homme. Il jouait des chansons pour danser, il jouait aussi des chansons tristes, qui s'envolaient malgré lui de son gusli, apaisant son cœur endolori.

Le soir, lorsque le soleil glissa vers l'horizon, pour aller se dissimuler dans les flots frais et transparents du lac Ilmen, surgit soudain des profondeurs du lac une grande vague dont l'écume blanche qui la recouvrait rappelait la crinière d'un cheval. Elle se précipita tout droit vers la rive où était assis le héros Sadko sur une roche blanche. La grosse vague se jeta sur la berge jusqu'à atteindre les pieds de Sadko et elle aspergea ses talons d'écume. Le jeune homme s'effraya à la vue de cette gigantesque vague. Il prit peur devant cette soudaine tempête qui agitait le lac et serrant dans ses bras son gusli, il retourna en courant à Novgorod.

Le lendemain matin, Sadko attendit que quelqu'un vienne l'inviter à une fête ou le prier de venir jouer et chanter ses chansons, ou bien lui dire que les invités souhaitent impatiemment son arrivée, désirant qu'il réjouisse à nouveau leurs âmes. Mais sur le chemin qui menait à sa maison et que depuis longtemps personne n'avait emprunté, seul le vent était présent, balayant et soulevant des tourbillons de poussière.

Affligé, Sadko quitta la ville et marcha et marcha où ses jambes le portaient et bientôt il vit s'étendre devant lui la surface bleue du lac Ilmen. Sur la rive, il s'assit sur une pierre blanche et prit son gusli taillé dans du bon bois blanc d'érable. Et il joua pour l'eau, pour ces vagues écumantes qui couraient d'une berge à l'autre, puis venaient s'endormir paisiblement sur le sable blanc des rives du lac.

Au crépuscule, alors que le soleil terminait sa course quotidienne, s'apprêtant à aller se coucher dans les froides profondeurs du lac Ilmen, une vague immense surgit tout à coup au-dessus de la surface, dressant bien haut, vers le ciel, sa crête écumante. Elle s'élança, impétueuse, vers la rive où Sadko était assis sur une roche blanche. Elle se répandit sur la berge, inondant à moitié le blanc roc, recouvrant de son eau couverte d'écume les jambes de Sadko jusqu'aux genoux. Le jeune homme s'effraya grandement; comme un fouet, la peur le fit se redresser sur son roc et fuir dans la direction de Novgorod, loin des eaux bleues du lac.

156 :	Vint le troisième jour. Sadko s'attendait à ce que quelqu'un vînt pousser le petit portail de la clôture et frappât du poing sur sa porte, pour lui dire, tout en s'inclinant bien bas devant lui :

«Viens Sadko, hâte-toi, tout le monde t'attend déjà, un marchand célèbre aujourd'hui un riche mariage et il est impossible de commencer la fête sans tes chansons, les invités ne savourent pas les mets et le vin s'aigrit dans les petits tonneaux de chêne.» Mais personne ne vint.

Seul le vent soulevait la poussière du chemin de sa maison.

Las d'attendre davantage, Sadko sortit de la ville et marcha, marcha, jusqu'à ce qu'il arrivât à l'endroit où le lac Ilmen étalait ses flots froids, où l'horizon bleuté se confondait avec l'azur des cieux. Il s'assit sur la pierre blanche au bord de l'eau, et prit son gusli taillé dans du bon bois blanc d'érable. Et il joua pour l'eau et pour les vagues, qui couraient, écumantes, d'une berge à l'autre, puis venaient s'endormir paisiblement sur le sable blanc des rives du lac.

Sadko joua toute la matinée, à midi, et jusqu'au soir, toute la journée durant le bois d'érable fit résonner les chansons qui jaillissaient de son cœur et qui jadis réjouissaient tant les gens. Il joua des chansons tristes et gaies, des chansons sautillantes, qui voletaient dans les airs comme les papillons, apaisant l'âme endolorie de Sadko.

Le soir, lorsque le soleil, fatigué, s'approcha des eaux du lac pour y regagner l'abri, où il passait la nuit, une vague énorme surgit du fond du lac, aussi haute qu'une montagne de verre, ressemblant aux nuages sombres d'un ciel de tempête. Elle roula jusqu'à la berge où, sur la roche blanche, était assis Sadko, tout livide. La vague se répandit aussitôt sur la berge, se brisa sur les flancs du rocher blanc et elle trempa Sadko jusqu'à la taille. Sadko se figea d'horreur, il crut sa dernière heure arrivée. Terrifié, il eut envie de crier et de se sauver dans une fuite éperdue. Mais ses jambes refusèrent de le porter et il resta comme cloué sur la roche blanche, sans même pouvoir bouger les mains.

Tout à coup un profond sillon se creusa dans les flots du lac, comme s'ils étaient fendus par une gigantesque épée. Et au beau milieu des eaux surgit soudain le terrifiant souverain des profondeurs du lac, le terrible maître du lac Ilmen, le Tsar des Eaux en personne. Il déclara à l'adresse de Sadko :

«Je te salue, Sadko, fameux joueur de gusli. Je viens te remercier d'avoir joué pour mes chers invités que j'ai rassemblés afin que nous nous réjouissions ensemble. Nous avons festoyé trois jours durant et pendant ces trois jours tu nous as égayés par ton jeu. Encore une fois merci à toi, Sadko. Bien que tu sois venu sans être invité, il me semble, ma foi, qu'il convient de t'en récompenser bien généreusement.

Retourne à Novgorod, Sadko, et attends jusqu'à demain matin. A peine le soleil sera-t-il levé, qu'on viendra t'inviter à une fête, la plus grande que la ville de Novgorod ait jamais connue. Ces festivités réuniront les plus riches marchands et aucun des fiers

boyards n'y manquera. Accepte cette invitation. Et lorsque ensuite tous les convives seront rassemblés autour de la grande table, les panses remplies de mets succulents, les gorges humectées des vins les plus rares, ils tiendront des propos vaniteux. Le riche marchand se vantera de ses trésors, le fier boyard célébrera son épée, le sot tirera des révérences à sa propre bêtise, tandis que le sage parlera modestement de ses parents.

Toi, Sadko, ne parle pas, fais comme si tu avais perdu ta langue. Et lorsque tout le monde aura parlé tout son soûl, fais toujours mine de n'avoir rien à dire. Ils se mettront alors à te poser des questions, ils vont essayer de te faire parler à tout prix : "Et toi, Sadko, serais-tu alors si pauvre que tu n'aies rien à vanter?" Attends alors que tout le monde se taise, lève-toi et dis : "Je connais un secret, que vous tous ignorez. Je sais ce qui est dissimulé dans les profondeurs du lac Ilmen. Un très précieux petit poisson y vit, un petit poisson aux écailles et aux nageoires en or pur. Si le cœur m'en dit, je me rendrai au bord du lac, je jetterai à l'eau mon filet de soie et je capturerai ce poisson. Et si j'en ai envie, j'en attraperai un second et même un troisième. A la maison, je les mettrai dans un bassin et je les contemplerai avec un grand plaisir."

Personne, Sadko, ne voudra te croire. Et chaque marchand, chaque boyard, tous les riches qui seront présents te proposeront un pari. Toi, tu l'accepteras. Tu parieras avec eux toutes les marchandises entassées dans les boutiques des marchands, tu parieras tout l'or enfermé dans les coffres décorés de fer forgé, tu parieras tous les bijoux qui parent leurs femmes et leurs filles.

Là-dessus, tu prendras ton filet de soie et tu partiras au bord du lac, en invitant tes convives à t'y accompagner. Monte dans une barque, écarte-toi un peu de la rive en quelques coups de rames, lance à l'eau le filet de soie et tire le par trois fois. A chaque fois, je déposerai un poisson d'or dans ton filet soyeux.

Ainsi, Sadko, tu gagneras le pari, ainsi que tout l'or et toutes les marchandises, et d'un seul coup tu deviendras un richissime marchand sans égal dans toute la Grande Russie. Voilà qu'elle sera, Sadko, ma récompense pour m'avoir pendant ces trois jours si merveilleusement diverti.»

Là-dessus, le Tsar des Eaux se tut et le profond sillon creusé dans les eaux du lac disparut aussi vite qu'il était apparu; à nouveau, un grand silence régna partout alentour.

Comme dans un rêve, Sadko retourna chez lui et attendit impatiemment le jour suivant. A peine les premiers rayons du soleil avaient-ils effleuré la maison de Sadko qu'on entendit quelqu'un frapper à grands coups à sa porte.

«Holà, Sadko, es-tu là, as-tu toujours ton beau gusli, saurais-tu encore jouer un de ces airs enjoués pour un fameux festin? Si tu n'as pas d'autres engagements qui t'empêchent de sortir, hâte-toi de me suivre. Nous préparons aujourd'hui un superbe banquet comme Novgorod n'en a jamais connu depuis son existence. Tout le monde se prépare déjà, tout le monde s'habille pour prendre à temps place dans la salle du festin. Et tous se réjouissent déjà d'avance, Sadko, d'entendre à nouveau ton gusli et tes chansons.»

SADKO

Sadko prit son instrument et suivit le messager. Celui-ci n'avait pas menti. Tous les notables de la ville étaient déjà attablés, en train de manger et de boire. Les tables ployaient sous les mets exquis et les vins rares coulaient à flots. Et Sadko joua comme jamais il n'avait joué. Tous célébrèrent à l'envie son jeu, et levèrent leurs coupes d'or à sa santé. Et lorsqu'ils eurent mangé à satiété et bu maintes rasades de vin, ils se mirent à discuter et à se vanter. Le jeune se targuait de la beauté de son épouse, le riche ne savait que faire de son argent, le marchand vantait ses boutiques regorgeant de marchandises, le boyard faisait étalage de sa force et de sa bravoure au combat, le sage louait modestement ses parents, le sot égrenait des bêtises.

Seul Sadko se taisait, comme s'il était muet. Et lorsque tous eurent cessé de parler, las de proférer leurs vantardises, Sadko ne prononça toujours pas un seul mot. Il attendait que les convives se mettent à le questionner. Et comme l'avait prédit le Tsar des Eaux, les marchands et les boyards se tournèrent vers Sadko et demandèrent :

«Et toi, Sadko? Pourquoi restes-tu là, sans mot dire? Que t'arrive-t-il? N'as-tu donc rien à vanter hormis ton gusli et tes chansons?»

Alors seulement Sadko se leva et prononça d'une voix basse :

«Je connais une chose dont vous ignorez tous l'existence, un secret que le lac Ilmen dissimule dans ses profondeurs, depuis des temps immémoriaux. Dans ses eaux vit un très précieux poisson dont les écailles et les nageoires sont en or pur. Jamais aucun mortel n'a encore aperçu pareil poisson et jamais surtout ne l'a pris dans son filet. Mais moi, j'irai au bord du lac Ilmen, dans une barque j'avancerai sur ses eaux et après avoir lancé à l'eau mes fins filets de soie, j'attraperai ce petit poisson d'or. Et même pas seulement un, mais trois d'un seul coup!»

Les marchands et les boyards se levèrent d'un bond et se mirent à crier tous ensemble, ils se moquaient en chœur de Sadko :

«Que nous racontes-tu là, Sadko, crois-tu donc, que nous sommes tous devenus des imbéciles? Nous allons te proclamer tsar des menteurs et nous te promènerons à travers toute la ville de Novgorod, tu seras la risée de tous ses habitants. Nous sommes prêts à parier avec toi tout ce que nous possédons, toutes les marchandises, tout l'or, toutes les perles et tout l'argent qui sont enfermés dans nos coffres, que ce que tu viens de nous dire est faux. Si tu gagnes, tu deviendras immensément riche. Mais que Dieu te protège si tu perds. Nous forgerons un carcan d'acier que nous passerons autour de ton cou, nous lierons tes mains sur une barre de fer, et, comme une bête sauvage, nous te promènerons dans les rues de Novgorod pour t'exposer à la risée de tous. Et quand chacun t'aura assez vu, nous te chasserons, Sadko, de notre ville, pour que plus jamais de ta vie tu n'exaspères personne par tes propos inconsidérés.»

Se rappelant les paroles du Tsar des Eaux, Sadko n'hésita pas et accepta ce pari audacieux.

Sans plus attendre, tous ceux qui avaient pris part au festin, partirent en cortège dans la direction du lac Ilmen. Sadko emporta avec lui ses filets de soie, aussi fins qu'une toile d'araignée, aussi doux et moelleux que l'aile de pigeon. Seuls les adroits pêcheurs de la Chine lointaine savaient réaliser de tels filets; les navires marchands les avaient apportés de bien loin, de la lointaine mer Jaune.

Arrivés au bord du lac, épuisés, ils s'assirent sur la rive blanche pour observer comment Sadko pêcherait à bord d'une minuscule barque qui se balançait sur les eaux d'Ilmen. Une première fois Sadko jeta les filets, puis, tout en ramant, il se mit à les tirer. Une douce musique émanait des flots du lac, ressemblant au tintement de clochettes de verre. Lentement, le filet apparut à la surface de l'eau — et, à la vérité, quelque chose frétillait dans les mailles : un petit poisson, mais d'une beauté à en couper le souffle. Il brillait et étincelait comme de l'or pur ciselé, comme si le plus habile des orfèvres l'avait créé.

Et Sadko jeta à nouveau les filets dans l'eau, puis une troisième fois, comme le lui avait conseillé, la veille, le puissant Tsar des Eaux. Et à chaque fois qu'il les retira, un petit poisson d'or brillait dans leur fond.

«Quel miracle», s'exclama aussitôt tout le monde en chœur, «quelles merveilles dorment cachées dans les profondeurs du lac Ilmen! Il n'y en pas de semblables au monde!»

Ainsi Sadko gagna son pari. Sur l'heure, il devint l'homme le plus riche de la ville. Il possédait maintenant de l'argent, des bijoux, de l'or et de l'argent, des pierres précieuses et des joyaux rares. Et, de surcroît, il parvint à multiplier toutes ces richesses, en commerçant avec des pays lointains. Bientôt, il fit construire un magnifique palais dont les pierres blanches brillaient au loin d'un éclat aussi éblouissant que celui du soleil. Son intérieur était d'une beauté à brûler les yeux, à en couper le souffle et à faire palpiter le cœur. Les murs des salles étaient couverts de merveilleuses peintures, des colonnes de marbre se dressaient — telles les tiges des roses épanouies, vers les plafonds dorés. Une salle ressemblait à une journée ensoleillée, l'autre à une nuit de clair de lune, une autre encore au ciel étoilé d'été. De tous les coins du pays les gens accouraient pour pouvoir admirer cette merveille.

Et lorsque tout le palais fut terminé, Sadko y amena une jeune fille belle comme un tableau et ordonna de préparer la noce. Il y invita tous les notables de la ville, boyards et marchands, flûtistes et joueurs de violon. Puis il donna l'ordre de préparer des mets exquis, des friandises apportées de pays lointains et des tonneaux de chêne remplis de vins rares. Ce fut, ma foi, une fameuse noce. Et lorsque tous les invités eurent mangé et bu à satiété, comme à l'accoutumée, ils se mirent à discuter. Chacun se met en avant, chacun se pavane. Le jeune homme chante des louanges sur la beauté de sa fiancée, le riche fait valoir sa bourse remplie d'argent, le marchand vante sa marchandise exceptionnelle et le boyard son épée parfaitement acérée, le sage parle à nouveau en toute modestie de ses parents tandis que le sot fait encore l'étalage de sa propre bêtise.

Sadko est las d'écouter leurs propos creux. Il attend avec impatience le moment où les invités se seront tus. Soudain il se redresse et crie presque :

«Ecoutez, messieurs les fameux boyards, écoutez messieurs les riches marchands, écoutez messieurs ce que je vais vous dire, à présent. J'en ai assez d'écouter vos propos sans intérêt, vos vantardises. N'importe qui saurait se vanter de la sorte. Mais moi, je n'ai nullement envie de me pavaner devant vous. Je possède des coffres remplis d'or et d'argent, de bijoux et de pièces d'or, je ne manque de rien. D'ailleurs, chacun de vous le sait parfaitement bien, alors à quoi bon en parler. Je vous propose, messieurs, un pari. Et pas n'importe quel pari! Je parie avec vous trente mille roubles que demain je parviendrai à acheter toute la marchandise que Novgorod recèle. J'achèterai toute la marchandise étalée dans les boutiques et entreposée dans les magasins, de sorte qu'avant une semaine, il n'y aura plus rien à acheter dans la ville.»

A ouïr ces paroles les marchands sursautent, comme aiguillonnés. Les riches se lèvent et se mettent à crier :

«Ton pari est perdu d'avance, tu ne pourras jamais le gagner, même si tu étais cent fois plus riche que tu ne l'es!»

Et ils parièrent tous : Sadko contre toute la ville de Novgorod. Le lendemain matin, Sadko sortit dans les rues de la ville avec ses braves compagnons et ils achetèrent toute la marchandise qui se trouvait dans les boutiques et dans les entrepôts des marchands. Sadko crut déjà que son pari était gagné. Mais lorsque le lendemain matin, il se promena à nouveau dans les rues, il vit que les boutiques regorgeaient encore de marchandises. Il s'empressa donc de tout acheter, mais le troisième jour, comme par enchantement, les boutiques étaient à nouveau pleines de marchandise. Alors Sadko comprit, qu'il ne pourrait gagner le pari. Il avait oublié que Novgorod n'était pas la seule ville de Russie, il n'avait pas songé que tous les marchands s'empresseraient de faire venir des marchandises de tous les coins du pays. Et pareil au sang frais qui coule dans les veines, sur toutes les routes qui menaient à Novgorod, affluaient chariots et troïkas chargés d'articles rares, Tchernigov, Kiev et même la lointaine Moscou avaient réuni leurs forces pour aider les marchands de Novgorod. Sadko ne parviendrait jamais à les vaincre toutes. Même s'il avait réussi à acheter tout ce qui passait chaque jour par les portes de la ville, les marchandises auraient tout de même continué à affluer sans fin de tous les lointains pays du monde. Et Sadko n'était pas riche au point de pouvoir acheter les marchandises du monde entier.

Ainsi Sadko perdit son pari, et toute sa joie de vivre. Il ne se plaisait plus dans son palais blanc, les yeux noirs et les joues roses de sa jeune et belle épouse ne réjouissaient plus son âme, il ne se sentait plus à l'aise dans la ville de Novgorod.

Il ordonna alors de préparer trente vaisseaux et embarqua bientôt avec toute sa suite, pour entreprendre un long voyage. Ils descendirent d'abord la Néva et lorsqu'ils eurent atteint le large, ils se mirent à naviguer à travers l'immense mer en direction du levant.

Ils atteignirent enfin le but de leur voyage, c'était Horde d'Or, où le puissant khan régnait sur les Tatars. Là, Sadko vendit toute sa marchandise à un bon prix et il s'en retourna vers Novgorod, encore plus riche qu'auparavant. Ses navires étaient remplis d'or pur, de perles brillantes, de tissus précieux, d'ivoire et de lotions parfumées. Jamais en Russie, n'avait encore vécu un homme qui pourrait égaler Sadko en richesse, en pouvoir et en force.

Les vaisseaux noirs glissaient sur les vagues, les voiles déployées comme les ailes d'un cygne, les proues tranchantes fendaient les flots écumants. Les marins se réjouissaient d'avance de revoir leur pays, ils chantaient tous en chœur des chansons très gaies. Le premier jour les vaisseaux volaient comme des mouettes, le deuxième jour ils se précipitaient en avant comme des chevaux galopant dans la steppe. Vint le troisième jour. Qu'advint-il? Les voiles étaient gonflées à en briser les vergues, les cordages tendus vibraient comme les cordes d'un instrument, mais les navires n'avançaient plus d'une encablure, comme si quelqu'un les avait attachés à une chaîne solide, comme s'ils avaient donné sur un récif dissimulé sous la surface de l'eau. Les braves compagnons de Sadko se figèrent d'effroi, ne sachant plus que faire, tous se tournèrent vers leur maître lui demandant ce qui s'était passé.

Mais Sadko, lui aussi, ignorait quelle mystérieuse force avait immobilisé ses bateaux. Il réfléchit un moment, puis il dit à ses compagnons :

«Qui sait, peut-être avons-nous, sans le savoir, offensé le puissant tsar de l'empire sous-marin et il s'est fâché contre nous. Peut-être voudrait-il que nous lui payions un tribut pour avoir pendant tant d'années navigué dans les eaux de son empire. Sans doute, dès que nous aurons payé, il nous laissera continuer notre chemin et nous parviendrons sans plus d'encombre à Novgorod.

Ecoutez-moi, mes braves! Allez vite chercher dans la cale de mon vaisseau un tonnelet d'or rougeoyant et lancez-le sur-le-champ dans les vagues, ce sera notre tribut au redoutable Tsar des Mers!»

Les hommes apportèrent un petit baril tout rempli de poussière d'or et le jetèrent aussitôt dans les flots. Mais ce fut un vain sacrifice. Les vaisseaux restaient toujours immobiles, les voiles gonflées à en casser les vergues, les cordages vibrant comme des cordes trop tendues. On eût dit que quelqu'un avait lié les navires les uns aux autres par une grosse chaîne et les avait attachés au fond de la mer.

Alors Sadko déclara :

«Ce n'était peut-être pas suffisant, le Tsar des Mers voudrait encore davantage. Mes chers garçons, allez vite chercher un tonnelet d'argent et jetez-le sans tarder dans les vagues!»

Les marins apportèrent un tonnelet rempli jusqu'au bord d'argent pur qui brillait comme l'astre des nuits, et sans hésiter, ils le lancèrent à la mer. Mais ce fut encore un vain sacrifice. Les navires restaient toujours comme figés, les voiles tendues étaient sur le point de se déchirer, les solides cordages commençaient à craquer; on eût dit que quelqu'un avait cloué les vaisseaux avec d'énormes clous sur un récif.

Alors Sadko déclara :

«Le Tsar des Mers doit considérer que cela ne suffit toujours pas. Mes chers braves, apportez immédiatement un petit tonneau de perles et jetez-le dans les profondeurs sombres!»

Les compagnons de Sadko apportèrent un petit tonneau rempli jusqu'au bord de perles luisantes comme des étoiles et ils s'empressèrent de le jeter en pâture à la mer. Mais ce fut, une fois encore, un vain sacrifice. Les vaisseaux n'avançaient toujours pas, les rafales de vent brisaient les mâts, les proues s'enfonçaient dans les vagues déferlant comme un troupeau sauvage. Il semblait qu'une main gigantesque avait saisi les quilles des bateaux et les retenait ainsi sur place, pour les empêcher d'avancer.

Sadko déclara alors à ses compagnons :

«Trois fois malheur à nous, vaillants garçons, tout cela n'a pas suffi au Tsar des Mers, il demande d'autres sacrifices et bien plus grands que ceux que nous lui avons déjà offerts. Il va nous demander de sacrifier ce que nous avons de plus précieux, nos vies, nos corps et nos âmes. Si nous ne voulons pas tous périr ici, sombrer dans les profondeurs de la mer, il ne nous reste qu'à choisir l'un d'entre nous, qui fera le sacrifice de sa vie, pour sauver tous les autres. Que chacun de vous se confectionne une marque en bois d'érable et moi, je vais m'en faire une en or pur. Puis nous les lancerons dans les vagues et nous attendrons quelques instants pour voir quelles marques continueront à flotter à la surface de l'eau et lesquelles seront entraînées dans les profondeurs. Que le Tsar des Mers choisisse lui-même lequel d'entre nous doit aller le rejoindre dans son empire. Sa marque tombera au fond de la mer comme une pierre!»

Que virent-ils donc, après quelques instants? Comme des petits canards, les marques en érable continuaient à flotter à la surface de l'eau, seule la marque en or disparut rapidement dans les profondeurs marines.

Le courageux Sadko se figea d'effroi, une sueur froide se mit à perler sur son front, il fut terrifié à l'idée de terminer sa vie dans ce tombeau liquide.

«Attendez donc un instant, mes fidèles compagnons, patientez encore un moment. Pendant tant d'années nous avons vécu ensemble, partageant les meilleurs et les pires moments, il est cruel d'être soudain obligés de se quitter. Peut-être n'avons-nous pas confectionné les marques comme il fallait, tentons donc notre chance encore une fois. Vous, vous allez les fabriquer en or et moi en bois blanc d'érable. Nous allons à nouveau les jeter à la mer et au bout de quelques instants nous verrons quelles marques continueront à flotter et lesquelles tomberont au fond comme des pierres.»

Ils firent comme Sadko avait dit. Et que virent-ils? Les marques en or flottaient sur les vagues comme des cygnes, mais un tourbillon s'empara soudain de la marque en bois d'érable et l'entraîna aussitôt dans les profondeurs de la mer.

Sadko comprit alors que le triste sort lui tendait une main cruelle. Il ne lui restait plus qu'à faire ses adieux à ses compagnons, aux côtés desquels il avait passé la moitié de sa vie et parcouru la moitié de la terre.

«Vivez heureux, mes fidèles et braves compagnons. Quand vous serez de retour à Novgorod, saluez de ma part ma belle et jeune épouse. Demandez-lui de ne pas trop pleurer, et dites-lui que Sadko s'en est allé courageusement là où le destin lui avait ordonné de se rendre. Transmettez aussi mes salutations à tous les gens que j'y ai connus, à mes amis, à mes frères. Qu'ils se souviennent de temps en temps de moi, qu'ils se rappellent Sadko, le joueur de gusli, qui réjouissait leurs âmes et cœurs de son jeu. Et faites part de mon testament à tous les habitants de Novgorod : je lègue la moitié de mes richesses aux pauvres, réduits à la mendicité et qui ne peuvent compter que sur la compassion de leurs proches. Je laisse ensuite une partie de l'autre moitié à ma jeune femme que je dois si vite quitter. Et le reste est à vous, mes fidèles compagnons, que j'ai aimés comme mes propres frères.

Et maintenant, descendez sur l'eau sans plus attendre une planche de chêne et passez-moi mon fidèle gusli. Je ne m'en suis jamais de toute ma vie séparé, je veux donc l'avoir avec moi pendant mes derniers instants.»

A ces mots, tout en pleurant de chaudes larmes, Sadko serra dans ses bras, l'un après l'autre, tous ses compagnons. Ensuite ceux-ci le descendirent sur les flots, pour regagner les grâces du Tsar des Mers. A cet instant précis, les vaisseaux noirs reprirent leur course impétueuse à travers la mer et s'élancèrent en avant sur les flots, tandis que leurs quilles se remirent à creuser un profond sillon sur la surface de l'eau. Sadko resta seul au milieu de l'immense mer. En proie à une grande angoisse, il ferma les paupières, ne voulant pas voir venir sa propre mort.

La planche se balançait doucement sur les vagues, la tête de Sadko s'inclina de fatigue, et le sommeil se posa sur ses paupières comme un papillon de nuit. Tout à coup, Sadko s'éveilla et à la vue du spectacle qui s'offrit à sa vue, il n'en crut pas ses yeux, incapable de savoir s'il veillait ou s'il rêvait encore. Tout baignait dans une étrange lumière vert pâle, tout autour de lui s'étendaient de grandes plates-bandes où resplendissaient de magnifiques fleurs multicolores formant de merveilleux dessins, et tout près, devant lui, s'élevait un splendide palais, d'une blancheur exquise, orné de coupoles d'or étincelantes. Lentement, Sadko s'approcha du palais, et après avoir passé le portail d'airain d'un pas hésitant, il arriva jusqu'à une porte grande ouverte. Sadko entra et déboucha aussitôt dans une salle spacieuse : devant lui, dans un fauteuil taillé dans du corail rouge sombre, était assis le puissant souverain de toutes les profondeurs, le terrible Tsar des Mers en personne, vêtu d'un splendide vêtement de brocart, tout cousu d'or.

De sa voix tonnante qui résonnait dans la salle comme le tonnerre, il dit à Sadko :
«Sois le bienvenu dans mon empire, Sadko. Il y a bien longtemps, ma foi, que je

t'attends. Mon frère, le Tsar des Eaux, du lac Ilmen, m'a dit que tu étais un fameux joueur de gusli et il m'a aussi raconté, comment tu as joué, pour lui, à l'occasion d'un festin. J'ai donc eu envie d'entendre ton gusli et de me réjouir en écoutant un air guilleret. Joue-moi vite quelque chose sur ton gusli, Sadko!»

Que pouvait faire d'autre, le malheureux Sadko? Il prit son gusli fait de bon bois d'érable et il joua une chanson gaie pour le tsar. Dès que les cordes de l'instrument se mirent à vibrer, le Tsar des Mers commença à danser. Et chaque fois qu'il frappait du pied, une grosse vague se soulevait sur la surface de la mer et lorsque le Tsar des Mers sursautait, en dansant, d'énormes tourbillons écumants apparaissaient sur les flots. Malheur à ceux qui naviguaient à ce moment sur la mer, à bord de leurs bateaux. Des vagues en furie les écrasaient sur les rochers et en rejetaient les débris sur la rive.

Soudain, quelqu'un entra doucement dans la salle, il posa la main sur l'épaule de Sadko, quand il fut près de lui. C'était un petit vieux aux cheveux gris qui parla à Sadko d'une voix tremblante :

«Cesse donc de jouer, Sadko. Là-haut, à la surface de la mer, les gens périssent noyés dans les flots déchaînés. Ignores-tu donc que lorsque notre tsar danse, de gigantesques vagues se précipitent sur la surface de la mer, balayant tout sur leur passage?»

«Comment pourrais-je seulement cesser de jouer?» lui répondit alors Sadko. «Le tsar lui-même m'a entraîné dans les profondeurs et m'a ordonné de lui jouer un air guilleret. Je ne puis cesser de jouer, sinon il va entrer dans une colère terrible et je crains fort de ne plus revoir mon pays et ma belle femme.»

«Arrache donc les cordes de ton gusli et dis au tsar que tu ne peux plus continuer à jouer. Tu verras, il ne te fera aucun mal. Au contraire, le tsar te promettra une récompense pour ta chanson. Il va faire venir neuf cents jeunes filles, l'une plus belle que l'autre, et il te proposera d'en choisir une pour épouse. Fais bien attention : choisis la toute dernière, la belle Tchernava, la fille du tsar. Mais prends garde de ne pas succomber aussitôt à sa beauté merveilleuse et de ne pas la prendre dans tes bras ou de l'embrasser, sinon tu ne retournerais plus jamais dans ton pays, tu ne reverrais plus jamais ta ville natale et tes amis!»

Sadko fit comme le vieillard aux cheveux gris lui avait conseillé. Il arracha toutes les cordes de son gusli, le tsar interrompit sa sarabande effrénée et les tempêtes s'apaisèrent. Le tsar s'approcha de Sadko et le remercia chaleureusement pour sa belle musique.

«Je vois à présent que mon frère ne m'a point menti. Un joueur de gusli comme toi, Sadko, ne naît qu'une fois tous les trois cents ans. Je tiens beaucoup à te récompenser pour m'avoir si merveilleusement joué ta belle musique à danser.»

Et le Tsar des Mers ordonna d'amener sur l'heure les belles jouvencelles et aussitôt neuf cents jeunes filles, l'une plus ravissante que l'autre, firent leur entrée dans la salle. Le souverain des mers invita alors Sadko à en choisir une pour épouse, en témoignage de reconnaissance.

Se rappelant les paroles du vieillard, Sadko choisit la dernière jouvencelle. C'était, en effet, la belle Tchernava, la plus jeune fille du Tsar des Mers. Sans plus tarder, une somptueuse noce fut célébrée dans le blanc palais du tsar. Les festivités terminées, les jeunes mariés s'en furent dans leur chambre nuptiale. Bien que Tchernava fût si belle que Sadko en eut le souffle coupé, il n'effleura ni ses bras d'une blancheur exquise, ni même ses blanches épaules. Il s'allongea dans le lit conjugal, mais il se garda bien d'embrasser la ravissante jeune fille.

Bientôt il s'endormit dans le lit moelleux, le sommeil s'étant posé sur ses paupières comme un papillon de nuit.

Et lorsqu'il s'éveilla de son lourd sommeil, il fut ébahi. Il se trouvait dans sa ville natale, au bord du fleuve. Au milieu du courant, il aperçut soudain ses vaisseaux et à leur bord, ses fidèles compagnons. Ces derniers se mirent à l'appeler. Tout joyeux, ils riaient et poussaient des cris d'allégresse :

«Sois le bienvenu, Sadko, tu n'as donc pas péri noyé dans les vagues impétueuses, ni sombré dans les flots glacés, tu nous es revenu sain et sauf, puisses-tu le rester pour toujours!»

Quelle joie de se retrouver ainsi à nouveau réunis! Pour honorer ses bons amis et la ville entière, pour honorer les riches et les pauvres, Sadko fit préparer un somptueux banquet dans son palais. Et lorsqu'ils eurent tous mangé et bu à satiété, ils entreprirent de raconter tout ce qui s'était passé depuis le jour où Sadko s'était rendu au bord du lac Ilmen pour y jouer.

C'est une très belle ville, la célèbre Novgorod : elle n'a pas sa pareille dans toute la grande Russie. Beaucoup de grands y vivent, des boyards et des marchands, ainsi que de nombreux joueurs de gusli. Cependant, un seul parmi eux s'appelle Sadko, joueur de gusli et marchand, au cœur de héros. Il sait réjouir les gens par une chanson, par un présent, ou bien par une parole aimable. Tant que le monde existera, tout le monde racontera sa légende, dans la grande et vaste Russie.

SADKO

COMMENT LES TEMPÊTES APPARURENT SUR LA MER

Dans les temps lointains, quand la terre était encore jeune, le puissant dieu Indra régnait en maître absolu sur le monde. C'est à lui qu'appartenaient toutes les richesses de la nature et dans ses mains reposait la vie des êtres vivants. Comme un pâtre consciencieux, il lâchait dans les cieux d'immenses troupeaux de nuages et réglait leur course sur la coupole céleste. Sur son ordre les nuages arrosaient la terre de leur pluie bienfaisante. Ainsi verdissaient les pâturages et les champs, se créaient les lacs et les rivières où frétillaient les poissons et se remplissaient les puits auxquels les gens venaient étancher leur soif. Sans cette ondée céleste qu'Indra distribuait si généreusement, ni les mers et les océans n'auraient pu exister et la terre n'aurait plus été qu'un immense désert désolé.

Mais la joie des dieux et le bonheur des hommes éveillèrent bientôt la haine et l'envie des mauvais démons. Et le plus malveillant d'entre eux était sans doute le démon de la faim Writra, qui habitait dans une inaccessible forteresse rocheuse, perchée dans les montagnes de l'Himalaya. Il décida de faire le plus grand mal possible au dieu Indra et aux hommes. Jour et nuit, il se creusait la tête pour trouver le moyen de mener à bien son néfaste projet, tant et si bien qu'il eut enfin une idée. Un jour, alors qu'Indra se reposait, Writra monta rapidement jusqu'au ciel, et après avoir réuni les nuages en un seul troupeau, il les repoussa jusqu'à sa forteresse rocheuse, où il les enferma dans la plus profonde de ses caves.

Et sur la terre, ce fut bientôt un affreux spectacle de désolation. Plus un seul nuage ne se montra sur le ciel et l'impitoyable soleil ravageait prairies, champs et forêts de ses rayons brûlants. Les fleurs se fanaient avant même de s'épanouir, les lacs et les rivières s'asséchaient. Tourmentés par la soif, les animaux accouraient vers les sources mais n'y trouvaient plus une seule goutte d'eau. A bout de forces, ils mouraient par milliers à proximité de leurs points d'eau desséchés. Accablés, les hommes désespérés se mirent à creuser profonds trous dans l'espoir de trouver ne fût-ce qu'un mince filet d'eau. Mais il fallut peu de temps pour que ces dernières réserves d'eau disparussent; la terre toute crevassée et lézardée les avait englouties. Les premiers à périr de soif furent les enfants, mais bientôt, sans plus faire de distinction, la mort emportait les vies par milliers. Et de leurs lèvres gercées, les hommes au comble du désespoir se mirent à ânonner le nom du dieu Indra, l'implorant de leur venir en aide.

Mais endormi d'un profond sommeil, le dieu Indra n'entendait pas les supplications des hommes. Et lorsque celles-ci lui parvinrent enfin aux oreilles, il s'éveilla aussitôt et embrassa du regard toute la terre. Son regard divin découvrit un horrible spectacle, son cœur divin fut étreint par une affliction profonde et son esprit divin s'enflamma d'un terrible courroux! Il sauta immédiatement de sa couche d'or, et dès qu'il eut revêtu son armure en or, il rassembla son armée céleste et de sa puissante foudre, il attaqua la forteresse rocheuse du démon Writra.

Mais les foudres du dieu Indra ne purent pas grand-chose contre le solide roc qui protégeait l'imprenable forteresse de Writra. Les troupes célestes lançaient en vain attaque sur attaque, et le dieu Indra foudroyait en vain encore et encore les tours de roc : bien à l'abri dans la forteresse, le démon Writra le narguait. Comprenant l'inutilité de ses efforts, Indra se résigna à battre en retraite.

Alors le puissant dieu Indra entra dans une colère indescriptible. Il fit le serment de se venger cruellement de Writra et il déclara qu'il ne se contenterait pas de délivrer de forteresse ses troupeaux célestes mais qu'il ferait tout pour anéantir le terrible démon. Et sans plus tarder, il s'adressa aux autres dieux pour leur demander conseil. Cependant, aucun dieu ne sut lui donner un conseil valable. Alors Indra décida de tenter sa dernière chance. Peut-être le dieu suprême, le tout-puissant Brahma, créateur de tout

COMMENT LES TEMPÊTES APPARURENT SUR LA MER

l'univers, saurait-il lui conseiller comment prendre la forteresse de Writra pour sauver tous les êtres de la terre d'une mort certaine. Il se rendit donc sur l'heure chez Brahma et le pria de lui venir en aide.

Mais le tout-puissant Brahma lui répondit :

«Les dieux ne te seront d'aucun secours, c'est aux gens qu'il te faudra demander de l'aide. Va, retourne à présent sur terre. Tu y trouveras une assemblée de sages vieillards qui se sont réunis pour découvrir en eux-mêmes toute la sagesse de la terre. Demande-leur, ils sauront te conseiller!»

Le dieu Indra revint alors sur cette terre qui mourait de soif. Il partit à la recherche des vieux sages et partout où il allait, il ne voyait que des régions brûlées et calcinées, dépourvues d'eau et de vie. Longtemps il marcha ainsi sous le soleil cuisant jusqu'au jour, où dans une vallée, il trouva l'assemblée des plus sages vieillards que comptait la tribu humaine.

Ils étaient si absorbés dans leurs méditations qu'ils n'avaient même pas remarqué le désastre qui venait de frapper la terre tout entière. Lorsque le dieu Indra se fut approché tout près d'eux, il leur adressa la parole en ces termes :

«Ecoutez-moi, ô les plus sages parmi les sages, maîtres des dieux et des hommes. L'abominable démon Writra m'a volé les nuages qui arrosent la terre de leur pluie pour la rendre fertile. Et tandis qu'il les détient prisonniers dans sa forteresse rocheuse, la terre se dessèche et se calcine. Tous les êtres, les bêtes, les poissons et les hommes eux-mêmes meurent de soif. A part vous, il n'y a plus personne qui sache trouver le moyen de prendre la forteresse de Writra, de délivrer les nuages et de rendre vie à la terre. Le tout-puissant dieu Brahma, lui-même, m'a envoyé auprès de vous, je vous supplie, aidez-moi!»

Mais les sages restèrent muets et c'est seulement après un long silence que l'un d'eux prit enfin la parole :

«Aucune arme, qu'elle soit céleste ou terrestre ne pourra jamais détruire la forteresse de Writra. Seule la foudre faite à partir des os du grand *richi*, le plus âgé et le plus sage de tous les sages en viendrait à bout.»

Ayant entendu cette réponse, le dieu Indra s'affligea et une plainte déchirante s'éleva de la foule des gens qui l'accompagnaient dans l'espoir de voir s'achever leurs souffrances. Où donc trouver le grand richi? Où reposent donc ses os? Il ne semblait plus y avoir de salut possible pour les hommes, ils allaient tous périr de soif jusqu'au dernier et la terre tout entière était désormais condamnée à devenir bientôt un immense désert désolé. C'est alors qu'un majestueux vieillard sortit du cercle des sages et déclara :

«Ne désespérez pas, ô bonnes gens! Je suis le grand richi et je me déclare être prêt à faire le sacrifice de ma personne pour sauver la vie sur la terre. Que le dieu Indra prélève les os de mon corps et qu'il en confectionne une foudre terrifiante qui portera

le nom de Wadjrahoudha. Grâce à elle, il anéantira le méchant démon Writra et il
apportera une nouvelle vie sur la terre entière.»

Ainsi fut-il fait. Des os du grand richi, le dieu Indra forgea une foudre puissante qui ne manquait jamais son but et revenait toujours entre ses mains. Grâce à elle, Indra réduisit ensuite en poussière la forteresse rocheuse de Writra et délivra tous les nuages qui y étaient emprisonnés. Ceux-ci s'éparpillèrent aussitôt à travers toute la coupole céleste et se mirent aussitôt à arroser la terre de leur pluie qui fit renaître plantes et arbres, remplit lacs, rivières et puits et permit aux animaux et aux gens d'étancher enfin leur soif.

Lorsque le dieu Indra eut anéanti de sa foudre le démon Writra, il chassa des ruines de la forteresse, des foules de mauvais esprits — serviteurs de Writra et il lança aussitôt ses troupes célestes à leur poursuite. Ce fut en vain que les mauvais esprits cherchèrent un abri pour échapper à leurs poursuivants. Ni dans le ciel ni sur la terre, il n'y avait plus d'endroit où les guerriers célestes ne les trouvassent et massacrassent aussitôt. Il ne leur resta plus qu'à se réfugier dans les profondeurs sous-marines. Depuis lors, paraît-il, ils vivent au fond de la mer, et toujours très courroucés, ils tissent sans relâche des projets pour tirer enfin vengeance. Et leur colère est si immense qu'elle ne cesse d'agiter la mer et de provoquer d'effroyables tempêtes.

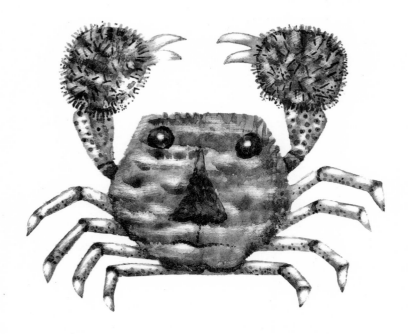

COMMENT LES TEMPÊTES APPARURENT SUR LA MER

COMMENT LE DAUPHIN DEVINT LE PARRAIN DES ENFANTS DU PÊCHEUR

Dans une petite ville, au pays d'Espagne, au bord de la Méditerranée, vivaient il y a bien longtemps un pêcheur et sa femme. Ils menaient là une existence aisée, à l'abri du besoin, car la fortune souriait au pêcheur. Chaque jour il rentrait de la pêche, la barque pleine de poissons, et après avoir vendu sa pêche au marché, il rapportait toujours quelques jolies pièces d'or. Ainsi on ne manquait jamais de rien sous son toit.

En dépit de cela, le pêcheur et sa femme n'étaient pas complètement heureux. Ils n'avaient toujours pas d'enfant et cela les tracassait beaucoup. Le pêcheur désirait ardemment un fils qui, lorsqu'il aurait grandi, sortirait avec lui en mer pour l'aider dans sa pêche, et sa femme rêvait d'une jolie fillette qu'elle pourrait habiller, coiffer et parer de beaux rubans dans les cheveux pour qu'à la messe du dimanche les voisines la regardent avec envie.

Mais ils avaient beau attendre et espérer, ils ne voyaient toujours pas s'accomplir leurs vœux. Les années passaient et ni pleurs ni rires d'enfant ne venaient rompre le triste vide de leur foyer. Au fur et à mesure que le temps s'écoulait, le pêcheur devenait plus sombre. Souvent, sortant en mer, il ne prenait plus la peine de jeter les filets, et prostré dans sa barque, il contemplait d'un air songeur les vagues sans même les voir. Et dans la maison, de plus en plus fréquemment, sa femme s'arrêtait en plein travail et allait s'asseoir sur une chaise, le regard vide, restant prostrée pendant de longs moments. Le bonheur et la gaieté semblaient avoir quitté à jamais la maison du pêcheur.

Un jour, alors que le pêcheur était sorti, comme à l'accoutumée, il lança tout de même les filets dans l'eau, mais ensuite il resta immobile pendant de longues heures, sans même s'en préoccuper. La mer était calme, la barque se balançait doucement au gré des vagues, le jour touchait déjà à sa fin. Quand le disque solaire commença à disparaître derrière l'horizon, le pêcheur sortit enfin de sa torpeur, et, réalisant qu'il était toujours dans sa barque, il se hâta de tirer le filet hors de l'eau.

A ce moment précis le bateau fut violemment agité, l'eau se mit à bouillonner, comme si un gros poisson était pris dans le filet. En s'arc-boutant, le pêcheur réussit avec beaucoup d'effort à sortir les filets de l'eau — et en effet, un gros dauphin se débattait entre les mailles du filet.

Le pêcheur le contempla longuement, puis toujours en proie à sa grande tristesse, il dit :

«Je suis suffisamment malheureux moi-même, pourquoi donc te faire du mal, à toi aussi?»

Et là-dessus, il libéra le dauphin du filet, en s'apprêtant à le remettre à l'eau : «Va, retourne dans les vagues, tu as sûrement quelque part au fond de la mer une compagne et des petits qui auraient beaucoup de chagrin en ne te voyant pas revenir. Allez, reprends ta liberté!»

Le dauphin roula sur une vague, puis disparut rapidement de la surface de l'eau, mais quelques instants plus tard, sa tête émergea tout à coup de l'onde devant la barque du pêcheur et d'une voix humaine il dit :

«Grand merci à toi, pêcheur, de m'avoir rendu la liberté. Je t'en serai à jamais reconnaissant. Je suis le roi des dauphins et c'est à moi qu'appartient tout l'empire sous-marin. Je connais beaucoup de secrets que les hommes ne sauront jamais percer. Peut-être saurais-je te venir en aide. J'ignore la cause de tes tourments, mais je sais que tu es dévoré par un grand chagrin. Dis-moi ce qui t'oppresse et je tâcherai de t'aider.»

Lorsque le pêcheur fut revenu de sa stupeur, il expliqua au dauphin la raison de son accablement. Il lui confia à quel point il souhaitait avoir un fils, qui l'aiderait à la pêche et veillerait sur ses vieux jours. Et il ajouta que sa femme était également en proie à un grand désespoir de ne pas avoir une fillette qu'elle pourrait joliment vêtir et marier un jour à un gentil garçon.

COMMENT LE DAUPHIN DEVINT LE PARRAIN DES ENFANTS DU PÊCHEUR

176 :   Entendant cela, le dauphin s'empressa de calmer le pêcheur :

«Cesse de te tourmenter, pêcheur; d'après ce que tu me racontes, il me sera aisé de te récompenser de ton aide. Je connais en effet le remède à ton malheur. Tout au fond de la mer, pousse une plante miraculeuse qui fait éclore une vie dans le sein de toute femme qui désire un enfant. Mais elle pousse au plus profond de la mer, dans des profondeurs telles qu'il me faudra une journée entière pour l'atteindre, puis je mettrai toute une nuit pour remonter jusqu'à la surface. Retourne à présent tranquillement chez toi et sois de retour ici demain, à la même heure, je t'attendrai!»

A ces mots le dauphin fit ses adieux au pêcheur et disparut dans les profondeurs sous-marines. Tout joyeux et ragaillardi, le pêcheur cingla vers le rivage afin de rentrer chez lui. Le voyant revenir si enjoué, sa femme s'enquit avec étonnement de la raison de sa soudaine gaieté, mais le pêcheur préféra ne rien lui dévoiler de son étrange rencontre. Il voulait lui épargner une cruelle déception au cas où le dauphin ne tiendrait pas sa promesse.

Et le lendemain, brûlant d'impatience, le pêcheur sortit en mer bien avant l'heure fixée par le dauphin. Il attendit longtemps, très longtemps à l'endroit indiqué, et déjà il commençait à perdre l'espoir de revoir le dauphin. Mais à peine le disque écarlate de l'astre du jour eut-il effleuré la ligne de l'horizon, que, devant sa barque, l'eau fit des remous et la tête du dauphin surgit des vagues.

«Bonjour, pêcheur, j'ai l'impression que l'attente commençait à te sembler longue. Mais rassure-toi tout de suite : je ne manque jamais à ma parole. Tiens, voilà la plante magique dont je t'ai parlé. Une fois de retour à la maison, fais-la manger à ta femme. Si elle en mange la fleur, elle donnera le jour à une fille et si elle en mange la racine, elle aura un fils. Mais si elle la mange tout entière, elle mettra au monde des jumeaux — un garçon et une fille. Je souhaite de tout cœur que tes enfants te procurent beaucoup de joie. Je vais maintenant te donner cette plante, mais il faut que tu me fasses une promesse : quand l'enfant naîtra — que ce soit un garçon, une fille ou des jumeaux — tu m'inviteras au baptême en tant que parrain.»

Le pêcheur, tout réconforté, promit sans hésiter un instant. Puis, après avoir remercié le dauphin, il se hâta de retourner à la maison. Le soir même sa femme mangea la plante tout entière. Et lorsqu'une année se fut écoulée, elle donna le jour à des jumeaux — un garçon et une fille.

C'est ainsi que la joie et le bonheur revinrent dans le foyer du pêcheur. Mais celui-ci n'avait cependant pas oublié la promesse faite au dauphin. Le soir même du jour où il devint l'heureux père des jumeaux, il prit sa barque, s'éloigna un peu de la rive et appela :

«Roi des dauphins, roi des dauphins, m'entends-tu? Ma femme vient de me donner un fils et une fille et c'est à toi que je dois tout mon bonheur. Dans deux jours ce sera le baptême, je te prie d'y venir et d'être parrain de mes enfants!»

Et du fond de la mer une voix retentit aussitôt en réponse :

«Je te remercie, pêcheur, de n'avoir pas oublié ta promesse. Je ne manquerai pas de venir, attends-moi!»

Le lendemain le pêcheur se rendit au presbytère annoncer au curé qu'il avait choisi pour parrain de ses enfants un dauphin et qu'il lui faudrait donc venir baptiser ses jumeaux au bord de la mer. Interloqué par l'étrange demande du pêcheur, le curé hésita longuement, ne sachant trop que répondre. Mais comme c'était un aimable vieux prêtre qui éprouvait beaucoup de compassion envers le pêcheur et sa femme, n'ignorant pas à quel point l'absence d'enfants dans leur foyer les avait rendus malheureux, il finit par donner son accord.

Ainsi le troisième jour le baptême eut-il lieu au bord de la mer, sur un grand rocher tout plat, qui surplombait la mer. Comme convenu, le dauphin était venu afin de devenir le parrain des deux enfants et il apporta à chacun d'eux un cadeau de baptême : un magnifique collier de grosses perles roses pour sa filleule et pour son filleul une grande coquille d'or. Le baptême terminé, le dauphin dit ensuite au pêcheur et à sa femme :

«Vous m'avez fait grand-plaisir en m'invitant au baptême. D'ailleurs, vous n'aurez pas à vous en repentir. Comme je suis désormais parrain de vos enfants, je m'occuperai d'eux et veillerai sur leur bonheur. C'est dans cette intention que je viens de leur offrir ces deux présents. Chaque fois que votre fille sera en difficulté et qu'elle aura besoin de mon aide, il lui suffira d'ôter une perle de ce collier et de la jeter dans la mer, en m'appelant; je viendrai immédiatement à son secours. Et si un jour il arrive un malheur à votre fils, il lui suffira de prendre la coquille entre ses mains et de souffler dedans, pour m'appeler : "Dauphin, mon parrain, viens à mon secours!" — je viendrai aussitôt l'aider.»

Là-dessus, le dauphin fit ses adieux au pêcheur et à son épouse et retourna dans son empire sous-marin.

Le temps passait et les enfants du pêcheur poussaient comme des joncs, à la grande joie de leurs parents. Par-dessus tout ils aimaient jouer dans le sable au bord de la mer, où le dauphin, leur parrain, venait les rejoindre à chaque fois que ses voyages sous-marins le conduisaient à proximité de leur maison. Il passait ainsi de longs moments en leur compagnie, en les dorlotant et jouant avec eux dans les vaguelettes qui déferlaient sur la grève. Souvent même il les prenait sur son dos pour les promener parmi les vagues, à la grande joie des deux enfants.

Alors que les deux enfants avaient déjà dix-huit ans, le pêcheur, leur père, mourut subitement et peu de temps après, leur mère alla le rejoindre dans la tombe. N'ayant plus personne au monde et bien que très peinés par la mort de leurs parents, ils comprirent qu'il leur fallait désormais agir tout seuls. Le garçon qui était devenu entre temps un vigoureux jeune homme, était déjà un pêcheur expérimenté. Il allait donc tous les jours à la pêche, et comme jadis son père, ne rentrait jamais les mains vides. Et alors que son frère était en mer, la jeune fille restait à la maison où elle s'occupait du ménage et faisait la cuisine. Ils vécurent ainsi en paix et en bonne entente, s'aidant mutuellement.

Justement à cette époque-là, le roi du pays décida de marier sa fille unique qui était d'une grande beauté. Mais c'était un roi orgueilleux et entêté, et il n'avait nullement envie de la donner en mariage au premier prétendant venu. Il fit donc proclamer qu'il ne donnerait la main de sa fille qu'à celui qui repêcherait à un endroit particulièrement profond de la mer une bague que lui-même y aurait jetée.

Comme son royaume recelait d'immenses trésors et richesses et que le renom de l'extraordinaire beauté et de la grande bonté de sa fille avait déjà parcouru tout le pays, une foule impressionnante de prétendants afflua aussitôt vers la capitale. Certains étaient venus seuls, d'autres s'étaient fait accompagner d'excellents nageurs et plongeurs qui devaient les aider à retrouver l'anneau. La nouvelle de la proclamation du roi étant parvenue jusqu'aux oreilles du jeune pêcheur, celui-ci se décida à tenter sa chance. Il fit part de son intention à sa sœur, mais celle-ci essaya de l'en dissuader :

«Tu ferais mieux de ne pas y aller, mon frère. Je crains que tout cela ne finisse mal. A-t-on jamais vu un simple pêcheur épouser une princesse royale? Le roi a sûrement l'intention de marier sa fille à un riche et puissant seigneur et même si tu parviens à retrouver la bague au fond de la mer, il saura toujours inventer un prétexte pour te refuser sa main.»

Mais le jeune pêcheur s'obstina dans son intention. D'habitude pourtant, il suivait toujours les conseils de sa sœur, appréciant beaucoup son bon sens et sa sagesse, mais cette fois il fit la sourde oreille. Ce fut en vain qu'elle essaya de lui faire entendre raison, vainement elle l'implora, en pleurs, d'abandonner ce projet insensé; le jeune homme ne revint pas sur sa décision. Et au jour dit, il se mit en route pour la ville royale pour tenter de repêcher l'anneau, et d'obtenir la main de la princesse.

Ce jour-là, la cité royale ressemblait à une immense foire bariolée, grouillante de monde. De tous côtés les gens étaient accourus en foule pour assister au spectacle et dans le port se balançaient majestueusement sur les vagues de splendides navires, à bord desquels étaient venus de partout de nobles prétendants, tous résolus à tenter leur chance.

Sur le coup de midi, le magnifique vaisseau royal leva l'ancre et cingla vers le large. Sur le pont se tenait le roi en personne, sa fille à ses côtés. Dans le sillage du bateau, avançait toute une flotille de barques joliment décorées, chacune portant à son bord un prétendant impatient. Quand ils se furent immobilisés dans un endroit où la mer était particulièrement profonde, le roi ôta du doigt de la princesse une belle bague ornée d'un énorme diamant et après l'avoir tenue quelques instants dans sa main levée, afin que tous la voient bien, il la lança dans l'eau. En décrivant une longue courbe, la bague étincela de mille feux dans les rayons du soleil, avant de s'engloutir dans les flots.

C'est alors que tous les prétendants se précipitèrent dans l'eau pour repêcher la bague, de sorte que la mer se mit à bouillonner puis se couvrit d'écume blanche. Mais ce fut en vain qu'ils plongeaient et replongeaient dans l'espoir de retrouver la bague, on eût dit que la mer refusait de rendre le trésor qu'elle avait englouti.

Et lorsque les tentatives de tous les prétendants se furent révélées vaines, le jeune pêcheur s'approcha en ramant du navire royal et déclara au roi qu'il voulait à son tour tenter de repêcher la bague. Quand le roi eut remarqué son humble barque et son modeste vêtement de pêcheur, il rétorqua avec une moue de dédain :

«Des misérables de ton espèce n'ont rien à faire ici. Oserais-tu prétendre réussir là où de nobles et brillants seigneurs ont échoué? Mais c'est bon, si tu tiens tant à t'exposer à la risée générale, essaie donc. Après tout, j'ai donné ma parole et chacun peut tenter sa chance!»

Tandis que le roi parlait ainsi, sa ravissante fille n'avait pas quitté le beau jeune homme du regard, lui adressant même un tendre sourire. Comme il arrive souvent en ce monde, deux jeunes gens se rencontrent, leurs yeux se croisent et tout à coup leur cœur bondit dans leurs poitrines — dès lors ils savent tous les deux, qu'ils ne pourront plus vivre l'un sans l'autre. Dès que la fille du roi eut aperçu le jeune pêcheur, elle comprit aussitôt que c'était avec lui qu'elle voulait désormais passer sa vie. Le jeune pêcheur, lui, s'était si éperdument épris dès le premier regard de la belle princesse, qu'il décida de retrouver la bague à tout prix, même si cela devait lui coûter la vie.

Sans plus attendre, il ôta son sarrau et la tête la première, il se jeta dans les flots. Il était déjà depuis un long moment sous l'eau et ses poumons manquaient d'air, ses oreilles bourdonnaient, mais il avait beau nager toujours plus bas, la mer était si profonde qu'il ne parvenait pas à atteindre le fond.

En le voyant émerger les mains vides, la belle princesse se tourna vers son père et elle se mit à le prier :

«O, mon cher père, si tu m'aimes un peu, permets à ce garçon de tenter une fois encore sa chance. Il me fait pitié ce gentil et beau pêcheur.»

Le roi hésita quelque peu, mais à la fin céda à ses prières. Et le jeune pêcheur replongea une seconde fois dans les vagues. Il resta sous l'eau encore plus longtemps que la première fois, mais là encore il ne parvint pas à atteindre le fond de la mer et remonta à la surface les mains vides, tout épuisé et affligé.

Alors la princesse une nouvelle fois supplia son père :

«O, mon père chéri, permets à ce garçon de replonger une troisième fois, donne-lui une dernière chance.»

En ricanant, celui-ci répliqua :

«Par amour pour toi, ma fille bien-aimée, je ne vais pas m'opposer à ce qu'il replonge une troisième fois; d'ailleurs, il pourra plonger autant de fois qu'il voudra, même cent fois, si ça lui chante. Après tout, ce n'est qu'un pauvre hère et s'il cherche à se noyer, je ne vais pas l'en empêcher.»

COMMENT LE DAUPHIN DEVINT LE PARRAIN DES ENFANTS DU PÊCHEUR

Pour la troisième fois le jeune pêcheur se jeta dans les flots. Avant de plonger, il s'était juré que, cette fois, il préférerait périr noyé plutôt que de remonter sans la bague. Il plongea, plus loin encore que les autres fois, et alors même qu'il atteignait le fond, il perdit soudain connaissance, et bientôt les flots remontèrent à la surface son corps inerte. Le roi l'aurait laissé là, à la merci des vagues, sans l'ombre d'un remords, mais la princesse ordonna à ses serviteurs de recueillir sur l'heure le pêcheur évanoui et de tout faire pour le ramener à la vie. Dès l'instant où elle l'avait aperçu elle tenait à ce jeune homme plus qu'à n'importe quoi au monde.

Un long moment s'écoula avant que le jeune pêcheur eût repris ses esprits et eût pu regagner son logis. Et quand il eût tout raconté à sa sœur, celle-ci lui dit :

«Je t'avais pourtant averti, mon frère. Tu as failli perdre la vie, sans pour autant réussir à obtenir la main de la princesse. Et de surcroît, le roi s'est bien moqué de toi.»

«O, ma sœurette, je ne peux plus vivre sans elle; je dois coûte que coûte obtenir sa main. Elle est si belle et gentille! Si tu l'avais vu me regarder et me sourire, tu aurais tout de suite compris qu'elle aussi, m'aime de tout son cœur. Le roi m'a permis de tenter ma chance autant de fois que je le voudrais. Je sais à présent ce qu'il me reste à faire. Je vais appeler le dauphin, notre parrain et le prier de m'aider.»

Sa sœur tenta de l'en dissuader, lui rappelant qu'il ne pouvait appeler le dauphin à son aide que lorsque sa vie était en danger, mais le frère fit comme il avait dit. Il porta la coquille d'or à ses lèvres et souffla à l'intérieur :

«Dauphin, mon parrain, viens à mon secours!»

Un instant plus tard le dauphin surgit des flots tout près du rivage, où se dressait leur maison :

«Qu'y a-t-il, mon filleul? Que veux-tu de moi?»

Alors le garçon lui conta tout ce qui lui était arrivé et avoua qu'il ne pouvait plus vivre sans la belle princesse. Il pria ensuite le dauphin de lui apporter du fond de la mer la bague, afin qu'il puisse la porter au roi et recevoir la main de sa fille.

«J'ai promis jadis à ton père de vous aider, toi et ta sœur, chaque fois que vous auriez besoin d'une aide quelconque. C'est un jeu d'enfant pour moi, que de repêcher cette bague, tu l'auras dans quelques instants. Cependant comme ta sœur, je crains fort qu'elle ne t'apporte pas le bonheur. Mais je ferai selon ton désir.»

A ces mots le dauphin plongea, disparaissant dans les profondeurs marines mais un bref instant plus tard, il émergea à nouveau, en portant l'anneau dans sa gueule. Le jeune homme le remercia de tout son cœur et sans perdre une seconde, se mit en route pour la cité royale. Les sentinelles de garde devant la grande porte ne voulaient pas le laisser entrer, mais lorsque le pêcheur leur dit qu'il apportait la bague de la princesse, repêchée au fond de la mer, elles le conduisirent sans plus tarder devant le roi. Ayant reçu la bague des mains du jeune homme, le roi ne put en croire ses yeux, mais dès qu'il fut revenu de sa stupeur, il dit :

COMMENT LE DAUPHIN DEVINT LE PARRAIN DES ENFANTS DU PÊCHEUR

«A ce que je vois, tu y es tout de même parvenu. Et tu t'imagines maintenant que je vais te donner ma fille pour femme. Mais tu te trompes grandement, mon garçon. Comment as-tu pu croire un seul instant que je donnerais la princesse, ma riche héritière, à un manant de ton espèce? Je te remercie infiniment d'avoir retrouvé la bague, mais à présent, disparais d'ici, sinon je lâche immédiatement les chiens. Et je te préviens : ne te présente plus devant moi, sauf si tu peux m'offrir trois navires regorgeant de trésors : le premier rempli d'or, le second d'argent et le troisième de pierres précieuses!»

Le malheureux pêcheur ne put que repartir, la tête basse, chez lui. Tandis qu'il sortait du château, il se retourna et aperçut à une fenêtre sa belle princesse qui, avec un triste sourire, agitait son écharpe blanche en guise d'adieu.

Quand il fut revenu à la maison, sa sœur lui dit :

«Ne t'avais-je donc pas dit que tout cela allait mal finir? Jamais le roi ne te donnera sa fille en mariage, même si tu lui fais parvenir dix bateaux remplis d'or, d'argent et de pierres précieuses. Si tu m'avais écouté, tout cela ne serait jamais arrivé.»

Mais le jeune pêcheur n'avait plus rien d'autre en tête que la ravissante fille du roi. En dépit des résistances et des avertissements de sa sœur il prit de nouveau la coquille d'or et il appela :

«Dauphin, mon parrain, viens à mon secours!»

Il avait à peine fini d'appeler que déjà le dauphin surgissait de l'eau :

«Pourquoi m'appelles-tu donc, mon filleul? De quoi as-tu encore besoin?»

Le garçon lui raconta alors ce qui lui était arrivé au château et, les larmes aux yeux, il lui confia qu'il mourrait de chagrin s'il ne pouvait épouser la princesse. Avec beaucoup d'insistance, il implora le dauphin afin qu'il l'aide une nouvelle fois et lui procure toutes les richesses que le roi avait exigées.

«Calme-toi, mon filleul, je ne manquerai pas à la promesse que j'ai jadis faite à ton père. Il me sera facile de te procurer tout ce que tu réclames, mon royaume sous-marin regorge de toutes sortes de richesses. Cependant, comme ta sœur, je crains fort que tout cet or, cet argent et ces pierres précieuses ne t'apportent que du malheur. Patiente un peu, je serai vite de retour.»

Et en effet, en moins de temps qu'il n'en faut pour le dire, trois magnifiques bateaux lourdement chargés se balançaient déjà sur les vagues : le premier rempli d'or, le second d'argent et le troisième de pierres précieuses. Le jeune homme monta à bord du premier navire et cingla vers la ville royale. Lorsqu'il fut en présence du roi, il lui déclara :

«Voici, Majesté, tous les trésors que tu m'as réclamés. Garde-les, ils sont désormais à toi, mais donne-moi maintenant ta ravissante fille en mariage!»

A ces paroles, le roi se figea, incapable de prononcer un mot. A la simple idée de marier sa fille à un pauvre pêcheur, un frisson d'horreur le parcourut. Il réfléchit fébrilement et tout à coup, une idée lui vint à l'esprit, pour se débarrasser de ce fiancé indésirable :

«A moi, gardes! s'écria-t-il. Vite! Saisissez-vous de cet insolent et jetez-le dans les oubliettes. Il s'agit sans aucun doute d'un fieffé voleur qui a dérobé tous ces trésors à un riche seigneur ou à un grand roi. Qui a jamais entendu dire qu'un simple pêcheur puisse posséder de telles richesses?»

Obéissant à cet ordre, les gardes s'emparèrent sur-le-champ du jeune homme et le conduisirent dans le sombre donjon où se trouvait la prison. Alors qu'ils traversaient la cour du château, le jeune homme leva la tête vers les appartements de la princesse : elle se tenait derrière une fenêtre et avec son écharpe blanche, elle essuyait les larmes qui perlaient sur ses joues pâles.

Pendant ce temps-là, dans la maison au bord de la mer, la sœur attendait le retour de son frère. Un jour, deux jours, une semaine passèrent, puis tout un mois s'écoula mais le frère ne revenait toujours pas. De plus en plus inquiète, la sœur résolut de partir à sa recherche et sans plus tarder, elle se mit en route pour la cité royale. Arrivée là, la malheureuse ne tarda pas à apprendre quel tragique sort y avait rencontré son frère. Tout affligée, elle retourna à leur chaumière et se mit à réfléchir au moyen de le secourir. Au bout de quelques jours, elle dut se rendre à l'évidence : toute seule, elle ne parviendrait jamais à sauver son frère. Elle dénoua donc son collier de perles roses, cadeau de baptême du dauphin et après avoir lancé une perle dans les vagues, elle appela :

«Dauphin, mon parrain, viens à mon secours!»

Elle avait à peine prononcé ces mots que déjà le dauphin avait surgi à la surface de l'eau. Lorsque la jeune fille lui eut raconté ce qui s'était passé, le dauphin se mit à la consoler :

«Cesse de te tourmenter, ma chère filleule, je vais vous aider. Écoute bien ce qu'il te faudra faire, à présent. Demain tu retourneras à la ville royale et dans le port, sur le quai d'embarquement, tu attendras l'arrivée de la princesse — elle y vient, en effet, tous les jours pour faire une promenade en mer. Tu lui diras alors que le jeune homme, qui s'est exposé à tant de dangers pour elle, est ton frère. Comme elle l'aime profondément, elle t'invitera à l'accompagner en mer, afin de pouvoir te parler plus longuement. Le reste, c'est mon affaire.»

Et tout se passa comme le dauphin avait dit. Le lendemain, de retour à la cité royale, elle alla attendre la princesse dans le port et dès que celle-ci fut arrivée à sa hauteur, tout en pleurs, elle se jeta à ses genoux. Lorsque la princesse s'enquit de la cause de son chagrin, elle lui confia qu'elle était la sœur du malheureux pêcheur qui avait repêché l'anneau royal au fond de la mer, qui avait ensuite fait parvenir au roi les trois bateaux chargés de trésors et qui était à présent enfermé dans un sombre cachot du palais.

La princesse la prit aussitôt dans ses bras, et tout en l'embrassant, lui avoua à quel : 183 point elle aimait son frère et désirait devenir son épouse. Puis, comme le dauphin l'avait prévu, elle invita la jeune fille à l'accompagner en mer afin qu'elles puissent chercher le moyen de délivrer le jeune pêcheur de sa prison. Dès que la nef emportant les deux jeunes filles se fut un peu éloignée du rivage, le dauphin ordonna à la plus grosse vague de la mer de se précipiter sur la ville royale, de s'abattre sur le palais du roi, de briser le mur du donjon où le jeune homme était emprisonné et d'emporter celui-ci en mer.

Ainsi fut fait. En prenant son élan, la gigantesque lame s'abattit avec une force inouïe sur le donjon et dès qu'elle eut réussi à y pratiquer une large ouverture, alle s'empara du jeune homme et l'emporta au large, où le dauphin les attendait déjà. Il installa alors le garçon sur son dos et se mit à nager rapidement vers la nef de la princesse.

Quelle joie quand ils se retrouvèrent tous et quand les deux amoureux purent enfin se parler à loisir! A la vue de leur bonheur, la sœur du pêcheur se mit à pleurer de joie. Cependant le dauphin leur dit :

«Vous ne pouvez plus retourner dans votre maison, le roi ne tarderait pas à vous y découvrir et vous n'échapperiez pas à sa cruelle vengeance. Si vous voulez vivre en paix, suivez-moi, je vais vous conduire sur une belle île qui se dresse au milieu de mon empire marin, où le roi ne vous découvrira jamais.»

Ils voguèrent alors dans le sillage du dauphin et débarquèrent sur une magnifique île verdoyante qui surgissait des flots en pleine mer, où ils s'installèrent dans une jolie maison sur le rivage. Ils y vécurent longtemps tous en bonne entente, rien ni personne ne venant troubler leur bonheur parfait.

Mais le roi ne put accepter l'idée que sa fille fût partie avec un simple pêcheur, alors qu'il avait imaginé pour elle des prétendants autrement plus nobles. Il envoya des espions dans le monde entier avec ordre de retrouver la princesse et de la ramener au palais royal. Ce fut en vain que les espions parcoururent toute la terre, personne ne sut les renseigner sur la princesse : on eût dit que la terre l'avait engloutie. Cependant, après de longues et vaines recherches, un des espions débarqua un jour sur l'île où vivaient le jeune pêcheur et la princesse. Alors qu'il se promenait dans le port et discutait avec les gens, toujours à l'affût du moindre renseignement qui pourrait le mener jusqu'à la princesse, il entendit parler d'un jeune pêcheur qui habitait sur l'île en compagnie de sa femme, d'une beauté inouïe.

«On croirait que c'est une vraie princesse», lui affirmèrent les habitants de l'île. Sans plus perdre une minute, l'espion s'en fut vers la maison du pêcheur et dissimulé derrière un rocher, il se mit à observer ses environs. Bientôt il vit sortir de la maison une jeune femme et à sa grande surprise il reconnut la princesse. Il se hâta de regagner son bateau où il se déguisa en marchand et en prenant de la jolie vaisselle, des beaux rubans, des tissus et des bijoux, il retourna à la maison de la princesse. Dès que le pêcheur et sa sœur se furent éloignés de la demeure, il entra et en conversant aimablement avec la princesse, il se mit à déballer sa marchandise. Ayant remarqué qu'elle la trouvait fort à son goût, il s'empressa de dire :

«Ce que vous voyez là, ma belle dame, n'est rien à côté de toutes les merveilles que j'ai sur mon bateau. Si vous pouvez vous échapper un moment et m'accompagner à bord de mon navire, je me ferai un plaisir de tout vous montrer. Vous avez certainement un jeune mari, pourquoi ne pas essayer de lui plaire encore davantage? Venez donc, vous trouverez sûrement quelque chose à votre convenance!»

La gentille princesse, ne se doutant de rien, suivit l'espion royal sur son bateau. Mais dès qu'elle fut montée à bord, les hommes d'équipage s'emparèrent d'elle et après l'avoir enfermée dans une cabine, ils firent voile vers le pays d'Espagne.

Tandis que la princesse voguait ainsi en haute mer, le jeune pêcheur rentra à la maison, où il trouva seule sa sœur, pleurant toutes les larmes de son corps. Les voisins lui avaient en effet déjà appris ce qui était advenu à la princesse pendant leur absence. Au comble du désespoir, ils finirent par se résoudre à appeler une fois de plus le dauphin à leur secours.

Et comme les autres fois, à peine avaient-ils fini d'appeler que le dauphin émergeait déjà des vagues. Le jeune pêcheur raconta au dauphin comment les espions du roi avaient enlevé la princesse et l'implora ensuite de lui venir en aide.

«J'ai promis à votre père de vous aider chaque fois que vous en auriez besoin, et je tiendrai ma promesse. Cependant, mon filleul, comme tu ne t'es jamais soucié des avertissements de ta sœur ni des miens, c'est la dernière fois que je t'aide. Par la suite, je ne me préoccuperai plus que du bonheur de ta sœur. A présent, rentrez chez vous, le reste est mon affaire.»

Ayant dit cela, le dauphin replongea dans les vagues et disparut dans les profondeurs.

Et tandis que le pêcheur et sa sœur, réconfortés, regagnaient leur logis, le dauphin se mit en route vers le pays d'Espagne. Alors que la cité royale se profilait à l'horizon, il s'arrêta dans sa course et déchaîna une gigantesque tempête et ordonna aux flots impétueux de s'abattre sur les remparts de la ville.

De mémoire d'homme, personne dans la ville n'avait connu pareille tempête. Sous le choc terrifiant des vagues, les murs des maisons frémirent et même le palais royal trembla sur ses bases.

Saisis de panique, les habitants se précipitèrent dans la rue, craignant que les maisons ne s'écroulassent sur leurs têtes. Le roi même commença à s'effrayer à l'idée que son solide palais puisse s'effondrer, se rappelant fort bien que le plus solide donjon de tout le château n'avait pu résister à la mer déchaînée. Il se précipita alors au-dehors et courut à toutes jambes vers le port, ne s'arrêtant que sur la digue du port, face à la mer en furie. Tout à coup, un énorme dauphin surgit des eaux tourbillonnantes et de sa voix humaine, parla ainsi au roi :

«Prends garde à mon courroux, roi d'Espagne! Tu as par trop nui à mon filleul. Alors que je l'avais aidé à repêcher l'anneau de la princesse du fond de la mer et je lui avais procuré les bateaux remplis de trésors, par deux fois, reniant ta parole, tu as refusé de lui accorder la main de ta fille, qui pourtant l'aimait de tout son cœur. Et alors que je l'avais délivré de ta prison et installé avec ta fille sur une île au milieu de mon royaume, afin qu'ils puissent vivre en paix, tu n'as pas hésité à faire enlever la princesse par tes émissaires. Si tu ne rachètes pas tes fautes, j'ordonnerai à la mer de balayer de la surface de la terre ton château, ta ville ainsi que tout ton royaume, et toi-même, tu disparaîtras avec eux!»

Alors seulement le roi comprit que ce pauvre pêcheur qui avait prétendu obtenir la main de sa fille était en réalité le protégé du puissant roi des dauphins, le maître de toute la mer. Comprenant enfin qu'aucun des prétendants qui aspiraient à la main de sa fille ne pourait jamais l'égaler, il s'empressa de dire au dauphin :

«O, roi des dauphins, aie pitié de mon royaume et de mon humble personne. Je ne m'opposerai plus jamais à ta volonté car tu es le maître de la mer, qui assure la subsistance de mon peuple et la prospérité de mon royaume. Et si ce pêcheur que j'ai par trop souvent maltraité est ton protégé, je lui donnerai volontiers la main de ma fille et avec elle tout mon royaume.»

Le roi envoya aussitôt une flotille vers l'île verte pour retrouver le jeune pêcheur et le ramener dans la ville royale avec tous les honneurs qui conviennent au fiancé d'une belle et riche princesse. Dès que les bateaux ramenant le pêcheur et sa sœur furent de retour, le roi commanda que l'on prépare de fastueuses noces dans les plus brefs délais et au bout de quelques jours, le fils du pêcheur épousa enfin en présence d'une nombreuse assistance sa princesse bien-aimée.

Or, parmi les nobles hôtes qui assistaient au mariage, se trouvait aussi un beau prince, fils du roi du pays voisin. Dès que celui-ci eut aperçu la belle et sage sœur du pêcheur, il en tomba éperdument amoureux. Et avant qu'une année ne se fût écoulée, la fille du pêcheur devint reine du royaume voisin.

Ainsi tout se termina bien, pour le plus grand bonheur de tous, comme dans un conte de fées. Le roi des dauphins retourna dans son royaume des profondeurs sous-marines et, depuis, plus personne ne l'a jamais aperçu au pays d'Espagne.

COMMENT LE DAUPHIN DEVINT LE PARRAIN DES ENFANTS DU PÊCHEUR

COMMENT UN MARIN VENDIT SON ÂME AU DIABLE

Il y a bien longtemps, dans un petit village breton, un garçon naquit dans la famille d'un pêcheur. On lui donna le nom de Jean. Le père avait déjà une ribambelle d'enfants et comme il avait beaucoup de peine à nourrir toutes ces bouches, dès que Jean, le petit dernier, eut un peu grandi, il l'envoya en mer. Le garçon fut d'abord engagé comme mousse sur un bateau, mais comme il était habile et intelligent, il devint vite marin. Avec le temps et à l'occasion de nombreuses traversées auxquelles il prit part, il acquit une bonne expérience de son métier. L'armateur auquel appartenait le navire sur lequel Jean travaillait, ne tarda pas à remarquer ce jeune marin qui surpassait de loin les autres par son intelligence, son courage et son acharnement au travail. Il permit au garçon de passer le brevet de capitaine et bientôt ce garçon de pauvre pêcheur devint capitaine au long cours.

Parmi les vieux loups de mer qui commandaient les autres navires de l'armateur, notre jeune capitaine faisait bien évidemment figure d'exception et plus d'une fois, au début, ils ne manquèrent pas de le railler sur son jeune âge. Mais il apparut vite qu'il comblait largement sa différence d'âge par sa bravoure, sa rapidité d'esprit, son sang-froid et son audace. Les moqueries cessèrent rapidement et le jeune capitaine fut après cela très respecté par tous les autres marins. Il savait diriger son bateau et ses hommes mieux que les autres et son équipage lui était dévoué corps et âme.

L'armateur le chargeait des voyages les plus difficiles et le jeune capitaine menait ainsi son bateau jusqu'en Inde, en Chine et au Japon, d'où il revenait avec un charge-ment de thé et d'épices. Ne craignant ni le calme plat ni les plus fortes tempêtes, il revenait toujours à bon port sans encombre et plus vite que les autres. Grâce à lui, la fortune de l'armateur ne faisait que s'accroître et celui-ci l'aima bientôt comme son propre fils. Quand Jean rentrait d'un voyage, il l'invitait et le traitait paternellement.

C'est lors de ses visites dans la maison de l'armateur que le jeune capitaine Jean fit connaissance de la fille unique de son patron — la ravissante Jeannette. Comme cela arrive souvent dans ce monde, les deux jeunes gens se plurent dès le premier regard et devinrent bientôt très amoureux l'un de l'autre. C'était ainsi que lorsque Jean prenait la mer, Jeannette versait en cachette des larmes amères et quand il rentrait au port, elle était la première à guetter son navire sur la jetée.

Le père de Jeannette ne tarda pas à remarquer les sentiments des deux jeunes gens l'un pour l'autre. Et un jour, alors que Jean venait d'accoster, il décida de lui parler pour savoir à quel point le jeune homme aimait sa fille et quelles étaient ses intentions pour l'avenir. Prenant son courage à deux mains, Jean dit à l'armateur qu'il était profondément épris de Jeannette et qu'il avait la certitude que la jeune fille, elle aussi, l'aimait profondément. Il décida donc de lui demander la main de sa fille.

«Mon garçon, dit l'armateur, je ne voudrais surtout pas apparaître à tes yeux comme un ingrat. Je n'ai point oublié tout ce que tu as fait pour moi jusqu'alors et je t'en suis très reconnaissant. Tu sais bien que si j'avais un fils, je voudrais qu'il te ressemble. Mais Jeannette est mon unique enfant et je ne pourrais supporter de la voir souffrir un jour. Nous savons très bien tous les deux, combien le métier de marin est dangereux. Bien que j'apprécie beaucoup tes connaissances, ton courage et la chance qui ne te quitte pas, qui sait si déjà une terrible tempête ne te guette quelque part en mer, qui sait si la vague qui t'emportera au fond de la mer ne court pas déjà quelque part sur l'océan? Je ne voudrais pas voir ma fille attendre en pleurs vainement le retour de celui qui ne reviendra plus. Comme je te l'ai déjà dit, je t'aime beaucoup et je ne te dis pas définitivement non. Cependant, je ne te donnerai Jeannette pour épouse qu'à condi-tion que tu deviennes suffisamment riche pour devenir armateur comme moi et ne plus être obligé de prendre toi-même la mer.»

Très affligé, Jean prit congé de l'armateur et alla rejoindre Jeannette qui l'attendait déjà :

COMMENT UN MARIN VENDIT SON ÂME AU DIABLE

188 :   «Ton père n'est pas méchant et il a sans doute beaucoup d'affection pour moi, mais à ses yeux, je suis un prétendant trop pauvre pour toi. Il ne donnera son consentement à notre mariage qu'à la condition que je devienne riche au point de pouvoir m'établir à mon compte comme armateur et de ne plus prendre la mer. C'est bien gentil de sa part de m'avoir fait une telle proposition, mais en quoi cela peut-il m'aider, si, à part le peu d'argent que j'ai gagné à son service, je ne possède rien. Et mes parents sont très pauvres, je ne peux donc rien leur demander.»

Jeannette tâcha de le consoler de son mieux, mais Jean ne l'écoutait plus, car une idée obsédante venait de naître dans son esprit. Pendant ses traversées, il avait souvent entendu les vieux marins raconter la légende de l'île d'or qui se trouvait, disaient-ils, loin, très loin dans les mers du Sud. Cette île était tout entière en or pur et celui qui la découvrirait, emporterait autant d'or que son bateau pourrait en contenir et deviendrait plus riche que tous les rois du monde entier. Nombreux étaient les marins qui étaient déjà partis à la recherche de cette île, mais jusqu'alors, personne ne l'avait découverte. D'après la légende, cependant, certains d'entre eux auraient réussi à s'approcher tout près de cette île légendaire, mais aucun n'en était revenu, pour raconter aux autres quel trésor fabuleux s'y trouvait. Et il n'y avait d'ailleurs rien d'étonnant à cela, car l'île appartenait au diable en personne et il la surveillait étroitement, ne laissant personne jeter l'ancre pour emporter l'or. Et si toutefois quelqu'un parvenait à s'en approcher, le diable l'anéantissait sans hésiter.

Le capitaine Jean décida de partir à la recherche de l'île d'or. Que pouvait-il d'ailleurs faire d'autre s'il voulait obtenir la main de Jeannette. Lorsqu'il confia à Jeannette le moyen par lequel il espérait obtenir les richesses exigées par son père, celle-ci tenta de le faire renoncer à son projet :

«Non, Jean, abandonne vite cette idée, il ne faut pas badiner avec le diable. Je ne veux pas que tu coures un pareil danger et que tu ailles au devant de la mort. Nous ferions mieux d'attendre un peu, tu verras, nous finirons par fléchir mon père et il consentira à notre mariage.»

Mais le capitaine Jean ne voulut rien entendre. Il aimait Jeannette au point que chaque instant qu'il devrait passer sans elle lui paraissait une éternité. Il promit donc à Jeannette de bien y réfléchir et de ne pas précipiter sa décision, mais dans son for intérieur, il avait déjà mûrement préparé la façon de se rendre sur l'île d'or.

Et lorsque au cours du voyage qu'il fit après ces événements et qui devait l'amener en Extrême-Orient, son navire atteignit l'océan Indien, le capitaine Jean fit mettre en panne, convoqua tout l'équipage sur le pont et déclara :

«Ecoutez bien, marins, ce que je vais vous dire, maintenant! Vous avez sans doute remarqué qu'avant notre départ, j'ai fait réparer le navire avec beaucoup plus de soins que d'habitude et que je l'ai fait charger de provisions suffisantes pour un voyage bien plus long que celui que nous entreprenons. Je n'ai pas fait tout cela par hasard : nous avons devant nous, en effet, une bien longue traversée.

Lequel parmi vous n'a pas entendu parler de l'île d'or? Vous connaissez tous le récit sur les trésors fabuleux qui attendent celui qui découvrira cette île. Il pourra emporter tant d'or que, jusqu'à sa mort, il sera plus riche que le plus grand des seigneurs et il lèguera à ses descendants tant de richesses qu'ils égaleront des princes et des barons. J'ai décidé de me rendre avec vous sur cette île. Si vous consentez à m'y accompagner, je promets à chacun de vous une part égale. Et je vous garantis qu'on en reviendra avec le navire rempli d'or. Qui donc veux faire le voyage avec moi?»

En réponse, des cris d'enthousiasme retentirent dans l'air. Chaque marin rêvait secrètement de l'île d'or, chacun imaginait qu'un jour la chance lui sourirait et que le bateau sur lequel il naviguait aborderait cette île légendaire, perdue au milieu de l'océan et qu'il ramasserait autant d'or qu'il pourrait en porter. Et avec un capitaine tel que Jean, ils ne craignaient pas de naviguer jusqu'aux enfers.

Seul un homme s'opposa à l'intention du capitaine. C'était le vieux timonier dont les cheveux avaient blanchi au service de l'armateur et qui pensait avant tout aux intérêts de son patron. Il essaya de faire revenir le jeune capitaine sur sa décision, en lui rappelant que le changement de route signifiait un manquement à la fidélité qu'ils devaient tous à leur patron, car ils avaient fait serment d'obéir à ses ordres. Et il rappela que c'était bel et bien une révolte dont le seul châtiment en droit maritime est la mort!

Le capitaine Jean lui répondit alors :

«Si la chance nous sourit, nous découvrirons l'île d'or et nous reviendrons tous très riches chez nous. Et l'armateur recevra la part qui lui revient. Crois-tu donc qu'il nous blâmerait et nous punirait pour cela? Sincèrement, je ne le pense pas. Et si la fortune nous tourne le dos, il serait vain de réfléchir sur les conséquences de notre action. Je pense que, dans ce cas-là, aucun de nous n'aurait la vie sauve. Et on ne punit pas les morts. Je sais très bien à quel grand danger je vais vous exposer — et je voudrais que vous en soyiez conscients, vous aussi. Mais la chance sourit toujours aux audacieux!»

Et lorsque le capitaine ordonna le changement de cap, chaque homme sur le pont attendait avec impatience le moment, où la vigie crierait : «Terre!» et où le flanc du bateau toucherait la berge d'or de l'île. Mais à ce moment-là, aucun des marins et pas même le capitaine ne se doutait encore quel long et pénible voyage les attendait.

Depuis douze longs, très longs mois le bateau du capitaine Jean naviguait dans les mers du Sud. Douze mois dont chacun paraissait plus long que le précédent. Le sentiment d'inquiétude commençait à gagner l'équipage. Si le capitaine Jean n'avait pas partagé ses repas avec ses hommes, mangeant de la viande pourrie et déjà toute grouillante de vers avec des biscuits aussi durs que la pierre, buvant sa petite ration d'eau à peine potable, l'équipage se serait déjà révolté.

Mais en dépit de cela, le capitaine Jean se rendait parfaitement compte que la corde de la patience et de la discipline était tendue à l'extrême et qu'il ne pourrait plus la tendre davantage. Lorsque la première année de leur voyage toucha à sa fin, il rassembla à nouveau tout l'équipage et lui tint ce discours :

COMMENT UN MARIN VENDIT SON ÂME AU DIABLE

«Depuis un an nous sommes tous à la recherche de l'île d'or, depuis douze longs mois, c'est en vain que nous la cherchons. Je devine vos pensées. Ce que vous êtes obligés de manger, ne peut même plus être appelé de la nourriture et vos vêtements ne sont plus que des lambeaux. Mais rappelez-vous seulement, quelle fortune immense nous attend au bout de notre voyage! Je vous demande de m'obéir et de me rester fidèles encore pendant un mois. Je suis persuadé, je suis sûr que nous finirons par la trouver! Un seul mois! Et si, par malheur, nous ne découvrons pas l'île d'or, je vous promets de rentrer aussitôt au pays, où je m'exposerai sans hésiter aux conséquences de ma décision.»

Les marins se calmèrent, les paroles de leur capitaine leur redonnèrent de l'espoir. Le navire poursuivit ses recherches dans les mers du Sud. Mais un mois s'était écoulé, et partout où le regard portait, il n'y avait toujours rien d'autre qu'une immense plaine aquatique, rien que des flots verts roulant leur éternel rythme monotone.

Vint le dernier jour du treizième mois, le dernier jour du délai que le capitaine Jean avait demandé à son équipage et qu'il s'était lui-même octroyé. Si l'île d'or n'apparaissait pas à l'horizon le jour même, tout serait irrémédiablement terminé. De retour au port, pourrait-il encore se montrer devant le vieil armateur? Pourrait-il encore rencontrer Jeannette, parler avec elle, la prendre par la main, l'embrasser? Non, cela serait impossible. Il serait obligé de répondre devant son patron d'avoir enfreint ses ordres et de lui avoir causé des dommages. Il lui faudrait à jamais abandonner son rêve d'épouser un jour Jeannette et de passer une vie heureuse à ses côtés.

Au comble du désespoir, le capitaine Jean s'écria à haute voix :

«Non! Plutôt vendre mon âme au diable! S'il est vrai comme le disent les marins, que le diable en personne surveille l'île d'or, alors il est sûrement dans les parages. Prince des enfers, je t'appelle, m'entends-tu? Je t'offre mon âme en échange de ton or!»

A peine avait-il fini d'appeler que le ciel clair se couvrit tout à coup de nuages sombres, des éclairs aveuglants se mirent à déchirer l'obscurité et les flots, jusqu'à lors paisibles, se couvrirent d'écume. Horrifié, le capitaine Jean regarda autour de lui et promena son regard sur la mer. Soudain, comme surgi du fond de la mer, un gigantesque navire apparut sur les flots, encore plus grand que la plus grande des villes que Jean avait jamais vue, ses mâts étaient si hauts qu'ils semblaient percer les nuages et ses immenses voiles rouges si grandes qu'elles voilaient la moitié de la coupole céleste.

Sur la passerelle de cet étrange bateau se tenait un homme de très haute taille, enveloppé de la tête aux pieds d'une cape dont la couleur rouge sombre tranchait avec la pâleur de ses joues creuses et le noir de jais de sa barbe taillée en pointe. Au-dessus des joues livides brillaient deux yeux de braise. D'une voix éraillée, l'homme dit :

«Tu m'as appelé, capitaine, alors me voilà. Tu m'as proposé un marché et je l'ai accepté. Patiente un instant, je serai vite près de toi pour en discuter!»

Aussitôt du vaisseau noir, un canot fut mis à l'eau et avant que le capitaine Jean ait pu reprendre ses esprits, le curieux personnage se trouvait sur le pont de son navire. A l'instant précis où son pied toucha les planches du pont, un cri enthousiaste retentit du haut du grand mât :

«Holà, capitaine, je vois une île! Elle brille comme de l'or! Hourra, nous avons trouvé l'île d'or!»

Entre-temps, sans même y avoir été invité, le sinistre étranger gagna la cabine du capitaine et Jean ne put faire autrement que de le suivre. C'est à peine s'il tenait sur ses jambes, car il n'était pas encore revenu de sa stupeur qui se transformait lentement en une peur panique. Dans la cabine, l'inconnu s'installa derrière la table et dit :

«As-tu entendu, capitaine? L'île d'or. C'est elle, dont tu as rêvé, n'est-ce pas? C'est mon île, ma propriété et je ne distribue pas mon or, je le vends comme n'importe quel commerçant. Et je ne le vends pas cher, juste pour une âme humaine — pour ton âme, capitaine. Si tu veux, topons là. Tu n'es pas obligé de payer de suite, je te ferai un crédit. Il te suffira de signer une traite — de ton sang. Si tu ne veux pas, n'achète pas. Mais dans ce cas-là, l'île d'or va à nouveau disparaître dans les profondeurs de la mer et avec elle ton bateau et tout son équipage. Alors, qu'en penses-tu, allons-nous conclure ce marché?»

Quelle décision pouvait-il prendre, le pauvre capitaine Jean? Sacrifier son âme ou les vies de ses marins? Pendant ce temps-là, ces derniers, rassemblés sur le pont, poussaient des cri enthousiastes et sautaient de joie, réjouis à l'idée d'avoir enfin atteint le but tant désiré. Comment était-ce seulement possible? N'avaient-ils donc pas aperçu ce sinistre vaisseau et cet étrange visiteur? N'avaient-ils donc pas remarqué que le diable en personne se trouvait sur leur navire?

Non, en effet, ils n'avaient rien vu. C'est à Jean seul que le diable était apparu, c'est à lui seul qu'il était venu rendre visite. Les autres n'avaient pas invoqué le diable et pour eux, il restait invisible.

On eût dit que le diable savait lire les pensées de Jean :

«Ne crains rien, lui dit-il. Pour l'heure, tes hommes ne savent rien et si nous nous mettons d'accord, ce n'est pas la peine de leur en parler. Alors, signeras-tu?»

Jean se demandait fébrilement comment se tirer d'affaire, ou, du moins, comment parvenir à ajourner la décision fatale. Enfin une idée lui vint à l'esprit.

«Bien sûr que je vais signer, je ne t'ai tout de même pas appelé pour rien. C'est comme si je t'avais déjà donné ma parole. D'ailleurs, je te remercie d'être venu et de m'avoir proposé ton or. Pourtant, ce n'est qu'une moitié de ce que je voudrais. A quoi me servirait-il, ton or, si je ne pouvais le transporter dans mon pays? Regarde un peu dans quel état lamentable se trouve mon navire. La coque se désagrège, les voiles tombent en lambeaux et l'équipage — n'en parlons même pas. Mes hommes sont tellement épuisés que je ne parviendrais jamais à rentrer à bon port. Si tu consens à me donner ton or en échange de mon âme, il faudrait aussi que tu t'arranges pour que nous puissions l'emporter jusqu'à chez nous. J'ai bien vu ton vaisseau. Avec de pareilles voiles, il doit fendre les vagues à la vitesse de l'éclair. Quand nous aurons chargé l'or, prends-nous en remorque et conduis-nous dans notre pays. Dès que nous aurons jeté l'ancre dans notre port, je reconnaîtrai que tu as tenu ton engagement et encore à bord de mon bateau, je signerai le contrat.»

«Sache capitaine», répliqua alors le diable, «que le bateau sur lequel je navigue, ne peut jamais jeter l'ancre, sa course ne peut être interrompue. Il est poussé en avant par la tempête et partout où il passe, il brûle tout sur son passage. Mais soit, j'admets que pour pouvoir mener à bien notre affaire, il faut que j'assure ton retour. C'est moi-même qui conduirai ton navire, tu verras comment je sais guider un bateau. Et pour éviter les questions embarrassantes de tes marins — car cette affaire ne concerne que nous deux — tu me trouveras sur la rive de l'île d'or, devant laquelle ton bateau ne tardera pas à mouiller, sous l'apparence d'un naufragé. Les vagues l'auront rejeté et tu lui proposeras de le ramener avec toi. Mais surtout rappelle-toi bien! Dès que nous serons au port, il te faudra signer la traite.»

A ces mots le visiteur disparut, comme englouti par la mer. Jean monta sur le pont où les marins enjoués l'attendaient déjà impatiemment. Il donna quelques ordres et au bout de quelques brefs instants, le navire mouillait devant le rivage d'or de l'île.

La légende de l'île d'or n'était en rien exagérée. Le long de l'île, les vagues glissaient sur les plages d'or. Plus haut, s'élevaient des falaises en or pur et à l'intérieur de l'île, à perte de vue, il n'y avait rien d'autre que de l'or aux reflets rougeoyants.

Sans l'ombre d'une hésitation, les marins se mirent en devoir de charger l'or dans le navire aussi vite qu'ils le purent. La fatigue et l'épuisement de leur interminable croisière avaient disparu comme par enchantement; la richesse inouïe qui s'étendait à leurs pieds leur redonnait de nouvelles forces. Dans leur hâte ce fut à peine s'ils se rendirent compte qu'on venait de découvrir un naufragé sur l'île et que le capitaine Jean lui promit de l'embarquer sur son navire.

Bientôt le bateau fut plein d'or jusqu'au bord et le capitaine Jean donna l'ordre du retour. On leva les ancres, le bateau fit demi-tour et cingla vers le large. Au bout de quelques instants, l'île d'or disparut de leur vue, même pas une ombre n'en était restée à la surface de la mer, comme si elle n'avait jamais existé.

Durant tout le voyage, le naufragé que Jean avait recueilli sur l'île, ne quitta pas la cabine du capitaine, mais les marins n'y prêtèrent guère attention. Ils n'avaient tous qu'une seule idée dans la tête. Tout le monde, en effet, ne songeait qu'à l'instant où il rentrerait chez lui avec sa part d'or et à la belle vie qu'il mènerait désormais.

Seul le capitaine Jean, en compagnie du voyageur taciturne, ressentait de l'angoisse.

Comme un cheval sauvage, le navire bondissait en avant sur les vagues, et, au bout de trois mois, leur port d'attache fut en vue. Jeannette, qui depuis le jour où Jean avait pris la mer, n'avait pas quitté la fenêtre, scrutant sans cesse la mer dans l'espoir de voir un jour son navire enfin pointer à l'horizon, distingua enfin au loin, sur les flots, la silhouette familière du bateau qu'elle avait si souvent attendu. Elle se hâta de rejoindre son père pour lui annoncer l'heureuse nouvelle, et ensemble, ils montèrent aussitôt dans un canot pour aller au devant de Jean.

Dès qu'ils furent montés à bord, les marins enthousiastes les entourèrent, ils parlèrent tous à la fois, pressés de leur dire quelle chance incroyable ils avaient rencontrée. L'armateur ne voulut pas en croire ses oreilles, mais lorsque le timonier l'eut fait descendre dans la cale, il dut se rendre à l'évidence. Jamais mortel n'avait vu autant d'or réuni dans un seul endroit et peut-être n'en verra-t-il jamais plus.

Pendant ce temps-là, sur le pont, Jeannette cherchait vainement Jean du regard. Anxieuse, elle demanda aux marins où il était, et lorsqu'elle eut appris qu'il n'avait pas encore quitté sa cabine, elle s'y rendit sans hésiter.

Mais quand elle ouvrit la porte de sa cabine, elle vit un Jean qui ressemblait bien peu à son bien-aimé, tel qu'elle le connaissait. Sans même lever la tête, celui-ci tourna vers elle un regard douloureux. Devant lui se tenait un curieux étranger pâle, aux yeux flamboyants, qui lui tendait une feuille de papier, en disant :

«Te voilà donc chez toi, capitaine. Moi, j'ai tenu mon engagement jusqu'au moindre détail, ton tour est venu d'en faire autant. Voilà la traite, signe! Et signe de ton propre sang! Le moment venu, je viendrai te chercher pour t'emporter avec moi!»

A cet instant précis, Jeannette comprit ce qui se passait. Elle savait bien dans quelle aventure dangereuse s'était lancé son Jean et elle se rappelait fort bien que, selon la légende, l'île d'or appartenait au diable. Devinant que l'étrange individu était le prince des enfers en personne, elle ne perdit pas pour autant sa présence d'esprit.

«O, mon cher Jean, je ne suis pas sûre d'avoir bien compris ce qui se passe ici, mais il me semble que ce monsieur a raison. Si tu as pris un engagement, il faut le tenir. Un homme doit toujours tenir sa parole, et si tu y manques, je ne pourrais plus avoir d'estime pour toi!»

Stupéfait, Jean fut incapable d'articuler un mot. Il tourna seulement vers Jeannette un regard plein de tristesse et poussa un gros soupir. Déjà il levait la main pour prendre la traite et la signer, lorsque, tout à coup, Jeannette arracha la feuille des mains du diable et dit :

«Oh, pardonnez-moi, j'ai failli oublier une petite chose. Qui vous a donc amené, cher monsieur, dans notre port? A bord de quel bateau êtes-vous venu jusqu'ici?»

Tout étonné, le diable dévisagea un instant la jeune fille, puis répondit :

«A bord de ce bateau, voyons!»

«Dans ce cas-là, monsieur, vous devez au capitaine le prix du transport. Quel prix pouvez-vous payer? Je suis certaine que vous m'en excuserez, mais je suis obligée d'y veiller car je suis la fille du propriétaire de ce bateau et je dois protéger ses intérêts. Que pouvez-vous donc payer?»

COMMENT UN MARIN VENDIT SON ÂME AU DIABLE

«Bah, qu'à cela ne tienne», répliqua le diable exaspéré. «Dites ce que vous voulez et je vous promets de vous le donner.»

«Rappelez-vous bien ce que vous venez de dire, sourit alors Jeannette. Je ne vous demande ni plus ni moins que ce papier et vous venez juste de consentir à me le donner.»

Là-dessus, sous les yeux du diable, elle déchira la traite en petits morceaux qu'elle jeta ensuite à la mer par le hublot.

«Tu as réussi à me tromper, femme! s'écria le diable rageusement. Soit, cette fois-ci, vous avez gagné. Mais je te préviens, capitaine, si je te rencontre encore en mer, je te prendrai sans merci!»

A ces mots, il s'envola de la cabine, ne laissant derrière lui qu'un petit nuage de fumée sulfureuse.

Le capitaine Jean épousa bientôt l'adroite Jeannette et ils vécurent ensemble dans le bonheur et la quiétude jusqu'à la fin de leurs jours. Devenu très riche, le capitaine Jean ne fut plus jamais obligé de reprendre la mer et le diable ne trouva jamais l'occasion d'exécuter sa sinistre promesse.

LA FEMME-DAUPHIN

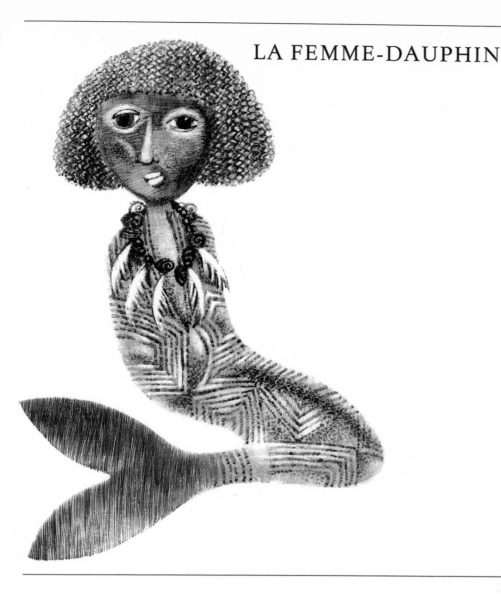

Un jour, non loin des îles Carolines, deux dauphins insouciants jouaient dans les flots qui baignent un atoll du nom d'Ulithi. Ils se roulaient dans les vagues, tantôt ils plongeaient jusqu'au fond de l'océan, tantôt ils sautaient bien haut au-dessus de la surface de l'eau. Tout à coup l'un d'eux aperçut à l'intérieur de l'îlot un groupe d'hommes qui dansaient sur une petite esplanade à moitié cachée par les palmiers qui bordaient le rivage. Il dit alors à son compagnon :

«Viens, montons sur la berge et allons voir de plus près comment ces gens dansent!»

Comme l'autre dauphin était d'accord, ils nagèrent jusqu'à la rive de l'atoll et dès qu'ils furent montés sur la plage sablonneuse, ils détachèrent leurs queues et comme par enchantement se transformèrent en deux ravissantes jeunes filles. Après avoir dissimulé leurs queues au pied d'un palmier, elles se glissèrent furtivement jusqu'à l'endroit où dansaient, autour d'un bûcher flamboyant, les hommes du village tout proche. Quand la danse prit fin, elles retournèrent sur la rive, rattachèrent rapidement leurs queues et replongèrent dans les vagues.

Emerveillés par la grâce de ce spectacle, les dauphins ne purent résister à l'envie de le revoir et désormais ils revenaient tous les soirs sur l'atoll, à l'heure de la danse. Mais une fois il arriva qu'un homme qui ne participait pas ce soir-là à la danse, alla se promener sur la plage. Il remarqua vite des traces dans le sable, qui sortaient tout droit de l'océan, pour disparaître, un peu plus loin, dans la palmeraie. Intrigué, il se demanda qui pouvaient bien être ces mystérieux visiteurs venus directement de l'océan et après quelque hésitation, il décida de trouver la clé de ce mystère. Le soir du jour suivant, il se cacha derrière le tronc d'un palmier et il se mit à scruter attentivement les vagues qui déferlaient paisiblement sur le sable de la plage.

Bientôt il vit surgir des flots deux dauphins qui se débarrassèrent de leurs queues et se transformèrent aussitôt en deux jeunes filles, plus belle l'une que l'autre. Dès qu'elles eurent dissimulé leurs queues et disparu derrière les palmiers, l'homme sortit de sa cachette, s'empara d'une queue et retourna derrière son arbre pour voir la tournure que prendraient les événements.

La danse terminée, les jeunes filles regagnèrent la rive, l'une d'elles s'empressa d'attacher sa queue et disparut aussitôt dans les flots. Mais la seconde errait sur la rive, à la recherche de sa queue et comme elle ne trouvait toujours rien, des larmes coulèrent sur son visage. C'est alors que l'homme sortit de sa cachette et il dit à la belle éplorée :

«Ne pleure pas, personne ne te veut du mal. C'est moi qui ai découvert ton secret. Je n'ai encore jamais vu une jeune fille aussi belle que toi. Ne retourne plus dans la mer, reste auprès de moi, sur l'île, et deviens ma femme.»

Qu'aurait pu faire d'autre la malheureuse jeune fille? Elle savait bien qu'il lui était impossible de retourner dans l'océan sans sa queue, et elle dut se résoudre bon gré mal gré à accepter la proposition de l'homme. Celui-ci la conduisit aussitôt dans le village et l'épousa. Le temps passa doucement, et les jeunes époux vécurent heureux et en bonne entente dans leur petite maisonnette sur l'atoll. Bientôt la femme mit au monde un garçon et quelques années plus tard, une petite fille. Les deux enfants étaient très beaux et la jeune femme les aimait profondément. Mais l'appel de l'océan, son véritable élément, était encore plus fort que son amour pour son époux et ses enfants. Durant toutes ces longues années passées sur l'île, elle n'avait pas cessé de désirer ardemment retourner dans la mer, se jeter à nouveau dans les rouleaux accueillants des chaudes vagues, retrouver les jeux insouciants des dauphins, elle n'avait pas cessé de rêver à la vie libre qu'elle avait connue. Et pendant tout ce temps-là, elle avait continué patiemment à chercher l'endroit où était cachée sa queue de dauphin, dérobée par son

LA FEMME-DAUPHIN

mari pendant cette nuit qui avait marqué son destin. Mais jusqu'alors, toutes ses
recherches avaient été vaines.

Un jour son mari partit pêcher en mer en emmenant son fils qui allait bientôt devenir un homme. Elle reprit ses recherches aussitôt qu'ils eurent disparu et elle eut l'idée de grimper sur le toit de leur maisonnette où elle n'avait encore jamais cherché auparavant. Et en effet, elle y découvrit rapidement, attaché à une poutre de la charpente, un petit paquet enveloppé de feuilles de palmier. Elle l'ouvrit et trouva enfin sa queue de dauphin. Mais après toutes ces années, la queue était complètement desséchée. La femme prit alors un récipient, le remplit d'eau de mer, y ajouta quelques herbes au pouvoir magique et ensuite plongea dans cette préparation sa queue de dauphin. Quelques instants plus tard, la queue reprit son aspect initial, elle était exactement telle que la femme l'avait déposée jadis au pied du palmier.

Alors la femme appela sa fillette et tout en l'étreignant sur son cœur, elle lui dit :

«Il faut que je te dise à présent que je suis en réalité un dauphin. Bien des années auparavant, ton père m'a obligée, grâce à un subterfuge, à rester sur l'île, mais je dois maintenant retourner dans la mer. Sois courageuse, ne pleure pas. Et quand tu seras triste, viens la nuit sur la rive et appelle-moi. Je viendrai pour te consoler et pour me réjouir en ta compagnie.»

Sur ces paroles, elle embrassa une dernière fois sa fille et reprenant son aspect de dauphin, elle plongea dans les vagues de l'océan.

Au même moment, son mari et son fils revenaient de la pêche. Quand le dauphin les aperçut, il nagea jusqu'à leur barque et dit :

«Adieu mon mari, adieu mon fils. L'océan m'appelle, il faut que je retourne parmi les miens. N'oublie jamais, mon fils, que tu es l'enfant d'un dauphin. Garde-toi surtout de pêcher ou de tuer les dauphins, sinon un grand malheur s'abattra sur toi!»

A ces mots, le dauphin disparut dans les profondeurs de l'océan et depuis ce jour, plus personne ne le revit sur l'atoll.

LE FOULARD
AUX TROIS NŒUDS
DU PÊCHEUR
KAAREL

Il y a longtemps, bien longtemps de cela, une grande misère s'abattit sur un petit village de pêcheurs finlandais qui se dressait sur la côte de la mer Baltique. Chaque année, au printemps, d'innombrables bancs de poissons s'approchaient du rivage et offraient aux pêcheurs assez de nourriture pour éviter la faim. De surcroît, les pêcheurs vendaient une partie du produit de leur pêche au marché de la proche ville, gagnant ainsi l'argent nécessaire pour le restant de l'année. Mais ce printemps-là, les pêcheurs attendirent en vain l'habituel passage des poissons. L'été vint et toujours pas trace de poissons. Les adultes arrivaient encore tant bien que mal à tromper la faim qui les tenaillait sans cesse, mais la vue de leurs petits enfants leur devint bientôt insoutenable. Ceux-ci avaient déjà les yeux tout enfoncés dans les orbites, leurs petits ventres étaient tout gonflés et leurs bras n'étaient plus que de minces baguettes décharnées. Et dans leur regard, il y avait cette muette question qui plongeait leurs parents dans le plus noir désespoir : «Pourquoi ne nous donnez-vous rien à manger?»

Alors les pêcheurs tinrent conseil afin de trouver le moyen de se sortir de leur pénible situation. Ils délibérèrent ainsi de longues heures, mais personne ne sut donner aucun conseil valable. Déjà désespérés, ils étaient sur le point de se séparer, quand soudain un vieux pêcheur remarqua :

«Nous devrions tout de même aller voir le vieux Kaarel. Autant que je sache, lui seul pourrait encore nous aider.»

«Ai-je bien entendu? Tu veux dire celui qui a fait ce pacte avec le diable?» dit alors le maire du village qui avait convoqué et présidé leur assemblée. «Et pourquoi ne pas nous adresser tout de suite à Satan en personne, de toute façon, c'est bien lui qui est à l'origine de tous nos malheurs.»

«Que dis-tu là?», s'offusqua le vieux pêcheur qui avait proposé d'aller voir Kaarel. «Serais-tu effrayé comme un enfant auquel on promet que le vieux Kaarel l'emportera s'il n'est pas sage? Certes, on raconte que Kaarel s'est lié d'amitié avec le Roi des Mers en personne. Il lui aurait même donné pour épouse sa ravissante fille dont aucune jeune fille dans tout le pays n'égalait la beauté. Et c'est justement pour cela que Kaarel pourrait peut-être nous aider.»

Le maire avait beau protester et tenter d'empêcher les pêcheurs de suivre le conseil du vieil homme, ceux-ci finirent tout de même par décider de se rendre chez Kaarel. Ils désignèrent parmi eux trois émissaires qui se mirent en route sans plus tarder.

La vieux pêcheur Kaarel habitait à plusieurs lieues du village, dans une maisonnette isolée, bâtie en haut d'une avancée rocheuse, entourée de trois côtés par la mer. Il était vieux, très vieux, bien plus âgé que quiconque dans le village. Tel un loup solitaire, il vivait à l'écart de tout le monde, ne rencontrant que très rarement les habitants du village. Oh, il serait injuste de dire qu'il les fuyait; tout simplement, il n'éprouvait aucun besoin de se retrouver en leur compagnie. Aussi n'était-il pas étonnant qu'il devînt vite aux yeux des villageois quelqu'un d'énigmatique, entouré de mystères et qu'il valait mieux éviter. D'ailleurs, les trois braves pêcheurs qui s'approchaient déjà de sa maison n'étaient pas bien rassurés.

Ils le trouvèrent assis sur une grosse pierre au bord de la mer, les yeux fixés sur l'eau, tirant des bouffées de sa pipe, les mains enfouies dans sa barbe blanche et hirsute. A ses pieds, dans l'eau, frétillaient une multitude de petits poissons et on eût dit qu'ils écoutaient un récit que Kaarel était en train de leur raconter. Quand les trois hommes se furent approchés de lui, c'est à peine s'il leva la tête.

«Bonjour, Kaarel, s'enhardit de dire le plus courageux des trois.

«Bonjour à vous tous, aussi», grogna Kaarel. «Tiens, comment se fait-il que vous vous soyez soudain souvenu de moi? Depuis belle lurette tout le monde dans le village s'efforce de m'éviter et tout à coup voilà une visite — et pas moins de trois gaillards, de surcroît!»

«Nous venons te supplier au nom de tout le village, et surtout au nom de nos femmes et de nos enfants, de nous venir en aide. Les poissons ne sont pas passés, cette année, près de notre côte et nous souffrons tous dans le village d'une terrible faim. Il ne reste plus un sou vaillant pour acheter de la farine et pour en cuire du pain. Mais toi, tu connais les secrets de la mer et on raconte que tu as pour gendre le Roi des Mers en personne. Dis-nous ce qu'il faudrait faire pour soulager notre misère. Peut-être pourrais-tu intervenir en notre faveur auprès de ton gendre?»

Pendant un long moment Kaarel resta plongé dans ses réflexions. Il ne s'était pas beaucoup attaché aux gens du village, n'ignorant point que les villageois le voyaient d'un bien mauvais œil et répandaient à son sujet toutes sortes de propos médisants. Mais quand il eut détaillé les visages des trois pêcheurs, marqués par la faim et les souffrances et songé au sort des malheureux enfants, il eut tout à coup pitié d'eux, et il décida de les aider.

Il conduisit les visiteurs dans sa maisonnette, où il leur servit d'abord à manger et à boire. Ensuite, il ouvrit un grand coffre décoré en fer forgé, qui se trouvait sous la fenêtre et il en sortit un magnifique foulard de soie aux couleurs d'arc-en-ciel. Le foulard portait trois nœuds bien compliqués.

«Tenez, je vais vous prêter ce foulard, déclara alors Kaarel. Demain dès l'aurore, préparez vos bateaux et vos filets pour la pêche. Quand vous serez montés dans les barques, desserrez le premier nœud, le vent vous emportera loin de la côte, dans les endroits où la mer est particulièrement profonde. Lorsque le vent se sera apaisé, jetez les filets à l'eau et défaites le deuxième nœud. Vous pourrez emporter avec vous tout ce qu'ils contiendront, mais rien d'autre! Et surtout, gardez vous bien de toucher au troisième nœud, sinon il vous arrivera un grand malheur! Et dès que vous serez de retour, hâtez-vous de me rapporter le foulard avec le dernier nœud. Maintenant partez et rappelez-vous bien ce que je viens de vous dire!»

Les pêcheurs remercièrent chaleureusement Kaarel et se hâtèrent de regagner le village. En apprenant la bonne nouvelle, les villageois se réjouirent grandement à l'idée que bientôt ils allaient voir la fin de leur misère et que pas plus tard que le lendemain, il y aurait assez de poissons pour tout le monde. Qui sait, ils pourraient peut-être vendre le reste au marché et avoir enfin de quoi acheter de la farine. Et sans plus tarder, ils se mirent aussitôt à préparer les bateaux et les filets pour que tout soit fin prêt pour la grande pêche.

Et le lendemain matin, avant même le point du jour, les pêcheurs se précipitèrent au bord de la mer pour s'embarquer, bientôt suivis par tous les autres villageois, vieillards et enfants, femmes portant les bébés sur leurs bras, qui tous voulaient leur souhaiter bonne chance. Une fois tout le monde à bord des bateaux, le maire s'empressa de défaire le premier nœud. A ce moment précis, un vent violent se leva et gonflant les voiles, il se mit à pousser les barques loin de la côte. Durant de longues heures, les coques de leurs bateaux fendirent ainsi les vagues et alors que le soleil était déjà bien haut sur le firmament, le vent s'apaisa soudain, la mer se calma et les barques s'immobilisèrent.

Les pêcheurs lancèrent aussitôt les filets à l'eau et le maire dénoua le second nœud. Tout à coup un mystérieux bruissement émana des profondeurs de la mer et la surface de l'eau s'assombrit. Et de tous côtés force bancs de poissons affluaient vers les filets; de leur vie les pêcheurs n'avaient encore jamais vu autant de poissons. Il ne fallut pas longtemps pour que les filets soient remplis à craquer. Mais déjà les autres poissons avaient disparu, comme engloutis par la mer, plus une seule petite nageoire n'émergea de l'eau alentour.

Les pêcheurs tirèrent les filets et déversèrent leur contenu au fond de leurs barques. C'était, à n'en plus douter, la plus belle pêche de leur vie. Tout joyeux, ils s'apprêtaient déjà à rebrousser le chemin vers la côte, pour apaiser au plus vite la faim des villageois. Seul le maire n'était pas du tout pressé de rentrer. Il entreprit de persuader les pêcheurs de jeter encore une fois les filets dans l'eau :

«Voyons, ils n'ont pas pu disparaître comme par enchantement, tous ces bancs de poissons. Je suis sûr qu'ils sont tout simplement descendus un peu plus profond dans les eaux. Il nous suffira donc de descendre plus bas les filets et nous attraperons au moins autant de poissons que la première fois.»

Obéissants, les pêcheurs lancèrent donc une deuxième fois les filets dans la mer. Mais les filets restèrent suspendus dans l'eau, flasques et vides, aucun petit poisson ne se laissa prendre entre les mailles.

Mais le maire ne se découragea pas pour autant :

«Pourquoi ne pas desserrer aussi le troisième nœud? Vous voyez pourtant tous aussi bien que moi que ce foulard est magique, il fait venir les poissons dans les filets. Nous allons défaire le troisième nœud et vous verrez, les poissons seront vite de retour et nous serons enfin dédommagés pour toutes les souffrances que nous avons dû endurer.»

Mais le plus courageux des trois pêcheurs qui s'étaient rendus la veille chez Kaarel n'avait pas oublié l'avertissement du vieillard. Il s'empressa de mettre en garde ses compagnons, devenus rapidement aussi avides que leur maire, contre le grand danger qu'ils encouraient s'ils s'avisaient de défaire le troisième nœud. Mais ceux-ci ne l'écoutaient même plus et les yeux brillants de convoitise, ils incitaient déjà le maire de dénouer le dernier nœud.

Dès qu'ils eurent jeté les filets à l'eau, le maire desserra immédiatement le troisième nœud du foulard de Kaarel. Mais rien ne bougea dans la mer, tous les filets restèrent désespérément vides. Seul le filet qui était près de la barque du maire tressaillit légèrement. Ils se hâtèrent donc de le tirer de l'eau et à la vue du spectacle qui s'offrit à leurs yeux, ils se figèrent de stupeur. Au fond du filet s'agitait un très grand poisson tout couvert d'écailles d'or, aux nageoires aussi rouges qu'un rubis et aux yeux étincelants comme deux diamants.

Le maire poussa un cri de joie. Jamais aucun pêcheur au monde n'avait encore fait une prise aussi extraordinaire. Il imaginait déjà le tas d'argent qu'il allait tirer de la vente de ce merveilleux poisson, se réjouissant d'avance à l'idée de la grande vie qu'il mènerait désormais. Et il ordonna aussitôt à ces compagnons de se préparer sur-le-champ à rentrer au logis. Mais à peine ceux-ci eurent-ils roulé les filets et viré de bord, prêts à rentrer, que soudain de gros nuages noirs s'amoncelèrent sur le ciel et qu'une tempête effroyable se leva. Des vagues énormes se soulevèrent et se mirent à danser une sarabande effrénée, les éclairs fulgurants zébraient le ciel noir sans discontinuer et le tonnerre grondait à en faire éclater le ciel.

Tout à coup un tourbillon gigantesque se forma au milieu des flots déchaînés et, l'une après l'autre, il entraînait les barques dans sa ronde frénétique, en les attirant progressivement vers son centre couvert d'écume. Comprenant que leur dernière heure était arrivée, les pêcheurs faisaient déjà en pensée leurs adieux à leurs épouses et à leurs enfants. Déjà l'énorme tourbillon les aspirait tous dans son entonnoir géant, en les entraînant sous la surface de la mer.

Pourtant, quelques instants plus tard, la course effrénée cessa brusquement, le tourbillon se dissipa comme par enchantement, et les barques vinrent se poser comme par miracle sur un grand plan d'eau bleue, parfaitement calme et lisse comme un miroir. Puis, comme poussées par une gigantesque main invisible, les barques se mirent à voguer dans la direction du rivage proche, où elles échouèrent bientôt sur une berge blanche et sablonneuse.

A peine les pêcheurs furent-ils descendus de leurs barques, qu'ils n'en purent croire leurs yeux : ce qu'ils avaient pris pour le sable, était en réalité un immense tapis de petites perles blanches d'un splendide orient. Et lorsqu'ils levèrent la tête, ils aperçurent soudain à l'autre bout de cette berge étincelante, un magnifique palais entièrement construit dans de l'ambre. Un large escalier de pur cristal montait vers le palais et sur sa dernière marche, se tenait, majestueux, le Roi des Mers en personne.

De sa voix formidable, il tonna :

«Comment avez-vous pu seulement oser attraper dans vos filets mon plus précieux serviteur, le brochet d'or? Comment avez-vous pu seulement oser dérober le foulard dont j'ai fait cadeau à mon beau-père, le pêcheur Kaarel? Qui vous a donc dévoilé le secret des trois nœuds? Parlez! Et si vous vous avisez de mentir, vous n'échapperez pas à une cruelle punition!»

Le sang se figea dans les veines des pêcheurs. Mais le plus horrifié de tous était sûrement le maire. Il se voyait déjà emprisonné jusqu'à la fin de ses jours au fond de la mer et Dieu sait quels autres supplices lui seraient encore réservés. Les pêcheurs tombèrent à genoux devant le Roi des Mers, les gorges serrées d'angoisse, incapables de prononcer ne fût-ce qu'un seul petit mot. Après un long moment de silence, le plus brave des pêcheurs, celui-là même qui avait parlé le premier à Kaarel, s'enhardit enfin et dit :

«Aie pitié de nous, ô roi. Je vais tout t'expliquer. Il faut nous croire, nous n'avons pas volé le foulard aux trois nœuds, c'est Kaarel lui-même, qui nous l'a prêté, pour soulager notre misère. Depuis de longues semaines, nous n'avions plus rien à nous mettre sous la dent, nos femmes étaient déjà au bord du désespoir et nos enfants étaient à deux doigts de la mort. Nous nous sommes donc rendus chez Kaarel pour le supplier de nous venir en aide, de nous donner quelque conseil. Emu par notre malheureux sort, il nous a confié son foulard.»

«Vous a-t-il défendu de dénouer le troisième nœud?»

«Oui, il nous l'a interdit», avoua le pêcheur avec un air contrit.

«Pourquoi donc avez-vous osé y toucher?»

A ce moment-là, la langue du maire se délia enfin. Il avoua au Roi des Mers que dans une soudaine avidité, il ne s'était pas contenté du résultat de leur premier coup de filet et qu'il avait voulu prendre encore plus de poissons, mais seulement dans l'intention d'aider encore plus son village. Le roi, lui-même aurait sûrement compris sa décision s'il avait vu toute cette misère qui accablait leur village. Il lui expliqua ensuite qu'il n'avait pas voulu pêcher le précieux brochet d'or — c'était le poisson lui-même qui s'était glissé dans son filet; il n'avait fait que de le tirer de l'eau. Oui, en effet, il avait songé un moment à le vendre au marché de la ville, pour devenir riche. Et le maire se mit à supplier le roi de lui pardonner ses basses pensées avec autant d'insistance et de bonne foi que celui-ci le prit en pitié.

«Sachez que ce brochet d'or est mon envoyé chargé de transmettre mes messages et mes ordres et qui vient régulièrement me rendre compte de tout ce qui se passe dans mon royaume. Le jour où j'ai donné ce foulard à mon cher beau-père et ami Kaarel, je lui ai précisé que les deux premiers nœuds lui serviraient chaque fois qu'il viendrait à manquer de poissons pour se nourrir. Et je lui ai ensuite dit que le jour où il se trouverait dans la détresse ou menacé par un danger, il lui suffirait de dénouer le troisième noeud et mon brochet d'or viendrait aussitôt à sa rescousse ou m'appellerait pour que je vienne moi-même l'aider.

Mais vous, vous avez transgressé son ordre et vous mériteriez d'être punis. Cependant à cause de votre grande misère et à cause des souffrances de vos enfants, je vous pardonne.»

A ouïr ces mots, les pêcheurs se sentaient renaître. Le Roi des Mers les invita ensuite à entrer dans son palais d'ambre. A l'intérieur, tout était d'un luxe extrême et les pêcheurs étaient émerveillés devant une telle splendeur. Quand ils eurent passé en revue toutes les chambres, le roi les conduisit dans une grande salle où sur de longues tables incrustées d'écaille, un somptueux repas était déjà servi à leur intention dans des plats d'argent et des coupes d'or. L'épouse du Roi des Mers, fille du vieux Kaarel, vint bientôt les rejoindre. A son apparition, les pêcheurs eurent le souffle coupé : la réputation de son extrême beauté n'avait en rien été exagérée; de leur vie, ils n'avaient encore jamais vu une jeune fille aussi ravissante. La jeune femme pria les pêcheurs de transmettre bien des choses de sa part à son père et quand son époux lui eut appris dans quel dénuement ils vivaient depuis quelque temps, elle décida de leur faire un généreux cadeau. Elle prit une belle cruche remplie de perles et elle en versa un peu dans le creux de la main de chaque pêcheur; le roi y ajouta ensuite une poignée de pièces d'or. Après avoir interrogé chacun d'eux sur le nombre de leurs enfants et sur leur âge, elle leur donna de merveilleux jouets : de petits poissons d'or et de petites méduses d'argent qui flottaient comme des petits ballons. Et ces rudes gaillards étaient si émus par sa bonté, qu'ils faillirent tous fondre en larmes.

Quand ils furent enfin revenus de leur émotion, le Roi des Mers leur dit :

«Passez-moi maintenant le foulard afin que je puisse à nouveau y faire mes nœuds magiques. Une fois rentrés au village, rendez-le à Kaarel et n'oubliez pas de le saluer de ma part. Dites-lui aussi, que nous ne cessons de penser à lui et que notre maison lui est toujours ouverte. Quand il ne se plaira plus, là-haut, sur terre, qu'il n'hésite pas à dénouer le troisième nœud. Mon brochet d'or viendra immédiatement le chercher pour le ramener chez nous, dans notre palais, où il vivra désormais dans la joie et dans le bonheur, à l'abri de tout souci. Et pensez surtout à lui dire que ses petits-enfants attendent déjà impatiemment de faire enfin la connaissance de leur grand-père.»

Sur ces paroles, le Roi des Mers invita aimablement les pêcheurs à se préparer à partir. Il manda immédiatement son brochet d'or et lui ordonna de reconduire les pêcheurs sains et saufs dans leur village. Sur la recommandation du Roi des Mers, les pêcheurs lancèrent ensuite à l'eau une corde de chaque barque. Le brochet d'or serra l'extrémité de chaque corde entre les dents et s'élança en avant, à la vitesse d'une flèche, tout en tirant derrière lui les bateaux comme s'il s'agissait de plumes. Quelle course fantastique! Luttant de vitesse avec le vent, les coques des barques fendaient les vagues, laissant derrière elles un bouillonnement d'écume et de profonds sillages, comme creusés par le soc d'une charrue. Lorsque le village fut déjà à portée de leur regard, le brochet desserra les dents et lâcha les cordes, puis, après avoir agité sa queue écarlate en guise d'adieu, il disparut dans les profondeurs.

Mais lorsque les pêcheurs débarquèrent sur la côte, les villageois s'effrayèrent comme s'ils étaient des revenants. Epouvantés, tous s'étaient mis à courir dans une fuite éperdue, se masquant les yeux d'horreur. Mais quand tout le village eut enfin acquis la certitude que c'était bel et bien leurs pêcheurs — en chair et en os, ce fut alors une joie indescriptible. Et les arrivants ne tardèrent pas à apprendre, à leur grand étonnement qu'un long mois s'était déjà écoulé depuis leur départ, alors que dans l'empire aquatique du Roi des Mers leur visite n'avait duré qu'une journée. Leurs familles désespéraient déjà de les revoir vivants, persuadées qu'ils avaient tous péri noyés au loin dans l'immense mer.

Puis, sans plus tarder, tous les pêcheurs s'en furent chez le vieux Kaarel, pour le remercier d'avoir sauvé leur village et pour lui transmettre le message du Roi de Mers. Ce fut avec plaisir que celui-ci accepta l'aimable invitation de son gendre. Bientôt d'ailleurs, plus personne ne le revit dans sa maisonnette isolée au bord de la mer; sans doute était-il déjà parti rejoindre sa fille et le Roi des Mers dans leur merveilleux palais d'ambre.

Les généreux présents que les époux royaux avaient offerts aux pêcheurs leur permirent de chasser à jamais la misère du seuil de leurs maisons. Et jusqu'à nos jours, les habitants de ce petit village finlandais au bord de la Baltique se souviennent avec reconnaissance du bon Roi des Mers.

LE FOULARD AUX TROIX NŒUDS DU PÊCHEUR KAAREL

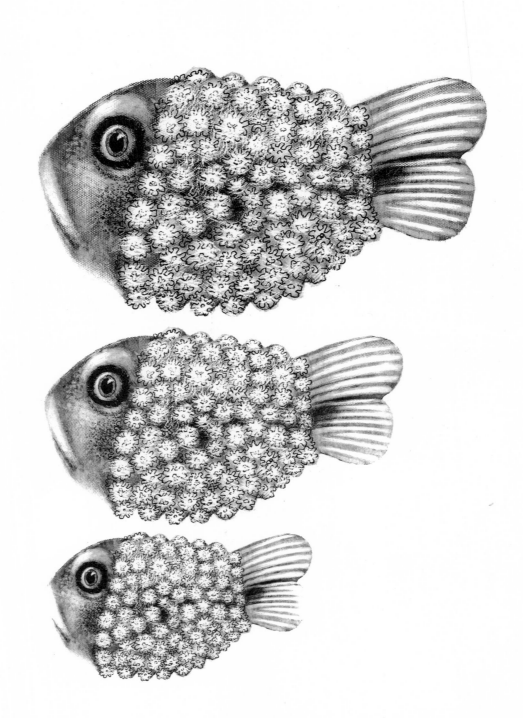